HISTOIRE

DU COMMERCE

ENTRE

LE LEVANT ET L'EUROPE.

TOME I.

A Paris, chez TREUTTEL et WÜRTZ, Libraires,
rue de Bourbon, n.º 17.

A Strasbourg et à Londres, même maison de commerce.

HISTOIRE
DU COMMERCE

ENTRE

LE LEVANT ET L'EUROPE

DEPUIS LES CROISADES

JUSQU'A LA FONDATION DES COLONIES D'AMÉRIQUE;

PAR G. B. DEPPING

MEMBRE DE LA SOCIÉTÉ ROYALE DES ANTIQUAIRES DE FRANCE
DE LA SOCIÉTÉ PHILOTECHNIQUE
DE LA SOCIÉTÉ ROYALE DES ANTIQUAIRES DU NORD, À COPENHAGUE
ASSOCIÉ ÉTRANGER DE L'ACADÉMIE ROYALE DE MUNICH
ET CORRESPONDANT DE LA SOCIÉTÉ ROYALE DE NANCY.

OUVRAGE QUI A ÉTÉ COURONNÉ EN 1828
Par l'Académie royale des Inscriptions et Belles-Lettres.

TOME I.

PARIS

IMPRIMÉ PAR AUTORISATION DU ROI

A L'IMPRIMERIE ROYALE.

M DCCC XXX.

PRÉFACE.

En présentant au public un nouvel ouvrage, couronné par l'Académie royale des inscriptions, et pour lequel je sollicite la même indulgence qu'il a bien voulu accorder à mon Histoire des expéditions maritimes des Normands et de leur établissement en France, ouvrage couronné par la même Académie, je crois devoir aux lecteurs un compte sommaire des autorités que j'ai pu consulter.

L'histoire du commerce du moyen âge serait facile à écrire si les auteurs contemporains s'étaient occupés davantage de cette matière, si les archives municipales étaient plus accessibles, plus faciles à examiner, et mieux connues qu'elles ne le sont, et si l'on n'avait laissé périr une foule de documens inédits. Il y a pourtant des exceptions honorables : on vante avec raison l'arrangement et la richesse des archives de l'Aragon; le travail que Capmany a entrepris sur le commerce de Barcelone[1] est

---

(1) *Memorias historicas sobre el antiguo comercio, marina y*

un modèle. D'après ces archives, l'historien catalan a fait imprimer textuellement, et par ordre chronologique, tous les actes publics relatifs au commerce de cette ville maritime. Les documens remplissent à peu près deux volumes in-4°; deux autres volumes contiennent l'exposé de l'histoire commerciale de la ville, d'après ces mêmes pièces authentiques, comparées à l'histoire civile. Malgré la moisson abondante faite par Capmany dans les archives d'Aragon, d'autres savans espagnols y ont trouvé encore à glaner : c'est ainsi que M. de Navarrete a fait connaître plusieurs pièces intéressantes qui paraissent avoir échappé à l'attention de l'historien de Barcelone.

Venise a trouvé aussi son historien commercial, Marin, auteur d'un ouvrage en huit volumes [1], qu'on ne peut pourtant louer sans restriction. Marin est loin d'avoir fait un travail complet; il cite beaucoup d'actes des archives, mais il en transcrit peu en entier; ordinairement il se contente de les extraire ou de les traduire.

artes de la ciudad de Barcelona; Madrid, 1779 jusqu'à 1791, quatre volumes in-4°; — et Antiguos Tratados de pace y alianzas entre algunos reyes de Aragon y diferentes principes infideles de Asia y Africa, desde el siglo XIII hasta el XV; Madrid, 1786, in-4°.

(1) Storia del comm. de' Veneziani; Venise, 1798-1808, in-8°.

Il se peut que, sous le gouvernement ombrageux de l'oligarchie vénitienne, il n'ait pas eu les mêmes facilités, à Venise, que Capmany a eues à Barcelone. Marin met un peu trop d'empressement à justifier le gouvernement, et à relever la gloire de sa patrie : l'histoire exige un exposé plus impartial. Cet auteur ne paraît d'ailleurs rien connaître de ce qui a été publié ailleurs; il compose son travail presque uniquement avec les matériaux qu'il a trouvés lui-même.

D'autres Vénitiens ont cherché à éclaircir l'histoire commerciale de leur contrée : Formaleoni a écrit avec talent l'histoire du commerce de la mer Noire; mais il s'appuie peu sur les documens [1]. Beaucoup de renseignemens intéressans et peu connus ont été recueillis par Filiasi, et rassemblés dans son excellent Essai sur le commerce et la marine des Vénitiens [2]. Filiasi a puisé à des sources qui, pour la plupart, ont été ignorées de ses devanciers.

---

(1) Storia filosofica e politica della navigazione, del commercio e delle colonie degli antichi nel mar Negro; Venise, 1788, deux volumes in-8º, avec cartes.

(2) Saggio sull' antico commercio, sull' arti e sulla marina de' Veneziani; ce traité est joint au t. VI de ses Memorie storiche de' Veneti primi e secondi; 2ᵉ édit., Padoue, 1811 à 1814, 7 vol. in-8º.

Gênes ne possède pas encore une histoire commerciale; l'abbé Oderico[1] ne fait qu'effleurer ce sujet : heureusement Muratori, Lünig, Dumont, et d'autres éditeurs de recueils diplomatiques, ont mis au jour plusieurs documens de la république génoise; et M. le baron Silvestre de Sacy a tiré des archives de Gênes une suite de pièces authentiques relatives, en grande partie, au commerce du Levant[2]. Masi a donné un bon ouvrage sur Pise[3]. Il existe un ouvrage curieux et peu répandu sur l'histoire du commerce de Florence; les bibliographes en attribuent la publication à Pagnini. Non-seulement on y a inséré beaucoup de renseignemens et de chartes, mais on y a publié les traités précieux de deux marchands florentins, Balducci Pegoletti ou Pegolotti et Uzzano[4], du quatorzième et du quinzième siècles, sur les usages du com-

(1) Lettere ligustiche; Bassano, 1792.

(2) Insérées dans le tome XI des Notices et Extraits des manuscrits de la Bibliothéque du Roi; Paris, 1827; et analysées dans le tome III des Nouveaux Mémoires de l'Académie royale des inscriptions et belles-lettres.

(3) Della Navigazione e del Commercio della republica pisana; Pise, in-8º.

(4) Della Decima e delle altre gravezze del commune di Firenze &c.; Lisbonne et Lucques, 1765-1766, quatre volumes in-4º.

merce de leur temps. Le moyen âge n'a rien fourni d'aussi instructif sur la même matière que ces deux traités, qui exposent le mouvement commercial de toutes les contrées. Un marchand vénitien a laissé un travail semblable sur le négoce de sa patrie[1]; mais ce traité est fort rare.

En France, il n'y a que Marseille qui pût fournir des matériaux abondans à celui qui voudrait écrire l'histoire du commerce; ses archives sont riches en documens, pour la plupart inédits. Ruffy, dans son histoire de la ville, en cite beaucoup, mais il ne donne le texte d'aucun. Papon, historien de la Provence, en a inséré quelques-uns. On peut tirer aussi des éclaircissemens importans des statuts municipaux des villes du midi de la France. J'ai profité des statuts imprimés et des statuts manuscrits que possède la Bibliothèque du Roi. M. Pardessus, professeur de droit commercial à la Faculté de Paris, a bien voulu me communiquer une copie des premiers statuts marseillais qui soient connus. Les historiens du Languedoc ont tiré de l'obscurité plusieurs docu-

______

(1) Tariffa de Bartolomeo de Paxi; Venise, 1503.

mens qui prouvent la part que cette province a prise autrefois au commerce du Levant.

Quelque jour a été jeté sur la situation des contrées orientales au moyen âge par les voyageurs d'Europe, tels que Marco-Polo, Lanoy, Frescobaldi, Pierre-Martyr d'Anghiera, et d'autres, qui les ont visitées, et qui nous ont transmis des relations curieuses.

Les orientalistes de l'Europe, surtout ceux de France, ont publié et commenté plusieurs traités de commerce conclus par les chrétiens avec les peuples du Levant : les textes originaux de beaucoup d'actes de ce genre sont encore inédits; cependant, pour la parfaite connaissance des relations de l'Europe avec l'Orient au moyen âge, il faudrait que l'on eût sous les yeux le texte exact des diverses expéditions des traités. Espérons qu'à l'avenir les savans qui possèdent des pièces de ce genre auront soin d'en faire imprimer le texte, quelle que soit la langue dans laquelle il est rédigé.

Les savans modernes ont contribué à éclaicir beaucoup de points relatifs aux relations commerciales de l'Europe avec le Levant. Pour n'en citer que quelques exemples, de Guignes a répandu quelque lumière sur le commerce de la France avec le Levant, pendant et après les croisades[1]; Navarrete a tenté une entreprise semblable pour l'Espagne, en accompagnant ses observations de documens inédits[2]; l'histoire des consulats a donné lieu à plusieurs traités, dont quelques-uns sont accompagnés de pièces justificatives. Il est fâcheux que le Traité du Consulat de mer, par Boucher[3], soit une compilation indigeste et peu instructive, quoique volumineuse. Un recueil des lois maritimes antérieures au dix-huitième siècle, avec des discussions très-approfondies, a été récemment mis au jour par un savant professeur de droit[4]. J'aurai occasion de citer, dans le cours de mon ouvrage, beau-

(1) Mémoire dans lequel on examine quel fut l'état du commerce français dans le Levant &c., dans le tome XXXVII des Mémoires de l'Académie royale des inscriptions et belles-lettres.

(2) Disertation historica sobre la parte que tuvieron los Españoles en las guerras de ultramar, e de las cruzadas, y como influyeron estas expediciones en la extension del commercio marítimo &c., dans le vol. V des Mémorias de la real Academia de la historia; Madrid, 1817.

(3) Consulat de mer, ou Pandectes du droit commercial et maritime &c.; Paris, 1808, deux volumes in-8º.

(4) Pardessus, Collection de lois maritimes antérieures au dix-huitième siècle; Paris, 1828, in-4º.

coup de dissertations académiques et d'autres écrits savans qu'il est bon de consulter.

Peut-être fera-t-on le remarque que j'aurais pu donner beaucoup plus de détails sur le commerce des états maritimes du moyen âge. Je conviens que ce sujet se serait prêté à de grands développemens, et pourrait exciter un vif intérêt; cependant, ne m'étant proposé de traiter que l'histoire du commerce dans ses rapports avec le Levant, j'ai dû écarter tout ce qui ne tendait pas directement à ce but : j'ai même cru devoir reléguer parmi les Éclaircissemens, à la fin de l'ouvrage, des détails qui auraient peut-être trop encombré le texte et les notes.

Je me féliciterais d'avoir entrepris ce travail s'il pouvait intéresser assez pour provoquer des recherches semblables, et engager les savans, surtout ceux qui habitent les places maritimes célèbres dans les fastes du commerce, à faire connaître les actes enfouis dans les archives des villes, et si importans pour l'histoire des relations sociales du moyen âge.

HISTOIRE

DU COMMERCE

ENTRE

LE LEVANT ET L'EUROPE.

INTRODUCTION.

De tout temps la Méditerranée a été un marché commun pour les Européens, les Africains et les Asiates [1], et toujours quelque peuple maritime a prédominé dans cette mer intérieure. Anciennement, la puissance et la richesse étaient sur les rives asiatiques; aujourd'hui elles se trouvent chez les peuples maritimes européens. Dans l'antiquité, Tyr

---

(1) Consultez Robertson, Recherches sur la connaissance que les anciens avaient de l'Inde; trad. de l'anglais, 1821, in-8º; — Heeren, Ideen über die Politik, den Verkehr und den Handel der Völker der alten Welt; 4e édit., Göttingue, 1824-1826, vol. I et II; — et Stevenson, Histor. sketch of the progress of geograph. discoveries; Londres, 1824, in-8º.

I.   1

était le grand entrepôt de ce commerce, dont les Phéniciens étaient les principaux facteurs. En fondant des colonies en Crète, en Chypre, en Espagne, en Sardaigne, en Sicile, sur la côte d'Afrique, ils établissaient autant de comptoirs, qui correspondaient avec la métropole, et de là avec l'intérieur de l'Asie. A cette époque, l'Égypte était riche et florissante, et la Perse plongée dans la mollesse; la Grèce commençait à se civiliser, mais l'Europe était encore barbare; les Phéniciens trouvaient auprès d'eux assez d'acheteurs; et ils allaient chercher, sans concurrens, les denrées dans les pays où il n'y avait pas d'industrie. Les caravanes apportaient à Tyr les arômes, les épices, l'ivoire, et d'autres riches productions de la Perse et de l'Inde : les navires phéniciens les distribuaient sur tous les bords de la Méditerranée. On regarde comme une preuve de la haute antiquité de ce commerce la ressemblance des noms des denrées, telles que coton, étain, poivre, &c., dans le sanscrit et dans les langues anciennes de l'Asie occidentale [1]. Tyr et Sidon fabriquaient pour les peuples riches les tissus fins et précieux, que la Phénicie seule était en état de fournir.

Cette prospérité eut sa fin, comme toutes les splendeurs des empires; Tyr succomba sous les armes

(1) A. W. von Schlegel, Indische Bibliothek, vol. II, cah. IV.

d'Alexandre : les Phéniciens disparurent de la Syrie et du nombre des peuples. Carthage, qui marcha sur ses traces, n'eut point son esprit commercial, ni son industrie ; cependant Carthage fut le marché entre l'Europe et l'Afrique. La Grèce, devenue riche et civilisée, animait tout l'archipel ; les côtes de l'Asie se couvraient de villes superbes ; des colonies grecques peuplaient les bords de la mer Noire, jusqu'à cette Tauride qui déjà, de ses grains, nourrissait la population surabondante de l'Europe méridionale, tandis que d'autres contrées du Pont-Euxin fournissaient des poissons, des métaux, et malheureusement aussi des esclaves.

En Afrique, la puissante ville de Carthage succomba à son tour : les Romains restèrent maîtres de la mer intérieure ; ils anéantirent la splendeur du commerce d'Athènes et de Corinthe, qui correspondaient avec Bysance, la mer Noire, la Syrie et l'Afrique. La Grèce, l'Égypte, l'Asie mineure étaient devenues des provinces de leur empire. L'île de Rhodes, où l'on excellait dans la navigation, devint pour eux une échelle du commerce avec le Levant.

. Le luxe des vaincus avait gagné les vainqueurs ; sans avoir le goût du commerce, les Romains avaient besoin du négoce pour se procurer les articles précieux devenus des objets de nécessité pour la somptueuse capitale. Alexandrie, en Égypte, fut, sous

1.

les empereurs romains, ce que Tyr avait été à l'époque de la splendeur du commerce phénicien. Cette colonie, un des plus beaux monumens des conquêtes d'Alexandre, faisait fleurir à-la-fois le commerce, les arts et les lettres; les savans y étaient en aussi grand nombre que les marchands.

Sous le règne des Ptolémées, il s'était établi un commerce direct entre l'Égypte et l'Inde : de Thèbes, les caravanes se rendaient à Méroé, dans la haute Nubie, dont les marchés étaient fréquentés aussi par les caravanes de l'intérieur de l'Afrique; de là, des routes conduisaient dans la haute Éthiopie et sur les bords de la mer Rouge. Les tribus du désert protégeaient les voyages des marchands; des temples, dont les ruines n'ont pas toutes disparu avec les richesses de l'Égypte, abritaient leurs magasins et leurs demeures. Les arts, le commerce, la religion, la civilisation, tout contribuait à peupler, animer et embellir la longue route, depuis les bords de la Méditerranée jusqu'à ceux de la mer des Indes. Chargés des marchandises de l'Égypte, les vaisseaux partaient de la mer Rouge pour les côtes habitées par les Hindous. Cependant les Égyptiens se livraient peu à la navigation : n'ayant point le goût de la vie maritime, et pouvant obtenir les riches marchandises de l'Orient par la Syrie, l'Asie mineure et l'Éthiopie, à peine expédiaient-ils chaque année une vingtaine de bâtimens

de leur port de Bérénice, sur la mer Rouge ; mais,
sous les empereurs romains, plus de deux cents navires remontaient tous les ans le Nil, et plus de cent
partaient de la mer Rouge pour aller chercher dans
la Perse, dans l'Arabie et dans l'Inde, les riches
productions de ces contrées, et pour y porter celles
de l'Europe et du nord de l'Afrique. Un peuple
conquérant, qui fait retentir la terre du bruit de sa
gloire, est d'ailleurs autrement respecté à l'étranger
qu'une nation efféminée, qui sait à peine défendre
son territoire. Pline évalue à 50 millions de sesterces
(environ 9 millions de francs) l'argent que Rome
faisait passer tous les ans dans l'Inde. Les marchandises qu'on rapportait de là se vendaient au centuple
dans la capitale [1]. On transportait par le Nil et
par la mer Rouge les vins de l'Italie et de l'Asie
mineure, des métaux, des armes, des tissus et des
vétemens ; on chargeait, au retour, des perles, des
pierres fines, du nard, de la myrrhe, de la soie, du
poivre, des marbres, des esclaves, des vêtemens de
femme confectionnés à Arsinoé, des ceintures, &c. [2].
Les navires remontaient le Nil jusqu'à Coptos ; de là,

(1) Pline, Hist. natur., liv. VI, chap. XXIII : « Digna res,
nullo anno imperii nostri minus II-S quingenties exhauriente
India, et merces remittente, quæ apud nos centuplicato ve-
neunt. »
(2) Arrien, Périple de la mer Rouge.

on transportait les marchandises par terre jusqu'à Myos-Hormos et Bérénice; on les y embarquait, et on mettait à la voile, dans la mer Rouge, au commencement de l'été; on longeait la côte de l'Arabie, et on n'arrivait qu'au bout de quelques mois dans les ports de l'Inde, ouverts au commerce égyptien. Les Indiens y apportaient les objets de trafic; Calliana, surtout, était un marché pour ces échanges. A la fin de l'automne, les navires, chargés de marchandises de l'Inde, reprenaient la route de l'Égypte; ils entraient dans les ports et havres de l'Arabie, pour y échanger une partie de leurs cargaisons contre les productions du sol arabe, telles que l'encens, la gomme, &c. En janvier, ou plus tard, ils revenaient en Égypte; une flotte romaine se rendait à l'embouchure du Nil, pour recevoir les objets précieux et les distribuer dans l'empire [1]. Cadix, Marseille, Athènes, Corinthe, et les autres grands ports marchands, devaient profiter de ces expéditions mercantiles. De pareils voyages étaient longs et pénibles; il paraît que les expéditions duraient quelquefois une année entière; mais on n'en connaissait pas de plus promptes, et les Romains étaient assez riches pour en supporter les frais. Sur la côte d'Afrique, entre l'embouchure de la mer Rouge et le golfe Guardafui, il

____

(1) Pline, l. c.

existait plusieurs ports, aujourd'hui inconnus, où l'on chargeait des épices, des arômes, des drogues médicinales. Ce commerce d'articles d'Asie était si considérable, que tout le pays en recevait le nom d'*Aromate*. Sur la côte d'Arabie, en dehors de la mer Rouge, un port fameux, dans la suite, sous le nom d'*Aden*, servait de point de départ pour l'Inde.

Dans l'Inde, où les Romains n'avaient point de pouvoir, le commerce dépendait du caprice ou de l'avidité des princes des états maritimes : ceux-ci y mettaient les conditions qui leur convenaient. Celui de Barygaza levait sur le commerce d'Égypte un tribut annuel, consistant en femmes, esclaves, vins, onguens, objets de parure, vases d'argent, &c., qu'il se faisait donner pour la permission de trafiquer sur la côte dont il était le maître, et où les habitans des contrées voisines venaient apporter leurs marchandises [1].

Une autre voie ouverte aux Romains était celle de la Syrie, où dominaient leurs armes; les navires y abordaient, on les y déchargeait; des caravanes venaient prendre les marchandises, et les transportaient, par la ville de Palmyre, dans l'intérieur de l'Asie; elles rapportaient, à leur retour, les productions de ce pays, surtout de la haute Asie, aux ports syriens, où les navires de Rome venaient les

---

(1) Voyez Heeren, Ideen über den Verkehr der alten Völker.

prendre. La superbe Palmyre fut, pendant des siècles, le point de repos des caravanes qui, du golfe Persique, se rendaient sur la côte de Syrie. Quand Aurélien détruisit la splendeur de cette ville du désert, son commerce de transit fut réduit à peu de chose. Aujourd'hui les caravanes ne viennent camper qu'avec défiance auprès des colonnes qui sont encore debout, et autour desquelles errent des hordes d'Arabes pillards.

Une troisième voie était fréquentée par les marchands romains : on transportait les marchandises de l'Inde par le fleuve Oxus, par la mer Caspienne et par les fleuves Cyrus et Phase, dans la mer Noire. Quelques auteurs modernes supposent qu'il se faisait un grand commerce de denrées asiatiques par le Caucase [1] ; cependant l'empire romain paraît avoir tiré peu de marchandises par cette voie, que les montagnes, le défaut de bonnes routes, et le peu de navigabilité des fleuves, devaient en effet rendre peu praticable [2]. La soie seule coûtait peut-être moins en passant par le Caucase qu'en venant de l'Inde, où quatre ou cinq peuples se la vendaient avant de la transmettre aux Romains.

(1) Gamba, Voyage dans la Russie méridionale ; Paris, 1826, tome I.

(2) Klaproth, Tableau historique, géographique, &c., du Caucase ; Paris, 1827, chap. VI.

Quand le siége de l'empire romain fut transféré à Bysance [1], ce port, si favorablement situé, attira bientôt une grande partie du commerce de l'Orient. Les marchandises de l'Inde, arrivant par la voie de l'Égypte, furent transportées d'abord dans le Bas-Empire; bientôt les marchands bysantins s'habituèrent à les aller chercher eux-mêmes. Ils s'embarquaient à Aïla, tournaient l'Arabie, en y faisant le trafic avec les indigènes, qui n'avaient que de misérables barques et point d'industrie [2]; ils se rendaient, pour la plupart, à l'île Taprobane, ou Ceylan, qui était devenue le principal marché de l'Inde; ils fréquentaient encore Calliana, Malé et d'autres ports indiens. Ils commerçaient aussi sur les côtes de la Perse, pour acheter la soie, les chevaux, les riches tissus que fournissait ce puissant empire. Cependant les Perses avaient eux-mêmes l'esprit du commerce : rivaux des Bysantins, ils les empêchaient d'aller chercher la soie chez les Sères, qui avaient cette denrée en abondance. Les Sogdiens, ou habitans de la Boukharie, de leur côté, sollicitèrent, au sixième siècle, la permission de traverser la Perse, pour porter la soie chez les Romains, c'est-à-dire chez les habitans de l'empire grec. Voulant garder ce

(1) Voyez Formaleoni, Storia del commercio del mar Negro; tome 1, chap. XIV. .

(2) Voyez Gibbon, Fall and decline of the roman empire.

commerce pour eux, et tirant beaucoup de soie de la Chine, les Persans refusèrent la demande des Sogdiens [1]. Au quatrième siècle, il existait déjà des relations fréquentes entre la Perse et la Chine; l'Arménie même eut des rapports avec les Chinois [2]; mais les Persans n'eurent garde d'en faire profiter les peuples d'Occident. Ils ne laissaient les Grecs acheter la soie que dans un seul marché de leur royaume; ils gênaient le commerce des Bysantins d'autres manières, et quelquefois ils l'interrompaient par des hostilités pendant des années. Cependant la soie était devenue un article de luxe, et même de besoin, pour Bysance; sous Justinien, le ver à soie fut transporté de l'Asie dans l'empire d'Orient; bientôt des fabriques de soieries s'élevèrent à Bysance, à Athènes, à Thèbes et à Corinthe : les Grecs purent en fournir à l'Europe, qui néanmoins continua aussi d'en tirer de l'Asie par la voie de l'Égypte. On recherchait à Rome également les tissus fins de Constantinople et ceux d'Alexandrie. Bysance possédait la clef de la mer Noire; elle pouvait aisément correspondre avec tous les états situés sur cette mer, et même avec ceux de la mer Caspienne et de l'intérieur de l'Asie.

Quand les Arabes fondèrent un empire dont le

(1) Menander Protector, in Excerpt. de Legation.
(2) Saint-Martin, Mémoir. histor. et géograph. sur l'Arménie; Paris, 1818, tome I, page 43.

siége était à Bagdad, et que limitaient, d'une part, le grand désert de l'Afrique, et, de l'autre, la Méditerranée, la mer Noire, la mer Caspienne, la mer Rouge et la mer des Indes, le commerce dut recevoir un choc d'abord, mais il rouvrit bientôt les anciennes routes. Les califes, loin de le détruire, le favorisèrent, et les Arabes furent eux-mêmes des commerçans très-actifs et très-habiles. Accoutumés aux voyages dans les déserts, par le moyen des caravanes, ils transportèrent à travers l'Asie et une partie de l'Afrique les denrées et marchandises qui manquaient aux peuples d'Europe; ils déposaient celles qui étaient destinées pour l'Occident dans les ports de la Méditerranée et de la mer Noire, où finissait leur empire, laissant aux Occidentaux le soin de les y chercher. Ce n'est pas qu'ils ne fussent marins eux-mêmes : ils avaient des flottes marchandes, et c'est par des navires arabes que se faisait le commerce de la mer Rouge et celui de l'Inde. Ces navires fréquentaient même deux ports très-commerçans de la Chine, ceux de Gampou, ou Canfou, et de Zaïthoum (aujourd'hui Hang-Tcheou-Fou et Thsiuan-Tcheou-Fou), entrepôts des marchandises indiennes [1]. Les Chinois, de leur côté, venaient, dans leurs navires, jus-

(1) Voyage de Marco-Polo, livre II, chap. LXIV, édit. de la Soc. géogr. de Paris. — Relation de deux voyageurs arabes du neuvième siècle, trad. par Renaudot. — Klaproth, Renseigne-

qu'à Bharein et Bassora, et faisaient un commerce assez actif avec les Arabes : c'est du moins ce qu'assure Masoudi [1], quoiqu'il paraisse assez extraordinaire que les marins chinois aient jamais fréquenté les parages de l'Asie occidentale.

A aucune époque les peuples du midi et de l'est de cette partie du monde ne se sont signalés dans l'art de la navigation. Les navires arabes, dans leurs voyages en Chine, s'éloignaient rarement des côtes : aussi avaient-ils à lutter contre les écueils; il en périssait beaucoup, et il fallait souvent les radouber [2]. Le voyage de la Chine était long et pénible; d'ailleurs, le goût des Arabes s'accommodait bien plus des caravanes que de la marine, dans laquelle ce peuple ne fit guère de progrès.

La religion des Arabes favorisa le commerce : les musulmans allaient en pélerinage à la Mecque, tandis que les chrétiens se rendaient à Jérusalem, avec une intention semblable; on ne pouvait traverser d'immenses déserts qu'en caravanes; on devenait marchand en voyageant avec des marchands; les pélerins escortaient les marchandises qui venaient de l'Arabie, ou qui y allaient. Aussi la Syrie expédiait et recevait

mens sur les ports de Gampou et de Zaïthoum, décrits par Marco-Polo, dans le tome V du Journal asiatique, Paris, 1824.

(1) Dans son Histoire universelle, intitulée : Prairies d'or.

(2) Voyez les ouvrages cités dans l'avant-dernière note.

sans cesse les denrées, et en général tous les objets
de commerce qui se débitaient dans l'intérieur de
l'Asie.

D'autres routes de commerce étaient fréquentées
par les Arabes : à l'orient de la Perse, les marchands
allaient traverser la Boukharie, le lac Aral et la mer
Caspienne ; et, allant même au-delà de cette mer, ils
se rendaient chez les Bulgares, les Slaves, et d'autres
peuples des bords du Volga et du Don. Il existe assez
de preuves du commerce que les Arabes ont fait, au
moyen âge, avec la Russie, dont le midi surtout leur
était bien connu ; et par cette voie, les denrées
orientales se répandaient dans le vaste empire soumis
actuellement aux Russes [1].

Une autre route passait par la Perse et la Mésopotamie, et se dirigeait vers le Caucase et la mer
Noire. La domination arabe s'étendait jusqu'à l'ancienne Colchide ; ce peuple se trouvait donc, sur
toute la route, chez des sujets ou des alliés. Dans
les ports de la mer Noire, il communiquait, comme
dans ceux de la Méditerranée, avec les Grecs,
qui s'étaient faits les facteurs du commerce entre

(1) Voyez Rasmussen, Essai histor. et géograph. sur le commerce et les relations des Arabes et des Persans avec la Russie et
la Scandinavie, au moyen âge, dans le journal l'Athènes de Mol-
bech ; 1814, tome II. — Frähn, Ibn Fozlans Bericht, &c.,
Pétersbourg, 1823, in-4º.

l'Europe et l'Asie. L'empire de Bysance gagna beaucoup à ces commissions et transits; cependant la mollesse grecque ne s'accommoda pas long-temps des fatigues de la vie mercantile : elle les abandonna à d'autres peuples.

Les villes maritimes d'Italie, dès que, échappées au joug de la domination étrangère, elles furent parvenues à une existence libre et indépendante, se hâtèrent d'établir des relations avec l'empire grec : c'est là qu'elles allaient se pourvoir d'une grande partie des productions du Levant. Elles firent payer, par des concessions coloniales et des prérogatives civiles et commerciales, les services qu'elles rendirent par leur marine, par leurs troupes et par leur argent, aux empereurs, dans les discordes civiles de Constantinople. Elles finirent par attirer à elles presque tout le commerce de l'empire, et par peupler de leurs marchands et facteurs la capitale et les autres ports de la dépendance des empereurs. Alors elles ouvrirent un commerce direct avec les Arabes; et, bien qu'elles servissent les croisés, qui faisaient la guerre à l'islamisme, les villes d'Italie ne négligeaient pas les expéditions mercantiles dans les parages des contrées musulmanes.

Tandis que les Sarrasins, ayant envahi l'Égypte, la Syrie et d'autres pays maritimes, étaient en guerre contre les chrétiens, qui les haïssaient à cause

de leur religion et de leur caractère, une nation
plus redoutable encore menaça à-la-fois les chrétiens
et les musulmans : au centre de l'Asie se forma,
pendant le treizième siècle, la puissance des Tartares
Mongols, puissance qui, circonscrite d'abord dans
les déserts de la Tartarie, alla bientôt en croissant,
envahit le nord de la Chine, une partie de la Perse,
le pays des Baschkirs, la Moscovie, le Caucase;
ce peuple conquérant renversa tout ce qui résis-
tait, massacra les habitans, incendia les villes, et
rendit les princes tributaires du kha-kan, siégeant
dans la ville de Kara-Koroum, qui paraît avoir été
située auprès de la rivière d'Orkhon, et à l'est d'une
branche du mont Altaï [1]. Les rois de Hongrie, de
France, l'empereur d'Allemagne, et d'autres princes
chrétiens, reçurent des sommations arrogantes pour
reconnaître la suprématie du grand khan des Tartares, lui rendre hommage et se soumettre à un
tribut. Les rois de Georgie, d'Arménie, les princes
d'Antioche et d'autres places de la Syrie où les
Tartares venaient porter la terreur, jugèrent prudent de payer les tributs exigés. Ce peuple barbare,
peu attaché à des doctrines religieuses, traitait avec
le même orgueil les chrétiens et les musulmans; en

(1) Ab. Rémusat, Recherches sur la ville de Kara-Korum, dans
le tome VII des Mémoires de l'Institut, Acad. des inscript. et
belles-lettres.

humiliant les Sarrasins, il rendait service à la chrétienté, qui, par cette raison, croyait même que le grand khan était chrétien [1]. On parla long-temps d'un prétendu prêtre Jean, qui gouvernait, selon les traditions chrétiennes, la plus belle partie de la Tartarie, et qui favorisait le christianisme, et par conséquent aussi les nations qui professaient cette religion. Nous verrons plus tard que, lors du projet formé par Christophe Colomb pour chercher une nouvelle route de l'Inde, on songea encore au prêtre Jean, et à la possibilité d'arriver jusqu'à lui par la mer. Ce qui dut confirmer l'Europe dans la bonne opinion qu'elle avait des sentimens religieux des Tartares, c'est la tolérance qu'ils exercèrent envers les chrétiens d'Arménie et de Georgie, leurs tributaires.

Tant que les Tartares avaient borné leurs conquêtes et leurs ravages à l'intérieur de l'Asie, leurs exploits avaient peu intéressé l'Europe; mais quand ils eurent pénétré au cœur de la Russie et aux frontières de la Hongrie, quand ils touchèrent aux possessions et aux comptoirs des Européens dans la Syrie, dans l'Asie mineure, dans la Crimée; quand ils envoyèrent des ordres et des menaces aux princes

____

(1) Voyez Ab. Rémusat, Mémoire sur les relations politiques des princes chrétiens, et particulièrement des rois de France, avec les empereurs mongols, dans les tomes VI et VII des Mémoires de l'Institut, Acad. des inscript. et belles-lettres.

de la chrétienté, quand ils attaquèrent les Sarrasins dans leurs conquêtes en Asie, les chrétiens sentirent promptement ce qu'ils avaient à redouter ou à espérer de ce peuple belliqueux, et s'efforcèrent d'établir des relations politiques et commerciales avec ses khans, surtout avec le grand khan de Kara-Koroum. On sait que saint Louis, pendant son séjour en Chypre, reçut une ambassade tartare [1]. Ce prince envoya, à son tour, en 1248 ou 1249, plusieurs frères prêcheurs et clercs séculiers à la cour mongole d'Ilchi - Khataï avec des présens [2]. Une autre mission, plus connue, fut remplie, d'après les ordres du même roi, en 1252, par un moine, nommé Ruysbroek ou Rubruquis, qui, au lieu de se rendre chez les Mongols par la Perse, comme l'ambassade précédente, partit de la mer Noire, et traversa les steppes du Tanaïs et du Volga [3]. De son côté, le pape envoya des moines chez les Tartares, qu'on se flattait de soumettre au saint-siége.

Plan - Carpin, qu'Innocent IV envoya chez le grand khan, en 1246, se rendit au Volga, longea la rive septentrionale de la mer Caspienne, et arriva enfin à la ville de Kara - Koroum [4]. Plus tard, en

(1) Joinville, Vie de saint Louis.
(2) Voyez les Mémoires de M. Ab. Rémusat, cités ci-dessus.
(3) Bergeron, Voyages faits principalement en Asie dans les douzième-quinzième siècles; La Haye, 1735, tome I.
(4) Voyez la Relation du voyage de Plan-Carpin, dans le tome I des Voyages en Asie de Bergeron.

I.   2

1299, lorsque les Tartares eurent renversé le califat, et envahi la Perse et la Syrie, en chassant les Sarrasins, les rapports devinrent encore plus fréquens; c'est alors que le roi d'Aragon Jacques II, regardant cette conquête comme un service rendu à la chrétienté, envoya une ambassade auprès de Ghazan-Khan, pour le féliciter de ses victoires, lui offrir des secours en munitions, hommes et chevaux, et pour lui recommander ses sujets qui iraient en Syrie [1]. Les Mongols, de leur côté, envoyèrent des agens en Italie, en France, en Angleterre, en Espagne, pour engager les princes chrétiens à entreprendre de nouvelles croisades, et à attaquer de nouveau les Sarrasins, que les Mongols ne cessaient de combattre. Il existe dans les archives d'Europe, notamment dans celles de France, plusieurs lettres de leurs khans [2]. Ces croisades n'eurent jamais lieu, pas plus que les conversions des Tartares, ardemment souhaitées par les papes; mais les peuples profitèrent des relations amicales qui existaient entre les Tartares et l'Europe chrétienne, pour entretenir quelque commerce par les ports et les routes qui conduisaient au centre de leur empire. Dans les steppes et déserts de cet em-

(1) Lettre de D. Jayme II à Ghazan-Khan, dans le tome IV de Capmany, Memor. histor. sobre la marina &c., Collect. diplomat., pag. 250.

(2) Voyez les Mémoires de M. Ab. Rémusat, dans les tomes VI

pire, les marchands trouvaient, de distance en distance, des camps, ou des villages, qui pouvaient
servir de stations à leurs caravanes. Nous possédons,
sur ces routes, quelques détails que nous ont laissés
les agens envoyés par les souverains chrétiens au grand
khan des Tartares; d'autres notions nous viennent des
marchands qui ont eu le courage d'aller à la découverte de nouvelles voies de commerce, à travers ces
contrées inhospitalières. La famille de Marco-Polo,
qui trois fois traversa la Tartarie, dans le même siècle,
passa par la Boukharie, et visita les provinces de
Kachgar, Yerkend et Koten [1]. Un moine de Bologne, Jean de Marignola, que le pape envoya, en
1339, avec le titre de légat, au grand khan des Mongols, se rendit, par la petite Arménie, à Saray, à l'est
du Volga, où résidait Usbek, et de là à la ville d'Ar-
malek, d'où une route de commerce, passant par Lop,
se dirigeait sur la frontière de la Chine. Ce ne fut
qu'en 1342 que Marignola arriva à Kambelek, maintenant Pékin, et alors capitale du Kathay. A son retour, il traversa la Chine méridionale, qu'il appelle
Mantchi. Sur les bords du fleuve Bleu, il trouva des
villes superbes, qui toutes cultivaient la soie; les

et VII des nouveaux Mémoires de l'Acad. royale des inscriptions
et belles-lettres.

(1) Voyez le tome I des Mémoires de la Société de géographie,
Paris, 1824; Discours prélim. de M. Roux.

bateaux étaient peuplés d'artisans, surtout de tisserands en soie et étoffes d'or. Zaïthoum parut au moine italien un port magnifique : il s'y faisait un grand commerce avec les îles aux épices. Coulam, sur la côte de Malabar, s'enrichissait par son débit immense de poivre [1]. Un marchand italien, Balducci Pegoletti, qui, dans le même siècle, voyagea pour son commerce, ou qui recueillit au moins les renseignemens fournis par les voyageurs marchands, indique une route commerciale depuis Tana, sur la mer Noire, jusqu'au Kathay, ou la Chine. Cette route passait par Astrakan et Saray; les marchandises remontaient, à ce qu'il paraît, la rivière d'Oural; des chameaux les transportaient de là vers le Gihon. La ville d'Organci (Urgenz, dans le Khowaresm) est signalée par le voyageur italien comme une place où il se faisait d'excellentes affaires. Avec des caravanes, on se rendait, en trente-cinq à quarante jours, d'Organci à Oltraria, ou Otrar, sur le Gihon : les ânes y remplaçaient les chameaux. Il fallait quarante-cinq autres jours pour aller de là jusqu'à Armalecco, ou Almaleg, en Turkestan, et soixante-dix pour franchir l'espace entre Armalecco et Camexu, qui est probablement le Khamec-Tchen des

---

(1) Voyage de Jean de Marignola dans l'Orient, trad. du latin, mis en ordre et commenté par J. G. Meinert, dans le tome VII des : Abhandlungen der Böhmischen Gesellschaft, &c., Prague, 1820.

Chinois [1]. On employait cinquante autres jours pour atteindre le Hoangho : on y rencontrait une ville marchande, Cassaï ou Kissen, où les voyageurs trouvaient le débit de leurs marchandises, s'ils ne voulaient pas aller plus loin, et où ils pouvaient échanger leur argent contre du papier-monnaie. Trente journées de marche conduisaient de Cassaï à Pekin. Il existait donc une route pour les caravanes marchandes, depuis Tana et Azow jusqu'à la capitale de la Chine, c'est-à-dire à travers toute l'Asie centrale. Ce voyage exigeait huit à neuf mois, et autant pour revenir; mais le voyage de l'Inde par la mer Rouge était long aussi, à cause des vents et de la lenteur des pilotes arabes. On était habitué aux voyages de longue durée; la dépense était probablement peu considérable dans les déserts; ainsi il se pouvait qu'un aussi long trajet n'augmentât pas énormément le prix des marchandises qui venaient de la Chine, ou de la Boukharie, en Europe, ou qui, de l'Europe, s'expédiaient pour ces contrées lointaines. Au quinzième siècle, nous voyons une ambassade persane se rendre de Hérat à la cour de Pékin, et revenir, comme Marignola, par une autre voie que celle qu'elle avait prise en venant [2]; Pékin communiquait donc avec les princi-

(1) Sur le voyage de Bald. Pegoletti, voyez Forster, Histoire des découvertes et des voyages faits dans le Nord, t. I, liv. II, ch. III.

(2) Voyage des ambassadeurs de Schah-Rokh, en 1420, traduit

paux états de l'Asie, et par ceux-ci avec les mers d'Europe ; mais il paraît que les Tartares ne laissaient pas les marchands qui venaient de l'Occident aller au-delà de Succuir et Campion, dans le Kathay ; les Tartares eux-mêmes se chargeaient du commerce avec l'intérieur de la Chine, comme l'Égypte se chargeait du commerce du midi, et surtout du commerce avec l'Inde. Dans toute la Chine circulait un papier-monnaie, fait de coton, selon quelques auteurs, et d'écorce de mûrier, selon d'autres [1]. Ce papier devait beaucoup faciliter les transactions mercantiles, et il sert de preuve de ce que ces transactions étaient nombreuses.

L'Inde, outre la voie de mer, avait encore celle de terre, pour correspondre avec l'Afrique et l'Europe. Lorsque Marco-Polo voyagea dans l'intérieur de l'Asie, Cublay-Khan, le *grand empereur* des Tartares, avait soumis la Cochinchine, le Pégu, la presqu'île de Malacca ; il communiquait avec les îles aux épices et avec Ceylan, renommée par ses pêcheries de perles. Ainsi les productions et les marchandises de l'Inde et des îles Moluques, passant par le Caboul, ou par le Tibet, se répandaient dans l'empire des Tartares, jus-

du persan de Mirchond en hollandais, par Witsen, Ost and noord Tartarye. — Forster, Histoire des découvertes et voyages dans le Nord, tome I, livre II, chap III.

(1) Klaproth, sur le papier-monnaie des Chinois, dans le Journal asiatique.

qu'aux frontières des états chrétiens; ou bien on les embarquait sur la mer des Indes, jusqu'au golfe Persique; on les débarquait sur la côte de Perse, où l'on y joignait probablement les turquoises, les armes des fabriques du Kerman, les étoffes de soie, d'or, et les ouvrages en plumes d'autres contrées de la Perse. Les cargaisons de l'Inde, arrivées à l'embouchure du Tigre et de l'Euphrate, se dirigeaient sur Bagdad, ville qui, sous les califes, étoit parvenue à une grande splendeur. Les fabriques de Bagdad, ainsi que de Mossul, fournissaient de beaux tissus de soie et d'or [1]. Ces marchandises s'expédiaient, avec celles des Indes, pour Damas et pour les ports de la Syrie; ou bien encore elles se transportaient de Bagdad vers l'Arménie et les ports de la mer Noire, par Tauris [2]. Cette ville était le dépôt des étoffes de soie et d'or, des arômes, des perles, et en général des marchandises de l'Inde, de Bagdad, de Mossul, &c. Marco-Polo dit qu'il y venait des marchands de toutes les parties du monde, et non-seulement de l'Inde et de la Mésopotamie, mais aussi des pays occidentaux, parcè que le commerce donnait beaucoup de gain à Tauris [3], probablement à cause des échanges avantageux qu'on pouvait y faire.

(1) Voyage de Marco-Polo.
(2) Voyez, au chapitre suivant, les détails sur Trébizonde.
(3) Voyage de Marco-Polo, chap. xvii.

Marin Sanuto nous apprend que, par la voie de terre, on transportait de préférence les productions les plus précieuses de l'Inde en Europe, parce que, étant plus dispendieuses, à cause des longs transports, elles ne pouvaient soutenir la concurrence avec la voie de la mer Rouge et du Nil que pour les objets chers, à l'égard desquels les frais de transport ne sont qu'un accessoire [1]. Les cubèbes, les clous de girofle, les muscades, et autres épices fines, arrivaient en Europe par cette voie. Selon Sanuto, le gingembre que les Européens recevaient par le pays des Tartares valait un dixième, ou même un cinquième de plus que celui qu'ils tiraient d'Alexandrie. Cet auteur, ennemi juré des Sarrasins, proposait de faire tout le commerce avec l'Inde par la Tartarie, sans toucher à aucun port, à aucun rivage occupé par les musulmans. Si les chrétiens eussent suivi ce conseil, leur commerce aurait continué, il est vrai, pendant leur guerre contre les soudans; mais ils auraient payé les marchandises plus cher, et ils les auraient obtenues avec plus de difficulté : les guerres des Tartares auraient coupé les communications avec les plus belles contrées de l'Asie, et les chrétiens n'auraient pas échangé autant de leurs marchandises et productions qu'ils en échangeaient à l'embouchure du Nil. Ils

(1) Mar. Sanuti Secreta fidelium crucis, dans le tome II de Gesta Dei per Francos.

eurent la prudence de se ménager à-la-fois les deux voies, commerçant avec les Tartares, d'un côté, et avec les Sarrasins, de l'autre; et c'est là ce qui donna tant d'activité et d'importance au commerce de la Méditerranée, où se faisait en effet l'échange des principales productions de l'Europe, de l'Asie, et même de l'Afrique.

, Une partie des articles de commerce que fournissaient les Tartares se détournait vers la Russie, et remontait, par le Volga et le Don, dans l'intérieur de cet empire, d'où elle s'expédiait encore plus vers le nord. Il ne paraît pourtant pas que les pays à l'ouest de la Russie aient reçu beaucoup de denrées du Levant par cette voie; l'Allemagne, du moins, se pourvoyait d'abord dans la Méditerranée, surtout à Venise, et plus tard dans les entrepôts formés aux Pays-Bas. Mais la Scandinavie a dú recevoir beaucoup de denrées orientales par la mer Caspienne, la Russie et la Baltique. Whisby, dans l'île de Gotland, était un marché principal pour les denrées du Levant. Parmi les milliers de monnaies cufiques qu'on a trouvées dans l'île et dans les contrées voisines, la plupart ont été frappées par les Samanides [1], qui avaient régné, aux neuvieme et dixième siècles, sur les bords du Gihon et du

(1) Aurivillii de nummis arabicis in Sviogothiá repertis, disquisitio, dans le tome II des Nova Acta reg. Societ. scient.; Upsal, 1775.

lac Aral. Peut-être provenaient-elles des ruines de Samarcande, que Tamerlan fit déblayer, et elles seront arrivées à la Baltique par la Russie, soit comme monnaies, soit comme marchandises; à moins qu'on n'aime mieux supposer qu'elles ont passé par les comptoirs des Vénitiens et des Génois dans la mer Noire, et que ces peuples ont mis les monnaies tartares dans le commerce, sur les bords de la Méditerranée, d'où elles auraient été portées en Flandre et en Suède.

Nous allons maintenant examiner séparément les divers états commerçans des bords de la Méditerranée, tant du côté de l'Asie et de l'Afrique, que de celui de l'Europe. J'indiquerai les genres de commerce et d'industrie auxquels chacun se livrait. J'exposerai ensuite la nature de leurs relations mercantiles, leurs transactions mutuelles, leurs établissemens commerciaux, et les vicissitudes auxquelles furent sujets leurs rapports maritimes, par suite des grands événemens qui changèrent les besoins et les habitudes de la société, et avancèrent ou reculèrent la civilisation.

CHAPITRE PREMIER.

COMMERCE DE L'INDE, DE L'ARABIE ET DE LA PERSE

Cambaie, Calicut et Malacca, entrepôts du commerce de l'Inde. —
Fabriques d'indiennes sur la côte de Malabar, dans le Décan,
et au Bengale.—Factoreries arabes. — Opulence des marchands
de cette nation. — Leurs établissemens à Ceylan. — Commerce
des épices des îles Moluques et des marchandises de Chine à Malacca. — Entrepôt dans l'île d'Ormuz. — Pêcheries de perles
à Bahrein. — Grand commerce au port d'Aden. — Jedda,
Suakem, Aïdab, Kosseïr, Suez, échelles dans la mer Rouge.

TRANSPORTONS-NOUS tout-à-coup au milieu de la
contrée vers laquelle tendaient presque toutes les
spéculations du monde commercial pendant le moyen
âge. L'Europe resta long-temps plongée dans une
ignorance presque complète sur l'origine de tant de
productions précieuses qui se répandaient chez elle,
sur la route par laquelle elles lui arrivaient, sur les
échelles qu'elles traversaient, enfin sur le peuple dont
le génie commercial et l'activité extraordinaire faisaient arriver jusqu'aux ports de la Méditerranée et

de la mer Noire des marchandises tirées des bords de la mer des Indes et de la Chine. Elle ignorait le mouvement incroyable qui régnait dans le fond de l'Asie et de l'Afrique, dont l'accès lui était interdit : elle jouissait des effets sans connaître les causes. Il se passa des siècles avant que cette espèce de mystère lui fût dévoilé; seulement la lecture des auteurs anciens, et les récits d'un petit nombre de voyageurs, qui avaient pénétré jusqu'aux sources du commerce, en donnèrent quelques soupçons. Ce ne fut que lorsque les Portugais eurent découvert le moyen de tourner autour de l'Afrique pour arriver dans l'Inde, que le mécanisme de ce grand commerce se développa sous leurs yeux, et qu'ils connurent l'extrémité de cette chaîne qu'ils avaient suivie si long-temps, sans bien savoir dans quels lieux et de quelle manière elle commençait. En effet, avant d'arriver à la Méditerranée et à la mer Noire, les marchandises avaient traversé un grand nombre de pays, avaient occupé des milliers d'individus, enrichi une foule de spéculateurs, et grossi les trésors de plusieurs princes souverains ou tributaires.

Toute la côte de Malabar était couverte de villes et de bourgs commerçans, entremêlés de plantations et de moissons dont les produits lucratifs entraient dans le commerce. Les indigènes plantaient et cultivaient leurs productions; des castes marchandes les

achetaient et les portaient au marché; des facteurs,
ordinairement étrangers, les expédiaient au-dehors.
Les Arabes, ou Maures, qui, sur cette côte, formaient presque le cinquième de la population, étaient
parvenus à s'emparer d'une grande partie du commerce extérieur de l'Inde; ils correspondaient avec
les contrées occidentales : en Perse, en Arabie, en
Égypte, tout le long de la côte orientale de l'Afrique,
jusqu'à l'île Madagascar, ils trouvaient leurs compatriotes et co-religionnaires disposés à entrer dans leurs
spéculations. Toutes les côtes baignées par la mer des
Indes étaient peuplées de Maures; leurs navires transportaient les marchandises dans le golfe Persique et
la mer Rouge.

Calicut était leur grand marché; là ils avaient des
magasins, des factoreries, des maisons tenues richement; ils y vivaient dans l'opulence, et l'on aurait
dit qu'ils étaient les maîtres du pays [1]. Cependant il y
régnait un roi, défendu par un corps de troupes de
la tribu des Naïres; son harem contenait mille à
quinze cents femmes; mais rarement les rois orientaux, dont le harem est si bien fourni, ont de la puissance réelle : le roi de Calicut était dominé par les
brames, qui prétendaient lui faire honneur [2] en par-

(1) Navigation de P. Alvarez Cabral, chap. xv; dans le tome I
de la Collection de voyages de Ramusio.
(2) Ibid., chap. xiii.

tageant avec lui son droit d'époux. Cette cour volup
tueuse était intéressée à favoriser les spéculations des
Maures; car les revenus de la douane, qui prélevait
cinq pour cent à l'entrée et à la sortie des marchandises [1], étaient la principale ressource du prince. Le
poivre et la canelle, qui se vendaient au marché, dé-
frayaient son immense harem. Calicut était fréquenté
par les marchands de l'Arabie, de l'Égypte, de la
Perse; les Maures qui y étaient établis tenaient des
magasins de pierres fines, de perles, d'épices, de
parfums et aromates, d'étoffes de soie, de porcelaine,
de bois de teinture [2], &c. Les premiers Européens qui
pénétrèrent dans l'Inde y virent débiter, dans les
boutiques, du vin de Candie, des damas de Lucques,
des ras, velours, et autres étoffes de fabrique d'Europe, arrivés probablement par la voie de l'Égypte [3].
Les monnaies qui circulaient au marché de Calicut
étaient des saraffes d'or, frappés par les soudans
d'Égypte, quelques ducats vénitiens et génois, et une
monnaie d'argent qui probablement était, comme les
saraffes, de fabrique égyptienne; d'où l'on voit les
relations qui existaient entre l'Inde et les bords du Nil [4].

(1) **Navigation de Vasco de Gama, tome I de la Collection de
Ramusio.**
(2) **Navigation de P. Alvar. Cabral, chap. xv.**
(3) **Navigation de Vasco de Gama, chap. ii et iv.**
(4) **Ibid.**

Outre les marchands maures, on trouvait aussi à Calicut des marchands de Guzurat, de cette province voisine de l'Indus, qui a toujours eu l'esprit de trafic, et où aujourd'hui on voit encore des tribus de marchands [1]. Ils occupaient des rues entières avec de belles maisons, preuves de leurs richesses. Un autre quartier de Calicut était habité par des marchands de Coromandel, qui faisaient le change et le trafic des pierres précieuses; ils portaient toujours sur eux de petites balances pour peser les pièces d'or et d'argent et les pierreries, en quoi ils montraient une grande adresse. Ils s'aidaient mutuellement, et ils faisaient entre eux des marchés et contrats de vente, presque sans parler, et seulement en se touchant les doigts : de grandes affaires se concluaient ainsi en quelques minutes [2]. Toute cette classe d'Hindous, douée d'une sagacité étonnante, née avec le goût du commerce, et ayant une grande habitude des transactions mercantiles, passait à-la-fois pour probe et intéressée, comme le sont en général les peuples commerçans. « Elle n'aurait pas, dit un auteur portugais, donné son bien; mais aussi elle n'aurait pas pris le vôtre [3]. »

(1) Forbes, Oriental Memoirs; Londres, 1813, in-4°.

(2) Itinéraire de Louis Barthema, chap. XVII; dans le tome I de la Collection de Voyages de Ramusio. — Livro de Duarte Barbosa, dans le tome II de la Collecçao de noticias para a historia e geografia de naçoes ultramarinas; Lisboa, 1812.

(3) « Costoro, se non vi danno del loro, non tolgono punto del

Le port de Calicut n'était pas un des meilleurs, mais il suffisait pour les petits bâtimens des Maures, dont on apercevait quelquefois des centaines réunis. Ce n'était souvent que de forts bateaux, avec lesquels les Arabes traversaient témérairement la mer des Indes; aussi en périssait-il beaucoup. Quelquefois ces bateaux, munis d'une voile de coton, étaient construits sans fer. Ils restaient cinq à six mois à attendre la saison favorable, c'est-à-dire le mois de novembre, pour regagner la mer Rouge avec leurs cargaisons. La destination de la plupart de ces navires était Zaïde, ou Jedda, port de la Mecque, d'où l'on transportait les marchandises, soit dans de plus petits navires, jusqu'à l'extrémité de la mer Rouge, soit par terre, à travers les déserts de l'Arabie [1]; d'autres allaient à l'île d'Ormuz, dans le golfe Persique, d'où l'on ramenait surtout des chevaux destinés pour les rajahs de l'Inde, qui les payaient très-cher. De l'Arabie, les bateaux revenaient à Calicut avec des cargaisons composées de soufre, cuivre, vermillon, or et argent, corail, safran, essence de roses, velours et camelots. Quelques Maures faisaient deux voyages par an.[2], et gagnaient

vostro. » Somario de' regni, città e popoli orientali, dans le tome I de Ramusio, Collection de Voyages.

(1) Navigation de P. Alv. Cabral, chap. XVI. — Navigation de Vasco de Gama, chap. IV.

(2) Livro de Duarte Barbosa.

beaucoup par cette activité, unie à l'intelligence. Les riches négocians de Calicut faisaient construire des navires dans ce port, et les envoyaient le long des côtes de l'Inde, et dans les iles, pour chercher les épices, les perles, le riz, les drogues médicinales, qui composaient les cargaisons destinées pour l'Occident. En mettant à la voile vers la fin d'avril, pour le cap Comorin, ils avaient quatre mois de bonne navigation au sud de l'Inde. De grandes jonques de la Chine venaient aussi faire le commerce à Calicut, ou se louer aux commerçans. Les plus fortes contenaient, selon l'assertion d'Ebn Batuta, voyageur arabe du quatorzième siècle [1], un millier d'individus, tant matelots que soldats de marine. On voyait des jonques qui portaient des maisons, et même de petits jardins, et où logeaient plusieurs familles : c'étaient, pour ainsi dire, des villages étrangers flottant dans le port de Calicut. Les Chinois ne fréquentaient guère, dans l'Inde, que ce port, celui de Coulam, et le petit port de Hili, terme habituel de leurs voyages. La vie du marin, par sa fragilité, paraît à l'Hindou semblable à la goutte de rosée sur la feuille de lotus; cependant il ne reste pas tout-à-fait étranger à la navigation, le long des côtes de son pays : il s'embarque après avoir porté son offrande à

(1) Travels of Ibn Batuta, translated from the abridged arabic m. s. copies, with notes, by the rev. Sam. Lee; Londres, 1829, in-4°, chap. XVIII.

1.   3

Kaniya, patrone des marins [1]. Dans ces temps où le commerce maritime était si florissant, les sectateurs de Brahma naviguaient sans doute en grand nombre, de concert avec ceux du grand prophète et de Confucius.

Le piment et le poivre se récoltaient en abondance aux environs de Calicut même; cependant il fallait en aller chercher encore dans les autres parties de l'Inde, afin de satisfaire à toutes les demandes des trois parties du monde.

Calicut n'était pas la seule grande place de commerce d'où les Arabes expédiassent les productions indiennes. Daboul, dans le royaume de Décan, était une des principales échelles du Malabar; il entrait dans ce port beaucoup de gros navires venant de l'Arabie, avec de riches cargaisons, surtout avec des chevaux arabes que l'on recherchait à la cour du Décan, et contre lesquels on échangeait les productions du pays, ainsi que les cotonnades, indiennes peintes, et toiles fines que tissaient les Hindous de cette contrée; les châles étaient probablement de ce nombre : c'étaient peut-être ces étoffes fines de Décan, désignées sous le nom de *beïram,* que l'on recherchait dans les marchés de l'Arabie et de la Perse [2]. On débitait dans le Décan les marchandises de l'Asie et de l'Europe; on y ven-

(1) Tod, sur les établissemens religieux de Mewar, dans le t. II, partie I, des Transact. of the roy. asiatic Society.

(2) Livro de Duarte Barbosa. — Itinéraire de Louis Barthema.

dait beaucoup de cuivre, de vermillon, &c. Les grains et les fruits y étaient abondans, et le commerce se partageait entre les Maures et les Hindous. Pour les navires d'Arabie qui se rendaient à Malacca, le port de Daboul était le lieu ordinaire de relâche : il y avait des relations continuelles entre ce port et Malacca, qui, à son tour, correspondait avec la Chine...

Chaoul, autre port du Décan, n'était pas aussi grand que Daboul; cependant on y embarquait aussi beaucoup de riz et d'autres grains, du coton, du sucre, des drogues, des noix de coco et d'arek, de la cire, &c. Ces ports recevaient les marchandises de l'intérieur du Décan par des caravanes de bœufs conduits par des marchands d'une tribu particulière, comme cela se pratique encore aujourd'hui [1].

Du Décan jusqu'à la presqu'île de Guzurat, au nord, les ports et échelles se succédaient de très-près; partout on trouvait des marchés, et des communautés de marchands arabes, qui mettaient l'Inde en rapport avec l'ouest de l'Asie. Diu surtout était un de leurs entrepôts; ils y attiraient les marchandises de Malacca, de la Chine, de toute la côte de Malabar, pour les répandre dans l'Arabie et dans la Perse; d'un autre côté, ils y déposaient, comme à

____

(1) Livro de Duarte Barbosa. — Itinéraire de Louis Barthema. — Forbes, Oriental Memoirs.

3.

Calicut, du cuivre, du corail, du vermillon, de l'essence de rose, de l'or et de l'argent, en barres, ou monnayés. Il venait à Diu des négocians du Caire, d'Aden et d'Ormuz. Les marchands guzurates servaient ici de facteurs, de changeurs et de banquiers, comme dans les autres ports. Ils surpassaient tous les autres peuples en esprit mercantile.

Cambaie était remplie de ces marchands indigènes qui tenaient pour leur propre compte beaucoup de navires d'une capacité considérable, et parfaitement manœuvrés ; la plupart de ces navires faisaient le cabotage ; mais il y en avait aussi qui traversaient la mer, et commerçaient directement avec Aden, en Arabie. Les Hindous avaient dans leurs navires des soldats arabes, afin de n'être jamais obligés de se défendre avec les armes contre les corsaires et d'autres ennemis, ayant horreur du sang. Leurs facteurs étaient établis, dans le Décan, à Goa, ville également très-commerçante, à Calicut, et surtout à Malacca, place d'où Cambaie tirait les épices destinées au commerce de l'Occident. Quatre à cinq mille Guzuratiens vivaient de ce trafic continuel de Cambaie avec la presqu'île orientale de l'Inde, avec les Moluques et la Chine. Leurs zambuques ou navires apportaient de la porcelaine, du musc, des étoffes de soie chinoises, des épices, du bois de sandal, tandis que les marchands arabes, à Cambaie, tiraient d'Ormuz les métaux précieux, le vif-argent, les dattes sèches et les perles; on leur envoyait du Caire, de Damas et d'Aden, la draperie d'Italie, l'or et l'argent, les armes, les verres et les cristaux, l'essence de rose, les camelots, les chevaux [1], &c. Indépendamment des épices, Cambaie expédiait pour l'Occident beaucoup de laque, d'opium et d'indigo. Un marchand génois trouva ici, à la fin du quinzième siècle, des négocians de Damas et d'Alexandrie. Par son industrie manufacturière, et par sa belle architecture [2], Cambaie ressemblait à une des grandes villes de la Flandre : les tisserands y abondaient; ils fabriquaient des étoffes de coton, blanches et peintes, des taffetas et autres soieries, ainsi que des velours; ils mettaient en circulation une vingtaine d'étoffes différentes; la joaillerie et la bijouterie occupaient d'habiles ouvriers, dont plusieurs s'entendaient parfaitement à imiter les pierres fines et les perles, et à donner de la valeur aux pierres d'une qualité inférieure. Les tourneurs façonnaient l'ivoire avec autant de délicatesse que de variété; la marquetterie de Cambaie était renommée. Tout se ressentait, dans cette ville, de l'opulence qu'y répandaient l'industrie et le commerce. Le goût de la musique et de la danse

____

(1) Livro de Duarte Barbosa. — Itinéraire de Louis Barthema.

(2) Voyage de Jérôme de Santo-Stephano, dans le tome I de la Collect. de voyag. de Ramusio.

était inné chez les habitans; ils se vêtissaient et se meublaient avec un grand luxe [1]. Les denrées du pays que l'on exportait consistaient en riz, olives, huile de sésame, coton, borax, cire, miel, et beaucoup d'autres objets dont abonde l'heureux sol de l'Inde.

Vers le cap Comorin, les marchands trouvaient d'autres places de commerce, telles que Cochin, où l'on trafiquait beaucoup en poivre, et où demeuraient un grand nombre de chrétiens, dits de saint Thomas, et Coulam, renommée pour son poivre, et une des grandes échelles de la côte de Malabar [2]; les marchands maures et hindous qui l'habitaient envoyaient leurs petits navires à Malacca et aux îles Moluques pour chercher les épices et les autres productions de ces parages.

En faisant le commerce entre la mer Rouge et la Chine, les navires arabes touchaient aux petites îles Maldives, pour y prendre des rafraîchissemens, et à l'île de Ceylan, qui, depuis les temps anciens, commerçait avec l'Asie occidentale [3]. Les grandes ruines

(1) Livro de Duarte Barbosa.

(2) Voyages de Jean de Marignola, Ebn Batuta, &c.

(3) Voyez la dissertat. de Heeren, De Taprobane insulâ hodiè Ceylan dictâ, antè Lusitanorum in Indiâ navigatione per viginti ferè sæcula communi terrarum, marium australium emporio; par extrait dans les Gœtting. gelehrte Anzeigen, 1828, 16 février.

de la ville de Mantotte, les restes des beaux réservoirs d'eau, les médailles, et d'autres antiquités qu'on
trouve dans cette île, attestent la splendeur qu'elle
avait dans le moyen âge, grâce au commerce de la
colonie maure établie à Ceylan depuis le huitième
siècle, du moins suivant une tradition accréditée chez
les Maures actuels. Aujourd'hui encore, les descendans des premiers tisserands qui y vinrent de l'Inde,
pour établir une manufacture, jouissent d'une dis-
tinction honorable [1]. Les musulmans avaient des établissemens à Trincomalé, Manar, Jaffna, Mantotte,
Colombo, et dans d'autres lieux; ils recueillaient dans
l'île, pour leur commerce avec l'Occident, de l'indigo,
des chanks, ou coquilles employées pour la parure,
des pierres fines, telles que rubis, saphirs, &c., que
Ceylan fournissait en abondance, des perles pêchées
dans les parages de l'île, de l'ivoire, des noix d'arek,
que l'on mâche, dans l'Orient, avec les feuilles de
bétel, le bois de sapan, et la racine de chaya, qui
donne au coton une belle couleur d'orange [2]; enfin la
canelle, dont la récolte leur était vendue par le roi,
et le cinnamome, cultivé encore aujourd'hui par une
tribu particulière. A ces productions, ils joignaient les

(1) Alex. Johnston, Lettre sur une inscription cufique à Ceylan,
dans le tome I, partie III, des Transactions of the asiatic Society.
Londres, in-4°.
(2) Ibid.

tissus de leurs fabriques, les soieries de la Chine et les épices des Moluques. La situation de l'île favorise le commerce entre l'est et l'ouest de la mer des Indes; aussi leurs navires parcouraient-ils ces mers; ils avaient des lois maritimes qui les régissaient; les rois indigènes de Ceylan leur avaient accordé le privilége d'être jugés, en cas de contestations mercantiles ou nautiques, par un tribunal composé de mollahs, de marchands et de marins [1]. Les marchands étaient riches, et aimaient le luxe; l'or brillait en anneaux et en bagues à leurs oreilles, à leurs doigts et à leurs ceintures; des tissus de coton fin et de soie composaient leurs vêtemens [2].

Quoique la côte de Coromandel ait peu de ports, comparativement à celle de Malabar, elle ne restait pourtant pas étrangère au grand mouvement du commerce qui, au moyen âge, animait les contrées orientales. Sur cette côte, les négocians de Cambaie et les navires maures venaient chercher des épices et des drogues; ils y achetaient des esclaves, et débitaient dans le pays le cuivre, le vermillon, l'essence de rose, les velours, et les autres marchandises de l'Occident. Le royaume de Narsingue avait beaucoup de petites

____

(1) Alex. Johnston, Lettre sur une inscription cufique à Ceylan, dans le tome I, partie III, des Transactions of the asiatic Society.

(2) Livro de Duarte Barbosa. — Voyages d'Ebn Batuta, chap. xx.

factoreries maures et hindoues, qui expédiaient de là
pour le Malabar, ou peut-être directement par la mer
Rouge, les tissus indiens, les épices du pays, et les
pierres fines du Pégu. Une foule de marchands arabes,
persans, abyssins et hindous habitaient également le
Bengale; leurs navires cotoyaient les deux presqu'îles
de l'Inde, et ils se chargeaient de la vente des belles
étoffes d'indiennes tissées par une population aussi
sobre qu'industrieuse; ces bons tissus se débitaient
dans l'Arabie et la Perse, où elles entraient dans l'habillement ordinaire du peuple [1]. Le Bengale fournissait encore un sucre en poudre qui se vendait à très-
bon compte, dans le pays, parce que les Hindous ne
savaient pas le raffiner et le faire cristalliser; l'exportation de cette denrée valait de gros bénéfices aux
Maures [2]. Alors, comme aujourd'hui, les Hindous
ne se faisaient pas scrupule de vendre leurs enfans;
les Maures en achetaient une foule, en faisaient des
ennuques, et les exportaient. On achetait ces malheureux enfans, pour leur confier plus tard la garde
des harems et des maisons des riches Arabes [3].

Dans la presqu'île orientale de l'Inde, les ports et
villes des royaumes de Pégu et d'Ava attiraient les
marchands arabes et hindous, à cause des pierres

(1) Livro de Duarte Barbosa.
(2) Ibidem.
(3) Ibid.

fines, du sucre, de la laque, du musc, et d'autres marchandises, contre lesquelles on donnait celles de Cambaie. Le commerce des pierreries, surtout des rubis, occupait beaucoup de joailliers : ordinairement ils ne faisaient que dégrossir ces pierres, et les envoyaient à Calicut, Paliacate, et·d'autres villes du Malabar, pour les faire monter. Les rubis-balais de peu de valeur se vendaient aux habitans de l'Arabie. On falsifiait, dans le Pégu, le musc; et il est probable que l'Occident n'a pas fréquemment reçu le véritable.

Une place très-importante pour le commerce de l'Orient était Malacca, dans la presqu'île de ce nom, à cause de sa position avantageuse entre l'Inde, la Chine et les Moluques. C'est là que commençait, pour ainsi dire, la série d'échelles qui se prolongeait depuis la mer de la Chine, à travers l'Asie et l'Europe, jusque dans les contrées boréales. C'était le premier entrepôt, du côté de l'Orient, pour toutes les richesses naturelles et artificielles des peuples de l'Asie; de Malacca, elles se dirigeaient de place en place, de port en port, vers l'Occident. On voyait dans ce marché, comme dans celui de Cambaie, toutes sortes de nations : des marchands de Guzurate, des Persans, des Turcomans, des Arméniens, même des Africains de Quiloa, Mélinde, Magadoxo et Mombaza [1]. De

_____

(1) Sommario de' regni, città e popoli orientali, dans la Collect. de Voyag. de Ramusio.

belles jonques chinoises à quatre mâts venaient y
déposer les porcelaines, les soieries, surtout les damas
à ramages, l'étain, l'alun de roche, le musc, la rhubarbe, les perles et la tabletterie, ingénieusement
travaillée par les habitans de *l'empire céleste*. Les
Chinois qui allaient à Malacca ne pouvaient rentrer
dans l'intérieur de la Chine, et étaient obligés, à leur
retour, de déposer à Canton les marchandises qu'ils
rapportaient. De Siam, les marchands venaient à Malacca acheter des esclaves, des épices, des brocards de
Cambaie, &c. Entre autres objets, ils apportaient en
échange ce bois de calambec, ou aloës, tant recherché
par les Orientaux pour son odeur parfumée. Dans le
pays de Camboje, on trouvait des forêts de ce bois
précieux. Les prames de Java et d'autres îles de la mer
des Indes débarquaient à Malacca du riz et d'autres
vivres, des noix muscades, de l'aloës, des armes de
sauvages : ces bateaux étaient habités par des familles
de marins malais, qui n'avaient pas d'autres demeures.
Cambaie, Méliapour, Paliacate, le Bengale, &c., envoyaient leurs indiennes ; les Maures y joignaient tout
ce que le commerce de l'Europe, de l'Afrique et de
l'Asie leur avait fourni de beau ou de curieux : c'était
une affluence, un échange, un trafic continuels. A
entendre les premiers Européens qui virent ce spectacle intéressant, les gros négocians de Malacca comp-
taient l'or par quintaux : à peine connaissaient-ils leurs

richesses [1]. Leurs navires fréquentaient les îles de la Sonde ; Sumatra leur vendait du benjoin, du piment, du camphre, du gingembre, de l'or et de la soie ; Java leur vendait aussi de l'or, ainsi que de la canelle, du piment, du gingembre, de la soie écrue. Bornéo leur fournissait surtout du camphre ; ils tiraient des Moluques une quantité énorme d'épices ; de la Chine, du Japon, des îles Lieukieu, de toutes les contrées baignées par la mer orientale, enfin, arrivaient des jonques chargées de marchandises [2]. Quoique Malacca ne fût que la première échelle du commerce de l'est avec l'ouest, les épices y étaient déjà beaucoup plus chères que dans les Moluques : ainsi les clous de girofle, qui se vendaient dans les îles aux épices un à deux ducats le bahar, coûtaient déjà dix à quatorze ducats à Malacca [3]. Faut-il s'étonner, d'après cela, que les négocians de cette ville aient été si riches?

Toutes-les marchandises indiennes et chinoises destinées pour l'Occident étaient embarquées dans les ports de l'Inde, surtout à Calicut et à Cambaie, soit pour la mer Rouge, soit pour le golfe Persique. Dans ces deux golfes, un grand nombre d'échelles et de lieux de relâche recevaient les bâtimens chargés. D'abord, en se rendant de l'Inde au golfe Persique,

____

(1) Livro de Duarte Barbosa.
(2) Ibid. — Somario de' regni, città e popoli orientali.
(3) Livro de Duarte Barbosa.

on relâchait à Mascate ; l'île d'Ormuz, quoique stérile, et dépourvue d'eau et de végétation, était alors bien peuplée, et le siége d'un roi, qui non-seulement possédait l'île, mais dominait aussi sur le littoral du continent.

Dans cette petite île, où le sel était la seule production du terrain, s'était élevée une belle ville, où abondaient les fruits de la Perse et toutes sortes de vivres, et que fréquentaient les marchands arabes et persans, les premiers olivâtres, les seconds blancs, et vêtus de fines étoffes de soie et de coton ; ils étaient armés de dagues garnies en or et en argent, et d'arcs dorés, avec des cordes de soie. On voyait dans les rues ces sybarites, suivis de jolis pages, qui leur portaient des boissons rafraîchissantes dans des vases ornés d'argent. Ils étalaient, avec leur opulence, des mœurs si dissolues, que les Européens comparaient Ormuz à l'ancienne Sodôme [1]. Ce marché était fréquenté aussi par les Arméniens, hommes plus sobres et plus actifs. Un des principaux articles de commerce dans cette île était les beaux chevaux dont on exportait un grand nombre pour l'Inde, où ils se vendaient jusqu'à cinq cents ducats, et même jusqu'à mille. On accordait le premier rang aux chevaux arabes ; ceux de la Perse n'étaient considérés que comme étant

____

(1) Livro de Duarte Barbosa.

d'une race inférieure. Les navires chargés du transport de ces coursiers portaient ordinairement aussi du
sel, du soufre, du salpêtre, des dattes, des raisins
secs, &c. Les magasins d'Ormuz recevaient les cargaisons d'épiceries, d'étoffes de coton, de sucre, de
pierres fines, de porcelaine, expédiées de Cambaie,
Daboul, Chaoul, et du Bengale; l'Égypte et l'Arabie
envoyaient des camelots communs et des camelots de
soie, des brocards, du vif-argent, du cinabre, de
l'essence de rose, de l'encens; une partie de ces objets
venait probablement de l'Europe. Les caravanes parties
de la Chine ou du Cathay apportaient beaucoup de
soie, du musc pur et de la rhubarbe. Enfin les négocians d'Ormuz tiraient de Schiras, et d'autres villes de
la Perse, des armes, des étoffes de soie, des tapis fins
et communs, de l'alun de roche, des turquoises; ils
expédiaient pour les côtes de Perse une grande quantité de poivre et d'autres épices, ainsi que toutes les
marchandises qui leur venaient de la mer Rouge et de
celle des Indes.

Ce qui donnait aussi du relief au commerce d'Ormuz, c'était le voisinage des pêcheries de Bahrein,
qui fournissaient une quantité de perles dont l'Europe
recevait une bonne part. Les marchandises destinées
pour l'Occident s'embarquaient pour Bassora, près
de l'embouchure de l'Euphrate, et remontaient ce
fleuve et le Tigre jusqu'en Syrie, en Diarbekir, &c.,

comme dans les temps anciens. Ce que l'Inde destinait pour la mer Rouge partait ordinairement à la
consignation de l'île Socotora, que l'on atteignait dans
l'espace de vingt jours. Pour se rendre de la mer Rouge
dans l'Inde, on profitait probablement, comme on
le fait aujourd'hui, des moussons de sud-ouest, qui
soufflent dans les mois de juillet et d'août [1]. L'île Socotora était habitée par des chrétiens pasteurs, mais
les musulmans occupaient les villes, sur les côtes. On
recueillait dans l'intérieur de cette île, aride comme
l'Arabie, la gomme connue sous le nom de sang-
dragon, et un aloës d'une espèce particulière, connue
dans le commerce sous le nom de socotorain [2].

Souvent aussi on se rendait directement de l'Inde
au port d'Aden, sur la côte méridionale de l'Arabie;
c'était le principal entrepôt et le rendez-vous du
commerce entre l'Orient et l'Occident. Ville grande,
belle et fortifiée, Aden avait un roi particulier, gardé
par un corps nombreux de troupes; il possédait tout
le littoral, et tirait de ses douanes un revenu immense. La population, presque toute adonnée au
commerce, se composait d'Arabes, d'Indiens et de
quelques nègres. Dans les temps du grand fanatisme

(1) Cap. Pringle, Route de l'Inde, par l'Égypte et la mer Rouge,
dans l'Edinburgh journal of science, 1826, n° 8.
(2) Barbosa, Ebn-Batuta, &c. — Lettres d'André Corsali, dans
le tome I de la Collect. de Ramusio.

mahométan, les Arabes d'Aden avaient les chrétiens en horreur [1], quoique ce fussent les chrétiens qui payassent une partie des marchandises que l'on expédiait des magasins d'Aden pour la mer Rouge. Dans la suite ils furent plus traitables : au quinzième siècle, plusieurs marchands italiens passèrent à Aden : dans leurs relations ils se louent même de la justice et de la douceur du gouvernement de ce port [2]; apparemment le commerce avait fini par adoucir les mœurs et par mitiger le fanatisme des musulmans adenois.

Au reste, les auteurs chrétiens et arabes vantent de concert la richesse et l'immensité des affaires commerciales qui s'y faisaient. « Cette jolie ville, dit » Ebn-el-Ouardi [3], est l'abord des vaisseaux de l'Inde » et de la Chine; c'est là que l'on trouve toutes les » productions des pays orientaux, la soie, les armes, » les housses, le kaimouck (sorte de cuir), le musc, » l'aoud (bois d'aloës), les mirobolans et autres aro- » mates, l'ivoire, l'ébène, les habits faits de filamens » de plantes et plus estimés que la soie, l'étain, le » plomb, les perles, les pierres précieuses, le zoubad » (la civette) et l'ambre. »

(1) Voyage de Marco-Polo.

(2) Voyez le Voyage du marchand génois Jérôme de Santo-Stephano, dans la Collect. de Ramusio, tome I.

(3) Perle des merveilles, manuscrit arabe analysé par Deguignes, dans le tome II des Notic. et Extraits des manuscr. de la Biblioth. du Roi.

L'auteur arabe aurait pu y ajouter cet amfiam ou opium préparé avec d'autres ingrédiens [1], que les voluptueux orientaux prenaient à cause de sa qualité excitante et aphrodisiaque, et qui n'était pas inconnu non plus dans le commerce d'Europe, où on le désignait sous le nom d'opium thébaïque. Les sultans, pour être vaillans dans leurs harems, en faisaient un usage continuel, ce qui les rendait stupides après leurs momens d'ivresse. C'est dans Aden qu'on savait préparer ce remède réconfortant. Les navires de Calicut apportaient, selon Barboso, tant d'étoffes de soie et de coton qu'on ne saurait le croire. Outre les tissus expédiés par ces navires de Calicut ainsi que par ceux de Chaoul, Daboul et Baticala, Aden recevait des mêmes ports de l'Inde une quantité immense de riz et de sucres. Les navires du Bengale, de Sumatra et de Malacca remplissaient les magasins d'épiceries, de drogueries, de soie, de benjoin, de laque, de bois de sandal, de pierres fines, de rhubarbe, de musc, et puis encore d'étoffes fabriquées dans le Bengale et à Magalor. Sans cesse il y avait

____

(1) « Il succo di amfiam è fatto di certi veneni che fanno grandemente luxuriare, » dit l'auteur du Somario de' regni, città, &c., publié par Ramusio. On croyait même que la salive de ceux qui prenaient de cet amfiam devenait venimeuse. On aura confondu l'amfiam avec le bétel, qui communique à la salive, non pas du venin, mais une couleur rouge.

I.   4

des arrivages du port arabe de Jedda, et des chargemens pour cette échelle de la mer Rouge, ainsi
que pour l'île d'Ormuz. Bien des marchandises arrivaient ici de l'Europe, sans que les Arabes sussent
le nom du peuple qui les avait fabriquées : c'est qu'après
avoir été vendues elles avaient déjà passé par les mains
d'autres peuples.

Les négocians d'Aden faisaient d'immenses bénéfices sur toutes ces marchandises de l'Orient et de
l'Occident, malgré les droits que prélevait la douane
du roi de ce pays [1].

La ville était bien fortifiée, circonstance importante dans un pays où le brigandage détruisait les
villes les plus florissantes : des murs flanqués de tours
ceignaient la cité, qui ne communiquait avec la terre-
ferme que par une porte bien gardée ; des forts,
construits sur une montagne au pied de laquelle la
ville était bâtie, protégeaint le port. Une route de
caravane partait d'Aden, et se dirigeait de là sur la
Mecque ; mais la plupart des envois pour l'Arabie
se faisaient par la mer Rouge. De petits navires se
rendaient d'Aden par le détroit de Báb-el-Mandeb au
port de Jedda, que dans le moyen âge on appelait
aussi Zaïda ou Zidem.

On aborde au port de Jedda pour se rendre à la

(1) Lettres d'André Corsali, dans le tome I de la Collect. de
Ramusio.

Mecque qui est à une journée de la côte. C'était un entrepôt assez considérable, tant à cause du grand nombre de pélerins qui y débarquaient, que parce qu'il fallait décharger ici les navires, pour expédier sur de plus petits bâtimens les marchandises destinées pour l'Égypte, et pour envoyer par les caravanes ce qui devait aller à la Mecque, à Médine, et dans d'autres villes de l'Arabie. L'entrée en était interdite, sous peine de mort, aux juifs et aux chrétiens; quelquefois pourtant un voyageur téméraire parvenait à s'y introduire, en se faisant passer pour musulman [1]. Le climat de Jedda était malsain et le sol stérile; cependant les vivres y abondaient, grâce au mouvement commercial qui y régnait. Dans cet entrepôt on trouvait, quoiqu'en moindre quantité, la plupart des marchandises entassées dans les magasins d'Aden, surtout les épices, les drogues, les tissus et la bijouterie.

Au quinzième siècle de notre ère, les soudans d'Égypte, maîtres du port de Jedda, cherchèrent à y attirer le commerce d'Aden; ils doublèrent les impôts sur les navires qui avaient touché à la côte de l'Yémen, et fermèrent l'entrée du port aux marchandises de ce pays. Par ce moyen, ils forçaient les navires de l'Inde à se rendre directement dans la mer Rouge sans entrer dans le port d'Aden. On vit arriver alors à

____

(1) Voyez l'Itinéraire de Louis Barthema, dans le tome I de la Collect. de Ramusio.

4.

Jedda des navires maures, indiens, et même des jonques chinoises chargées de porcelaines, de soie, de musc, &c. Jamais la marine chinoise ne s'était hasardée aussi loin vers l'Occident. La douane de Jedda valut des sommes énormes au soudan. Cependant le commerce était traité ici avec le despotisme habituel des souverains musulmans. Outre le dixième de la valeur des marchandises, on exigeait des marchands des droits pour frais d'inspection, d'emmagasinage &c. Le soudan s'était arrogé le monopole du cuivre, du corail, et d'autres objets qu'il forçait les marchands d'Asie de recevoir en échange des marchandises qu'ils apportaient [1]. Il lui prit même fantaisie de défendre aux caravanes de la Mecque la route de la Syrie, et d'enjoindre aux marchands de conduire en Égypte tous les convois destinés pour l'Occident; ordre trop absurde pour qu'il pût être exécuté.

Une partie des envois de la mer des Indes, au lieu de se diriger sur Jedda, allait gagner les ports de Massua et de Suakem sur la côte africaine de la mer Rouge, et se répandait dans l'Abyssinie, la Nubie et peut-être aussi dans la haute Égypte; ces pays en-

______

(1) Voyez le Mémoire de M. Et. Quatremère sur les relations des princes mamlouks avec l'Inde, dans le tome II de ses Mém. géogr. et histor. sur l'Égypte, extraits des manuscrits coptes, arabes, &c. Paris 1811.

voyaient en échange, au-dehors, des esclaves, de la poudre d'or, de l'ivoire, du miel et de la cire [1].

Avant que le port d'Aden attirât le commerce de la mer Rouge, c'est-à-dire avant 1286, ce commerce se faisait en partie par le port d'Aïdab sur la côte de Nubie. Les navires de l'Inde et de l'Arabie y apportaient les épiceries, les aromates et les vivres, et les caravanes d'Afrique y amenaient, à travers le désert, des marchands et des pélerins qui d'Aïbab faisaient le trajet de la mer Rouge à la Mecque, dans les barques des Arabes Bedjah, habitans de ce port. Ce peuple brutal allait presque nu, demeurait dans de misérables cabanes, exposait les pélerins à toutes sortes de dangers, et les mettait à contribution. Du même port, les marchandises venues par la mer Rouge étaient transportées à dos de chameau jusqu'à Kous en Égypte. Aïdab était riche et florissant, quoique les cabanes des Bedjah annonçassent la pauvreté : c'est que le soudan d'Égypte enlevait la meilleure partie des bénéfices du commerce ; une autre part était réclamée par le cheïk de la tribu [2].

Cependant les révolutions arrivées en Égypte finirent par ôter toute sûreté à la route du désert entre

(1) Livro de Duarte Barbosa.

(2) Makrizi, et autres auteurs arabes, cités par M. Et. Quatremère, Descript. du désert d'Aïdab, dans le tome II de ses Mémoir. géograph. et histor. sur l'Égypte.

Kous et Aïdab; elle cessa d'être fréquentée par les caravanes, et la prospérité croissante du port d'Aden fit perdre à celui d'Aïdab toute son importance.

Par de petites embarcations qui filaient le long des côtes de la mer Rouge entre les écueils et les bas fonds, et qui employaient probablement à ce voyage une cinquantaine de jours, comme font maintenant les petits navires arabes [1], les marchandises de la Chine, de l'Inde, de la Perse et de l'Arabie, arrivaient enfin à Cosseïr et à Suez, où on les débarquait pour les transporter à dos de chameau jusqu'au Nil, comme nous le verrons dans le chapitre suivant. De Suez une partie des marchandises s'expédiait problablement dans la Syrie. Pétra, ville au milieu des rochers, avait autrefois servi de station sur cette route. L'ancienne cité des Nabathéens était en ruines, mais on trouvait d'autres villes dans la Judée.

Sur la longue route depuis la mer des Indes jusqu'à l'extrémité de la mer Rouge il avait fallu recourir à des entrepôts, à des commissionnaires et facteurs, embarquer et débarquer des marchandises, acquitter plus d'une fois des droits de douane; tout cela renchérissait nécessairement les articles; encore avaient-ils à passer par de nouvelles mains avant d'arriver entre celles des Européens qui les attendaient.

(1) Cap. Pringle, Route de l'Inde par l'Égypte et la mer Rouge.

CHAPITRE II.

COMMERCE DE L'ÉGYPTE, DE LA SYRIE, DE LA MER NOIRE, &c.

Productions de l'Égypte. — Traite des esclaves. — Exportation du lin et du coton. — Fabriques d'étoffes de soie. — Baume. — Chevaux. — Foires de Jérusalem. — Factoreries et comptoirs en Syrie ; Saint-Jean d'Acre, Damas. — Commerce de Chypre. — Constantinople. — Ports et États de l'Asie mineure. — Commerce de grains de la mer Noire ; colonies génoises en Tauride. — Trébizonde. — Arménie. — Route commerciale de Tauris. — Caucase. — Denrées du Levant.

A toutes les époques de l'histoire, la longue et belle vallée arrosée et fertilisée par le Nil a offert une route naturelle au commerce, et les côtes où débouche ce fleuve ont toujours reçu les navires destinés à transporter ailleurs l'excédant de l'abondante récolte de l'Égypte, et les marchandises embarquées sur le Nil. Sous les Sarrasins ce pays ne perdit point son importance commerciale : les califes fatimites, ayant fixé leur résidence au milieu de cette contrée de si antique renommée, trouvant en ruines Memphis et Thèbes, et voyant même Alexandrie déchue de son ancienne splendeur, bâtirent une nouvelle capitale, Al-Kaïr ou le Caire; c'est la ville que les Européens du moyen âge, peu familiarisés avec la langue arabe, appellent toujours Babylone.

L'esprit de spéculation qui animait les Vénitiens avait valu aux marchands de cette nation beaucoup de crédit dans les ports de l'Égypte. Dans les temps où les mœurs étaient encore barbares, les navigateurs des lagunes de l'Adriatique étaient allés, comme les Grecs et comme d'autres peuples, dans la mer Noire pour y acheter des esclaves [1]. Depuis que les sectateurs de la religion mahométane qui tolère la polygamie étaient maîtres des côtes du Levant, l'infâme trafic de l'espèce humaine acquit encore plus d'activité. Saladin avait conduit en Égypte des troupes de guerriers turcs, curdes, et autres barbares, à qui il distribua des apanages au lieu de solde : les terres des malheureux habitans dispersés, opprimés ou exterminés, furent données aux soldats sous la condition du service militaire [2]. Al-Malek, le Curde, s'était défendu contre la faction ou le parti des fatimites à

______

(1) Mar. Sanuti Secreta fidelium crucis.

(2) Voyez le troisième Mémoire de M. Sylv. de Sacy sur la nature et les révolutions du droit de propriété territoriale en Égypte, dans le tome VII des Mémoires de l'Institut, Acad. des inscript. et bell. lettr.

l'aide de troupes circassiennes ou mamlouks, et ses successeurs suivirent son exemple, en s'entourant d'une garde de mamlouks, qu'on distinguait de la halka, ou des gens de guerre ordinaires : depuis lors ils achetèrent des esclaves de Circassie, ou des enfans de ce pays, pour en faire des gardiens et des défenseurs de leur trône, et pour alimenter sans cesse la troupe fidèle qui leur servait à maintenir dans l'obéissance les Coptes et les Arabes, et qui, chose remarquable, ne pouvait parvenir à propager sa race sous le climat africain [1]. Voilà ce qui donna lieu à ces transports de jeunes gens du pied du Caucase, dont se chargeaient les Vénitiens pour le compte des soudans d'Égypte. Ceux-ci auraient pu faire venir des esclaves par la voie de terre, mais apparemment on trouvait plus d'économie à noliser les bâtimens chrétiens ; peut-être aussi les marchands vénitiens achetaient-ils à leurs propres frais les jeunes Circassiens, pour les revendre avec bénéfice aux musulmans. Quoi qu'il en soit, les spéculations de ce genre soulevèrent d'indignation toute la chrétienté, et les papes se prononcèrent si fortement contre cette infamie, comme je le dirai dans un autre chapitre, qu'il fallut enfin y renoncer.

Ce n'était pas seulement des soldats qui manquaient aux soudans de l'Égypte ; la nature n'avait donné à la

______

(1) Consultez, sur ce phénomène, Volney, Voyages en Égypte et en Syrie, tome I.

vallée du Nil ni métaux, ni bois de construction; les Sarrasins avaient besoin de matériaux pour faire des armes et des navires; ainsi leurs armées et leur navigation dependaient du commerce étranger. Les Vénitiens trouvèrent encore avantageux de porter en Égypte du fer, du bois, des armes toutes fabriquées [1]. Ce furent de nouveaux sujets d'indignation et de murmure en Europe. Mais cette fois ils bravèrent les défenses des papes et les invectives des chrétiens fervens, et nous verrons qu'ils ne furent pas les seuls qui se livrassent à ce commerce lucratif. En effet, abstraction faite des vues politiques et religieuses, c'était un excellent commerce pour l'Europe que cet échange de fer et de bois que les pays européens possèdent en abondance, contre les denrées de l'Égypte, et contre les marchandises précieuses qu'on tirait de l'Asie par la voie du Nil ou d'Alexandrie.

Outre le fer, on portait aux Égyptiens de l'étain, du cuivre, du plomb, du vif-argent [2]; on débitait chez eux du bois en poutres, ainsi que diverses sortes d'ouvrages fabriqués en bois [3].

(1) Voyez plus bas, chap. x.

(2) « Et quia in terris soldani aurum, argentum, æs, stagnum, plumbum, argentum vivum, aut aliquod aliud metallum non nascuntur, omnia prædicta ad ipsas terras per nostrum mare feruntur. » Mar. Sanuti Secreta fidel. crucis, liv. I, part. I, chap. IV.

(3) Voyez plus bas, chap. IX, la convention faite par les Vénitiens avec le soudan.

Plus tard, la verroterie de Venise, si recherchée chez les noirs d'Afrique, trouva aussi un grand débit dans les marchés d'Égypte. On verra que les étoffes des fabriques de Venise ne furent pas moins du goût des Sarrasins opulens, et il est certain que la draperie d'Europe, tant celle d'Italie que la draperie française, était portée au moyen âge, en Égypte, et qu'elle y était estimée [1]. Outre les draps, les Européens y apportaient au quinzième siècle, des camelots, des raz à ramage, de la cire de Romanie, du safran de Catalogne, du savon de Gênes, Venise, Tripoli et Pise, des fruits secs d'Italie, de Romanie et de Provence [2].

Mais de leur côté les habitans de l'Égypte possédaient des denrées, et fabriquaient des objets très-utiles et en partie indispensables aux Européens. D'abord le lin abondait sur les rives du Nil : les Égyptiens en tissaient des toiles de diverses qualités, qui déjà du temps d'Hérodote étaient recherchées par les Grecs [3]. Malgré toutes les révolutions que l'Égypte avait subies depuis une si haute antiquité, ses manufactures de toiles, au temps des croisades, étaient encore debout comme ses pyramides; et, quoique l'Europe produisît également beaucoup de lin, les Francs n'en exportaient pas moins une grande quantité de

(1) Uzano, Prattica della mercatura.
(2) Ibid
(3) Hérodote, liv. II, chap. cv.

lin et de toile de l'Égypte [1], n'ayant pu atteindre encore dans la fabrication à la perfection de ces étoffes dont les tombeaux égyptiens nous ont conservé des échantillons. Outre les toiles de lin pur, on en fabriquait d'un mélange de fil et de soie, et sans doute aussi de coton; il y avait des tissus qu'on ne savait faire nulle part qu'en Égypte. Au quinzième siècle, lorsque Uzano écrivit son traité du commerce, les choses étaient changées; à cette époque les Européens apportaient à Alexandrie de la mercerie de Milan, des toiles écrues pour emballage et du linge fin [2]. De même, après avoir été long-tems renommée pour son papyrus, l'Égypte fut réduite à rechercher le papier d'Europe [3].

Le coton était encore une des productions du sol de l'Égypte; mais la soie venait du dehors, surtout de l'Asie : l'Égypte se contentait de la façonner.

Les chrétiens achetaient à Alexandrie une bonne partie du sucre en pain et en poudre dont on avait besoin en Europe, quoique l'on commençât à en cultiver en Andalousie, en Sicile, à Malte, et en

(1) « Et licet christiani abundant lino, tanta est bonitas lini ægyptii, quod spargitur ad Occidentem. » Mar. Sanuti Secreta fidel. cruc., liv. I, part. I, chap. III.

(2) Uzano, Prattica della mercatura.

(3) Voyez au chapitre des Traités celui que le sultan Kelaoun conclut avec l'Aragon.

Chypre [1]. Ils tiraient encore de l'Égypte la casse, et probablement aussi l'indigo, les dates et le vin de miel que l'Égypte fabriquait; cependant, de son côté, l'É-gypte achetait du miel de Candie, de Narbonne, de Catalogne, de Méquinez, &c [2]. Je ne sais si les légumes savoureux des bords du Nil, l'opium, l'alun blanc de l'oasis extérieure dont on livrait tous les ans mille cantars au Caire, les chevaux &c., entraient aussi dans les articles d'exportation destinés pour l'Europe. Quant aux chevaux, l'Égypte en envoyait beaucoup à Aden pour des échanges contre les marchandises de l'Inde. On voit par les auteurs arabes que l'alun, la garance, les jujubes, l'indigo, les dattes, les feuilles servant à la teinture, faisaient partie des redevances des terres [3].

Marin Sanuto assure que les chrétiens apportaient en Égypte de l'or et surtout de l'argent, dont ce pays manquait; cependant les autres Arabes vantent les mines d'or, d'argent et d'émeraudes de la Haute-Égypte [4]; peut-être en est-il de ces mines comme de

(1) « Sed de zucharo, nascitur in Rhodo, Amorea, Marta et in Sicilia, et in aliis locis christianorum zucharum nasceretur si hoc procuraretur. » Mar. Sanuti Secreta fidel. cruc., liv. I, part. I, chap. ii.

(2) Uzano, Prattica della mercatura.

(3) Makrizi, Descript. de l'Égypte, citée par M. Sylv. de Sacy, loc. cit.

(4) Ebn-el-Ouardi, Yacouti, loc. cit.

celles de l'Europe qu'on vante beaucoup, et dont le produit équivaut pourtant à peine aux frais d'exploitation. Quand la récolte manquait dans la vallée du Nil, les marchands chrétiens suppléaient au défaut de grains [1], et probablement, à leur tour, tiraient-ils des grains de l'Égypte quand la disette menaçait l'Europe; il est certain qu'ils exportaient beaucoup de grains de la Barbarie [2]; l'Égypte a dû leur en fournir également dans les mauvaises années.

Alexandrie était le lieu ordinaire des arrivages d'Europe, et le principal entrepôt du commerce des chrétiens avec les Sarrasins; la ville était pourtant déchue de son antique splendeur depuis que d'indolens musulmans y régnaient. Un désert environnait la cité; point de plantations, point de culture; l'eau du Nil n'arrivait plus par le canal dans les citernes voûtées au-dessus desquelles les maisons d'Alexandrie étaient bâties; une eau bourbeuse et croupissante infectait ces réservoirs jadis si utiles à ses habitans; les anciens édifices tombaient en ruine; tout ce que les musulmans avaient élevé consistait en mosquées, écoles et colléges, et en couvens de derviches. Alexandrie avait une forme carrée; quatre portes, nommées d'après les quatre régions, la fermaient; une

(1) Mar. Sanuti Secreta fidelium crucis, loc. cit., chap. xv.
(2) Voyez, au chapitre ix, les traités de commerce avec la Barbarie.

longue rue, la principale de la ville, conduisait de
la porte de l'Est à celle de l'Ouest; la porte du Nord
s'ouvrait vers la marine ou le port; auprès de cette
porte s'étendait le quartier le plus peuplé et le plus
commerçant; c'est là que les chrétiens avaient leurs
boutiques et leurs *fondes;* c'est là aussi que se trouvait
la douane du soudan. Il y avait un double port; l'un,
appelé *Marsa-el-Borgi*, ou le port de la Tour, parce
qu'il était dominé par une roche sur laquelle était
bâtie une tour d'observation, servait de station aux
navires des états commerçans d'Europe; on y voyait
des bâtimens vénitiens, génois, &c. Dans l'autre port,
appelé *Marsa-essil-Sela,* c'est-à-dire port de la Chaîne,
se retiraient les navires venant de Barbarie, surtout
de Tunis et de l'île de Gerbe [1]. Comme les musulmans ne payaient que la moitié des droits de douane
imposés aux chrétiens, il est probable que c'était par
un motif financier que chacune des deux religions avait
son port séparé. Il paraît que la population d'Alexandrie profitait peu de ce grand commerce étranger qui
se faisait dans ses murs, et dont tous les bénéfices
tombaient dans les coffres du soudan : elle était mi-
sérable et peu nombreuse; des fièvres la décimaient
tous les ans. Il se trouvait dans cette ville une communauté de chrétiens jacobites, qui payaient tribut

(1) Léon, Description de l'Afrique, chap. VIII.

au soudan ; la plupart d'entre eux étaient marchands ou artisans [1].

Autrefois Alexandrie avait fabriqué de belles tentures [2]; elle conservait encore quelque réputation pour ses tissus. Quand le soudan Nasser-Mohammed voulut être courtois envers le sultan turc qui lui avait envoyé des étoffes de Grèce, de Perse et d'Europe, il choisit pour présens, destinés à Sa Hautesse, des chevaux richement harnachés, et des pièces d'étoffes des Indes et d'Alexandrie [3].

Il régnait bien moins d'activité dans les ports de Rosette et de Damiette, sur le Nil ; dans la dernière de ces villes, une chaîne attachée à une tour fortifiée fermait le fleuve et le port, et rendait le soudan maître de toute la navigation. Damiette fabriquait et exportait une grande quantité de sucre [4]. Au temps du séjour de saint Louis, il y avait une fonde où se déposaient les marchandises de l'est et de l'ouest, et où se réunissaient

(1) Léon, Descript. de l'Afrique, chap. VIII.

(2) Anasthas. biblioth., Vita Leonis II, parle de Vela alexandrina, vela de fundato ornata in circuitu de blatthyn byzanteo, et investita de blatthyn neapolitano. Voyez Heyne, Serioris artis opera sub imper. byzant., in Comment. soc. reg.; Goettingue, vol. XV.

(3) Langlès, Notice d'un recueil de pièces en turk, arabe et persan, dans le tome IV des Notices et Extraits des manuscrits de la Bibliothèque du Roi.

(4) Khalil-Dhaheri, Sur l'Égypte, dans le tome II de la Chrestomath. arabe de M. de Sacy.

les étrangers [1]. Le port recevait à-la-fois des navires de Venise, de la Pouille, de Chypre, de Grèce, de Syrie, d'Arménie [2], &c. Rosette était remplie d'artisans et de marchands.

Tennis, dans une île du lac Menzaleh, avait aussi son port, où entraient les petits navires. Ses fabriques de tissus de lin fin, de coton et de brocards, furent long-temps renommées : une seule robe de Tennis coûtait jusqu'à cent dinars. Le rideau du sanctuaire de la Kaaba, à la Mecque, était fourni par les fabriques de cette ville. A l'époque des croisades, Tennis fut ravagé par les chrétiens, et au quinzième siècle, le voyageur Lannoy, en y abordant, ne trouva qu'un hameau. Aujourd'hui ce hameau même n'existe plus [3]. Les lieux voisins, surtout Schata, avaient fabriqué les mêmes tissus, de magnifiques tapis pour la Mecque, des robes de lin fin brodées d'or, &c.

La ville de Fuoa, ou Foua, sur le Nil, entre Alexandrie et le Caire, était encore animée par le commerce et l'industrie. Ce lieu n'est plus qu'un vil-

---

(1) Joinville, Vie de saint Louis.

(2) « Et si viennent là les *nées* de Puille, Venise, d'Arménie et de plusieurs isles de la mer, et le soldan en reçoit nombre de rentes. » Voyage manuscrit d'Ascolin, au Musée britannique, cité par le rév. John Webb, dans le tome XXI de l'Archæologia de Londres.

(3) Voyez l'article Tanis, dans le tome I des Mémoires géogr. et histor. sur l'Égypte, par M. Et. Quatremère.

I.   5

lage ; mais autrefois il profitait du passage fréquent des transports commerciaux entre Alexandrie et la ville du Caire ; il fabriquait du sucre, qui pourtant n'était pas de la meilleure qualité. Des canaux, actuellement comblés, mettaient Foua en communication avec la capitale de l'Égypte.

L'Île d'Or, ou Gezirat-el-Daheb, au milieu du Nil, était ombragée de bois de dattiers, sous lesquels de riches négocians avaient leurs maisons de plaisance ; elle florissait par la culture du sucre et du riz, mais les grandes fabriques de sucre se trouvaient dans la ville de Derotte, sur le Nil, qui était ornée de belles boutiques et de rues superbes. La principale manufacture ressemblait, selon Léon-l'Africain [1], à un palais. La ville payait au soudan cent mille saraffes pour la licence de la fabrication du sucre.

L'antique Thèbes, dont les ruines nous étonnent encore, n'intéressait les maîtres musulmans de l'Égypte que par ses productions, le riz, le sucre, les dattes, et par ses jardins fruitiers. Beaucoup d'artisans et de marchands demeuraient au milieu des débris de vieux monumens splendides.

La nouvelle capitale de l'Égypte, Cahira ou le Caire, justifiait, par sa grandeur et par l'importance de son commerce, la préférence que les soudans lui don-

______

(1) Description de l'Afrique, partie VIII.

naient sur Memphis et sur les autres villes célèbres
de l'Égypte. Quoiqu'elle ne fût pas bâtie sur le Nil,
étant à deux milles de ce fleuve, elle avait attiré les
affaires commerciales qui se faisaient entre la mer
Rouge et la mer Méditerranée. Les djermes venant
d'Alexandrie et de Damiette s'arrêtaient à Boulak,
grand bourg sur le Nil, où était, comme aujourd'hui,
le port du Caire. Dans le temps de la récolte, on y
comptait quelquefois un millier de bateaux réunis.
Boulak faisait un commerce considérable de grains,
d'huile et de sucre. On y voyait une quantité de
moulins [1].

En venant du Nil on passait par les riches bourgs
de Beb-el-loch et Beb-Zuaïla, pleins de fabriques
et de magasins; et on entrait au Caire par la porte
nommée d'après ce dernier village. Une longue et
belle rue conduisait de là, à travers la capitale, jusqu'à la porte de Nansré, c'est à-dire de la Victoire. On
remarquait dans cette rue principale un grand nombre
de mosquées, des bains construits avec magnificence,
des boutiques pour la vente des sorbets, des fruits de
Syrie, de la pâtisserie. Plus loin on trouvait les bazars
pour les toiles fines de Bagdad et de Mossul, c'est-à-
dire pour les mousselines, dont tous les riches musulmans faisaient usage pour leurs parures, et pour celles

____

[1] Descript. de l'Afrique, part. VIII.

de leurs femmes. Non loin de ce bazar, on voyait étalées, dans des fondes particulières, les riches étoffes d'Italie, savoir, les damas, les velours, les brocards, les taffetas, puis les draps apportés par les Vénitiens et les Florentins, et fabriqués en partie dans les villes de Languedoc, &c. Dans d'autres magasins se débitaient les camelots. Le khan-el-halili était le bazar de marchands persans; on aurait pu le prendre pour un palais de roi. Dans les beaux magasins de cet édifice, les riches négocians faisaient de grandes affaires en épiceries, en bijouterie, et en toile de l'Inde; ailleurs on vendait des parfums de diverses espèces, tels que musc, ambre et civette; on admirait encore la rue des orfèvres, celle des papetiers [1], &c.

Dans cette grande capitale, les religions diverses des marchands se pratiquaient sans contrainte : «Là habitent les chrestiens, Juifs et Sarrasins, et chascun *doule* son Dieu, et garde sa loi si comme il veut, » dit Ascolin, voyageur du treizième siècle [2]. Peu d'indigènes s'enrichissaient par le commerce; il leur manquait probablement le génie des spéculations. Les Égyptiens étaient la nation opprimée : le principal commerce se trouvait entre les mains des musulmans. Au reste un luxe asiatique brillait dans cette capitale, surtout chez les femmes des grands personnages. Tout ce que

(1) Descript. de l'Afrique, part. VIII.
(2) Manuscrit du Musée britann. cité ci-dessus.

l'Orient et l'Occident pouvaient inventer de plus éclatant entrait dans leur parure; elles employaient les étoffes de Venise avec une profusion que nous avons quelque peine à comprendre. Vers l'an 1390, elles avaient pris la coutume de porter d'amples vêtemens, dans lesquels il entrait jusqu'à quatre-vingt-douze diras (coudées) de ces étoffes, dont la largeur était de trois diras et demi; en sorte que, selon le calcul de l'historien arabe Makrizi [1], il fallait, pour le vêtement d'une femme d'Égypte, plus de trois cent vingt coudées de tissus d'Europe. L'historien ne nous apprend pas comment on drapait ces longues pièces d'étoffes: peut-être était-ce à la manière des enveloppes de momies qui sont aussi, comme on sait, d'une longueur extraordinaire. On se plaignait que les femmes du commun s'habillassent comme les filles de roi et de grands seigneurs. Aussi parut-il une ordonnance qui réduisit à quatorze diras la quantité d'étoffe permise pour le vêtement des femmes. Il y avait alors au Caire un émir très-sévère, nommé Cumash-Boga, qui exécutait rigoureusement l'ordre, en faisant couper, dans les marchés et les grandes rues du Caire, les vêtemens trop amples, sur les femmes prises en contravention, comme le czar Pierre faisait couper, aux

(1) Manuscrit arabe de la Bibliothèque du Roi, extrait par M. Silv. de Sacy, Chrestom. arabe , 2.ᵉ édition, vol. II, notes sur Khalyl-Dhaheri.

portes des villes, la barbe aux Russes qui ne voulaient pas se raser. Le soudan était absent; après son retour l'émir n'eut plus le même pouvoir, et Makrizi nous apprend que les vêtemens amples reparurent. On voit que le beau sexe d'Égypte était un excellent chaland pour les tisserands vénitiens.

Ce que racontent les historiens arabes des trésors du calife fatimite Mostanser-Billah, obligé de livrer ses richesses à l'avidité insatiable de ses troupes, peut nous donner une idée du faste qui régnait à la cour d'un sultan d'Égypte. Il y avait dans ce trésor une immense quantité de perles et de pierres fines; des milliers de vases de cristal; des centaines de plats d'or, ornés d'émaux; des vases et des statues d'ambre; des morceaux de camphre en forme de melons; une multitude de miroirs d'acier ornés de filigranes en or et en argent, et munis de manches en cornaline et autres pierres polies; un grand pavillon en belles étoffes de soie à figures, dont le transport exigeait cent chameaux; des tapisseries représentant les sou-verains de l'Égypte; les étoffes les plus fines des fabriques de Damas, de Bahnesa et de Tennis; des armes garnies de pierreries; une quantité de vases remplis de parfums; dix mille cruches remplies de naphte, enfin une bibliothèque riche en manuscrits [1].

(1) Voyez le Mémoire histor. sur la vie de Mostanser-Billah, t. II des Mém. géogr. et hist. sur l'Égypte, par M. Ét. Quatremère.

Kous, ou Kos, sur la rive orientale du Nil, dans le Saïd, ou la haute Égypte, était le rendez-vous des caravanes de l'Abyssinie et de l'Arabie : on y trouvait des fondes, des boutiques et ateliers en grand nombre, des bains, des colléges et des jardins : c'était une des principales villes de l'Égypte [1]. Pour les transports venant de Saïd, il y avait une douane au bourg de Mifrulhatich, dont les édifices superbes embellissaient les bords du Nil. Alors, comme aujourd'hui, chaque année la grande caravane de la Mecque partait du Caire; elle restait absente trois mois; une escorte de mamlouks la protégeait dans ce pélerinage, qui donnait lieu à de grandes spéculations. Un riche mamlouk, désigné par le soudan, la conduisait. Sur la route, elle chargeait ou déchargeait des marchandises à Chana, sur le Nil. Le commerce entre le Caire et la Nubie passait par Assouan, où se terminait la grande navigation du Nil, et, pour ainsi dire, du monde civilisé et habité; car au-delà on ne trouvait presque plus de villes.

Il faudrait nommer beaucoup d'autres lieux pour faire connaître l'industrie et le commerce qui régnaient dans la vallée du Nil : c'est ainsi que Mouhaïsira subsistait de la culture du sésame et de la fabrication de l'huile extraite de cette plante; que Manfalout, avec

(1) Article Kos, dans le tome 1 des mêmes Mémoires géograph. et histor.

les trente villages d'alentour, se distinguait, au quinzième siècle, par ses récoltes d'indigo, et que Béni-
souef cultivait dans ses plaines le plus beau lin de
l'Égypte, qui servait à tisser une toile très-fine [1]. Selon
d'autres, c'était le Faïoum qui fournissait le meilleur
lin [2]. La ville de Siout faisait un grand commerce de
cette denrée ; la même ville était renommée aussi pour
ses manufactures de tissus. Aujourd'hui encore on
cultive le lin dans le Faïoum et à Siout, ainsi qu'à
Minieh et dans le Delta. Les auteurs arabes vantent
aussi les étoffes d'Akhmîn et de Bahnesa ; la dernière
de ces villes, chef-lieu d'une province à l'ouest du Nil,
fabriquait des tapis brochés, des tentes, des robes
brodées et des tapisseries ; dans la première on tissait
des étoffes fines, entre autres celles qu'on appelait
molam, mulawan et motraf. On payait cinquante
pièces d'or pour un habillement fait de ces étoffes [3].
Probablement il n'en venait point en Europe ; du
moins les écrivains chrétiens n'en font pas mention.
Kaïs, voisine de Bahnesa, était renommée pour la
confection des manteaux de duvet de chèvre.

(1) Khalyl-Dhaheri, manuscrit arabe de la Bibliothèque du Roi.
— Léon, Descript. de l'Afrique, partie VIII.

(2) Livre des étoiles errantes, manuscr. extrait par M. Silv. de
Sacy, dans le tome I des Notices et extraits des manuscrits de la
Biblioth. du Roi.

(3) Ibid.

Dekhelié avait des fabriques de papiers. Matarée, auprès de l'ancienne Héliopolis, était renommée pour ses arbres à baume, dont le suc passait pour une des productions les plus précieuses de l'Égypte [1]. Chrétiens et Arabes s'accordaient à célébrer cette merveille. On prétendait en Europe que les chrétiens seuls pouvaient cultiver l'arbuste de Matarée, et qu'on arrosait les baumiers avec l'eau d'un puits dans lequel la sainte Vierge, lors de sa fuite en Égypte, avait lavé son linge [2]. Voilà ce qui explique un fait rapporté par Makrizi. Selon cet auteur arabe, tous les rois de la terre faisaient venir de l'huile de baume d'Égypte ; les souverains chrétiens surtout la recherchaient beaucoup ; en général, les chrétiens allaient en pélerinage au puits, et tâchaient de se procurer de l'huile de baume pour la mêler à l'eau baptismale [3] ; cependant les Égyptiens falsifiaient le baume, et il était rare qu'ils le vendissent pur aux chrétiens [4]. Il paraît que

(1) Ebn-el-Ouardi, Perle des merveilles, analysée par de Guignes. — Yakouti, Exposition des merveilles de la terre, dans le tome II des Notices et Extraits des manusc. de la Biblioth. du Roi. — Abdallatif, Relation de l'Égypte, édition de M. Silv. de Sacy, Paris, 1810, in-4°, chap. II, note 44. — Voyage de Mandeville. — Voyage de Boldensève dans la Terre-Sainte et l'Égypte, dans le tome VI de Canisii, Lection. antiquæ — Prosper Alpin, De balsamo dialogus, dans son Traité de la médecine en Égypte.

(2) Voyage de Mandeville, chap. VIII.

(3) Description de l'Égypte, citée par M. Silv. de Sacy.

(4) Voyage de Mandeville, chap. VIII.

ce n'était qu'en Égypte que prospérait le baumier femelle; le mâle croissait aussi en Arabie et en Perse, mais sans donner de fruits. Quoique cultivé avec soin, dans un enclos, à Aïnschems, le baumier se perdit peu-à-peu : au seizième siècle, on croyait déjà qu'il n'existait plus [1]; cependant les derniers plans ne paraissent avoir péri qu'au dix-septième siècle, à la suite d'une inondation du Nil [2].

On vient de voir que les Égyptiens falsifiaient le baume de Matarée; ils trompaient les Européens avec plus d'audace encore. Au quinzième siécle, des habitans du Caire furent convaincus d'avoir vendu aux chrétiens, à raison de vingt-cinq pièces d'or le quintal, de l'huile qu'ils avaient apprêtée en faisant bouillir des cadavres humains : ils faisaient un métier de cette horrible occupation [3]. Combien d'autres horreurs ont dû se cacher dans ce commerce entre des peuples de religions diverses, qui se haïssaient, et que l'intérêt seul rapprochait!

Il eût été avantageux pour les marchands d'Europe de pouvoir trafiquer par l'Égypte avec la mer Rouge, la Perse et l'Inde; mais lors des croisades, et quelque temps après, l'exaspération des Sarrasins et

(1) Voyage manuscr. de Brocardi, cité par Morelli, Dissertaz. intorno ad alcuni viaggiat.; Venise, in-4°.

(2) Hartmann, Descript. de l'Afrique.

(3) Manuscrit arabe cité par M. S. de Sacy, Chrestom. arabe, l. c.

leur jalousie contre les chrétiens ne permirent point à ceux-ci d'entreprendre d'aussi grandes spéculations : à peine laissa-t-on de simples particuliers remonter le Nil. Comme l'empereur d'Abyssinie était chrétien, et faisait quelquefois la guerre au soudan, il est probable que l'Égypte cherchait à empêcher les communications entre les chrétiens d'Europe et ceux de l'Éthiopie. On prétendait même que le soudan avait peur que les chrétiens ne s'entendissent avec le prêtre Jean (nom sous lequel on désignait quelquefois l'empereur d'Abyssinie) pour détourner le Nil, et le faire déboucher dans la mer Rouge [1]. Dans la suite, la défiance et la haine du peuple et des mamlouks diminuèrent : des chrétiens vinrent commercer dans l'intérieur de l'Égypte, et les voyageurs la traversèrent pour se rendre en Arabie. Guillaume de Boldenslève, gentilhomme allemand, que le cardinal Talleyrand de Périgord fit partir, en 1336, pour explorer les contrées sarrasines où l'on se proposait vainement de faire une nouvelle croisade, visita sans obstacle la Syrie et l'Égypte : la relation qu'il a laissée de son voyage [2] prouve qu'il a pu tout observer. Un explorateur ne serait pas laissé si tranquille aujourd'hui en pays ennemi. Nous avons aussi les relations de plusieurs marchands italiens

(1) De Lannoy, Voyage en Égypte et en Syrie, en 1422, dans le tome XXI de l'Archæologia ; Londres, 1827.

(2) Voyez cette Relation citée plus haut.

qui, dans le quinzième siècle, se livrèrent au commerce en Égypte, et passèrent de là en Asie [1]; cependant il est vrai que jamais l'Europe ne put correspondre ni commercer directement par l'Égypte avec la Perse ni avec l'Inde, et qu'elle fut toujours obligée d'acheter ou de vendre aux Égyptiens. Ces expéditions mercantiles vers le haut Nil auraient d'ailleurs rencontré un obstacle invincible dans les dispositions hostiles des Bédouins et d'autres nomades d'Afrique, qui pillaient les caravanes, au lieu de faciliter leur voyage, ou qui cachaient les puits, sans lesquels les voyageurs périssent de soif dans les déserts [2].

Les soudans étaient donc maîtres absolus du commerce des marchandises d'Asie qui arrivaient par la mer Rouge, de celles qu'apportaient les Européens pour la même mer et pour celle des Indes, enfin des marchandises qu'on apportait par terre de la Nubie, de l'Abyssinie, du Sennaar, de l'intérieur de l'Afrique et de la Barbarie; car les caravanes de Darfour, de Sennaar et de Fezzan apportaient sans doute dans ce temps, comme aujourd'hui, de la poudre d'or, des dents d'éléphant, de la gomme, et amenaient des

(1) Voyez la Collection de voyages de Ramusio, tom. I et II.

(2) « Soldanus vero per terras quas tenet, non permittit aliquem christianum transire qui in Indiam cupiat transire. » Mar. Sanuti Secreta fidel. crucis, liv. I, chap. I. « Cum incolæ volunt abscondere eam (aquam), vel vastare, ne ab aliegenis valeat reperiri, hoc mandant effectui quando volunt. » Ibid., chap. VI.

esclaves et des chameaux, pour prendre en retour du sucre, du riz, des marchandises européennes, &c., tandis que les caravanes de la Mecque rapportaient les productions de l'Arabie et les marchandises de la Perse, de l'Inde et de la Chine. Ne pouvant tirer directement les denrées orientales des lieux qui les produisaient, l'Europe était obligée de s'adresser à l'Égypte, qui, d'un côté, grèvait d'impôts tous les articles venus du sud et de l'orient, et de l'autre tous ceux que les Européens apportaient pour pouvoir acheter les premiers. Afin d'avoir le bénéfice entier du commerce des Francs, les soudans avaient trouvé bon de réunir à leur domaine privé la douane d'Alexandrie, si importante par les arrivages d'Europe, et les douanes établies à El-Tor, Bedr, Honaïn, &c., pour l'importation des marchandises de l'Inde : ils s'étaient arrogé le monopole des épiceries et celui du sené et de la casse, les droits sur le sucre raffiné à Damiette, enfin les taxes payées par les Abyssins, qui introduisaient par le Saïd ou la haute Égypte des esclaves noirs et de la poudre d'or [1]. Les droits de douanes étaient bien plus élevés en Égypte que dans d'autres contrées du Levant [2] : un article qui avait coûté un ducat dans

______

(1) Khaïyl-Dhaheri, &c., manuscr. arabe de la Bibliothèque du Roi, analysé par Venture, dans le tome I des Voyages de Volney en Égypte et en Syrie.

(2) « Major pars specierum et aliarum mercium quæ ab Indiâ

l'Inde se vendait quelquefois, après avoir passé par les douanes d'Égypte, soixante ducats, et même cent[1]. A Damiette, on exigeait pour les droits d'entrée des bois jusqu'à un quart de leur valeur; à Alexandrie, beaucoup de marchandises étaient taxées à un cinquième; quelquefois le transport des objets, de Damiette au Caire, coûtait sept pour cent de la valeur[2]. Cependant les soudans avaient aussi leurs momens d'indulgence ou de politique, et nous verrons que les Européens, en traitant avec eux, obtinrent des conditions assez modérées.

Malgré les avanies et le mépris auxquels le nom chrétien était exposé chez les musulmans, les états maritimes de l'Europe mirent toujours beaucoup de prix à entretenir la bonne intelligence avec l'Égypte, et à renouer les relations mercantiles, quand un acte de violence ou quelques méprises en avaient troublé

conducuntur ad Occidentem, ab istâ parte in Alexandriam conducuntur, de quibus percepit soldanus in diversis locis tantùm de thelloneo, quod tertium valoris omnium specierum ærarium suum intrat, propter quod thesaurisat, præter immensam utilitatem quam mercatores et populi sui exindé consequuntur. » Ibidem.—Voyez aussi plus bas, chap. ix, ce qui concerne les tarifs de douanes en Égypte.

(1) Journal manuscrit de Girolamo Priuli, cité par Foscarini, della Letteratura veneziana, Padoue, 1752, vol. I, liv. IV.

(2) Mar. Sanuto, Secreta fidel. crucis; comp. Léon-l'Afric., Khalyl-Dhaheri, &c.

le cours, ce qui arrivait assez fréquemment. Dans ce cas, les soudans, avec cette promptitude despotique qui dispense du soin de chercher le vrai coupable, s'emparaient des marchands et des propriétés, fermaient les ports, et repoussaient tous les navires, sans examiner à quelle nation chrétienne ils appartenaient. Au bout de quelque temps les Francs arrivaient humblement, avec des présens, et tâchaient, par leur soumission, d'apaiser le courroux du soudan, qui n'était jamais insensible à l'appât d'un présent nouveau. Au sein de l'Europe, on déclamait et on écrivait beaucoup contre la perfidie des mécréans; mais à la cour du soudan on était humble, et l'on s'estimait heureux lorsqu'il voulait bien permettre aux Francs de venir faire le commerce dans ses états.

Un des événemens le plus fâcheux pour leur commerce au moyen-âge, ce fut l'expédition insensée du roi de Chypre contre Alexandrie, en 1364; expédition à laquelle les villes maritimes d'Italie, entraînées par un reste de l'esprit des croisades, avaient eu l'imprudence de participer. On compta dans la flotte du roi de Chypre des galères vénitiennes, génoises, françaises et rhodiennes. Le soudan se vengea sur tous les chrétiens, en Égypte, des ravages faits par l'expédition d'Alexandrie. Le commerce avec l'Europe fut suspendu; on arrêta le patriarche et tous les chrétiens; on fit des perquisitions chez eux; on les mit à la tor-

ture pour leur faire déclarer les propriétés appartenant aux Francs [1]. Aussi, dans les années suivantes,
arriva-t-il à la cour du soudan des ambassades d'Italie,
ramenant les prisonniers musulmans que le roi de
Chypre avait jetés sur la flotte; elles apportaient des
présens pour le soudan, en le suppliant d'oublier le
passé, et de permettre aux Francs de se livrer au commerce comme auparavant [2]. Le soudan demeura in-
flexible pendant plusieurs années, tout en recevant les
présens. A la fin pourtant il consentit à pardonner, et
gratifia les ambassadeurs de la khila, marque signalée
de sa faveur; mais il exigea des Francs qu'ils pro-
missent par serment de ne plus se rendre coupables
d'une pareille entreprise. L'église de Jérusalem, qui
avait été fermée, fut rouverte, et les navires francs
purent revenir au port d'Alexandrie. En 1390, des
parens du soudan avaient été enlevés par les Francs
sur un navire venant de la Circassie; aussitôt le soudan
fit arrêter tous les Francs en Égypte, et mettre leurs
effets sous le scellé. Comme les corsaires se trouvaient
être des Génois, la république de Gênes se hâta de faire
mettre les parens du soudan en liberté, et d'envoyer
une ambassade en Égypte pour apaiser le monarque
irrité.

(1) Makrizi, cité par M. Silv. de Sacy, Chrestomath. arabe,
vol. II, notes sur Khalyl-Dhaheri.
(2) Ibid.

Quand les soudans du Caire furent maitres de la Syrie et d'une partie de l'Anatolie, ils eurent près de cinq cents lieues de côtes sous leur domination, et les Européens furent doublement intéressés à entretenir la bonne intelligence avec les musulmans, quoique ceux-ci leur eussent enlevé les ports syriens conquis pendant les croisades. Il existait une communication continuelle entre l'Égypte et la Syrie. Au Caire, on avait érigé, selon Makrizi, des magasins pour les marchandises qui venaient par terre de la Syrie, et d'autres magasins pour les objets expédiés du même pays par la voie de mer.

La Syrie, contiguë à l'Égypte, faisait à-peu-près le même commerce. Les Phéniciens y avaient laissé une routine mercantile dont les traditions ne furent probablement jamais perdues. Ce pays maritime, où l'on se plaint aujourd'hui de ne trouver ni un seul port en état de recevoir de grands vaisseaux, ni une seule route de l'intérieur qui soit entretenue [1], attirait au moyen âge une foule de navires, surtout depuis que les croisades y avaient fondé des principautés chrétiennes, et facilité par là l'établissement des factoreries européennes. Ainsi qu'en Égypte, les chrétiens trouvaient dans les ports de Syrie les productions indigènes qui leur manquaient, et de plus ils tiraient de ces

(1) Berggren, Resor i Europa och Oestlænderne, tom. I; Stockholm, 1826.

I.   6

ports les denrées précieuses de la Perse, de l'Arabie, de l'Inde, de la Chine et des îles aux épices. La Perse excellait dans la fabrication des objets de luxe, ainsi que des armes. C'est ainsi que Schiras, peuplée alors de deux cent mille ames, fournissait à la Syrie, à Constantinople, et en général à tout le Levant, indépendamment de la joaillerie, des soies, des armes et de la sellerie. D'autres villes tissaient des étoffes de soie, des tapis. Toutes ces riches marchandises s'expédiaient par caravanes pour la Syrie, et valaient bien pour les Européens la peine d'un commerce suivi. Aussi voyons-nous, au moyen âge, tous les états chrétiens de la Méditerranée ambitionner la faveur d'avoir des comptoirs et des factoreries dans les principales villes de la Syrie. Il paraît que déjà avant les croisades les foires de Jérusalem attiraient beaucoup de marchands [1], et il y a des auteurs modernes qui pensent que l'interruption de ce commerce, produite par les invasions et les conquêtes des Sarrasins, fut une des causes des croisades [2], quoique des motifs religieux seuls fussent mis en avant pour émouvoir les peuples, et les engager à reconquérir ces contrées. Ce

(1) Acta S. S. ord. S. Bened., Vie de saint Arculfe.

(2) « Comme les intendans des califes avaient cessé de respecter ces établissemens, et que la religion avait constamment servi de voile au commerce, on fit une guerre sacrée pour une cause d'une toute autre nature que celle de la religion. » Pouqueville, Voyage de la Grèce, tome VI, livre XX, chap. IV.

qu'il y a de certain, c'est que les républiques d'Italie, en aidant à la conquête de la Palestine, eurent soin de stipuler des avantages et des priviléges de commerce pour prix des secours qu'elles fournissaient aux armées des princes croisés.

Ceux-ci devenus rois, princes, barons, et dotés de fiefs en Syrie, avaient besoin des marchands de leur pays pour se procurer les articles de commerce, ou pour convertir en argent les productions de leurs terres, surtout leur sucre et leur coton. Les seigneurs francs avaient transporté en Orient les goûts et les habitudes de leur patrie; cependant, ils s'accoutumèrent aisément au luxe et à la mollesse de la contrée qu'ils s'étaient partagée. On rencontrait partout des familles et des colonies françaises : des Gascons, des Picards, des Champenois siégeaient dans leurs châteaux forts, avec les titres de barons de Tyr, de Jéricho, de Tripoli; leurs écuyers même étaient devenus de petits seigneurs, et il n'y avait pas jusqu'aux filles de compagnie, chez les femmes de chevaliers, qui n'eussent quelque dotation en terres ou en fermes [1]. Toute la Syrie paraissait peuplée de Français, de Flamands, d'Italiens, &c.; mais les Français domi-

(1) « Concedo abbatiæ sancti Salvatoris in monte Thabor.... duo jardina quæ domicellæ Ælisiæ jam priùs donaveram. » Charte de Raymond, comte de Tripoli, de l'an 1181, dans le Cod. diplom. de Pauli, n° 4 du Supplément.

6.

naient : c'était le temps le plus prospère pour le commerce de la Provence et du Languedoc. Marseille sut en profiter, et entretint des relations actives avec la Syrie, comme on le verra plus tard.

Les fortunes rapides faites en Syrie depuis la conquête avaient attiré, comme de coutume, une foule d'aventuriers et d'hommes perdus de réputation en Europe, mais qui espéraient s'enrichir dans les contrées subjuguées. L'écume de la nation des Francs y décréditait le nom de chrétiens [1]. Les Arméniens et les Grecs se haïssaient, comme dans les temps actuels; les Bédouins, les Turcomans et les Kurdes erraient dans le pays avec leurs troupeaux de chameaux, de moutons, &c., se mêlant peu du commerce, à moins que ce ne fût pour le troubler par des pillages et des incursions.

Une institution religieuse née avec les croisades ne fut pas sans influence sur le commerce maritime entre l'Europe et l'Orient : je veux parler des ordres chevaleresques du Temple et de l'Hôpital de Saint-Jean de Jérusalem, dont les membres, se faisant un

---

(1) « Sunt in terrâ promissionis homines ex omni natione quæ sub cœlo est, et vivit quælibet juxtà ritum suum. Et ut verum loquar, in nostram magnam confusionem, nulla in câ pejores et moribus corruptiores inveniuntur, quam christiani. » **Fr. Brocardi** Descript. Terræ Sanctæ, dans le tome IV de Canisii Lectiones antiquæ.

devoir sacré de protéger les chrétiens, surtout les pélerins, de les loger et de les soigner, furent richement dotés après la fondation du royaume de Jérusalem. Bientôt ils eurent des couvens et des hôpitaux, non-seulement dans la capitale, mais aussi dans les villes maritimes, puis des châteaux forts, des terres, des rentes considérables, des magasins et une marine. Les barons, en Syrie, leur abandonnèrent par dévotion une partie des revenus de leurs douanes [1], et leur accordèrent des facilités pour l'importation et l'exportation des denrées dont avaient besoin leurs couvens [2]. En France, en Italie, on leur avait donné des terres; les vicomtes de Marseille [3], les rois de

(1) « Doeins et otrei en almohne à freire Gerin, honor. maistre de la saincte mayson del Hospital de St Jean.... 873 bisans...., Je les assene de mois en mois à prendre al comerc d'Antioche. » Charte de Boémond, prince d'Antioche; Pauli, Codex diplomat., no 113.

(2) « Concessi... libertatem emendi et vendendi quicquid voluerint in totâ terrâ Biblii et omni dominatione meâ, itâ quod in civitate Biblii intùs vel extrà et in omnibus suis pertinentiis, per mare et per terram, in portu, in fundâ vel in aliquo loco nihil juris plateatici, nihil alicujus consuetudinis mihi vel meis hæredibus aut successoribus tribuant vel reddant. » Charte de Gui, seigneur de Biblos, de l'an 1212, Cod. diplomat. del ord. Gerosol., no 98. — « Vos doins ensemant que vos puissés faire descharger et charger totes les vos choses, sauf savon, en la marine devant votre maison de Triple. » Charte de Boémond, prince d'Antioche, de l'an 1255; Ibid., no 126. — Voyez aussi, dans le même recueil, les chartes 118, 139, 181, 193 et autres.

(3) Voyez plus bas, chap. vi.

Sicile [1], et probablement encore d'autres princes, leur permirent de charger leurs navires dans les ports d'Europe soumis à leur domination. En Syrie, ces ordres entraient, à ce qu'il paraît, dans toute sorte d'affaires. Ils prêtaient de l'argent aux rois contre de bonnes rentes. Dans une charte des archives de Malte, on voit un Génois leur léguer, à Saint-Jean-d'Acre, quatre boutiques attenant à une boutique de leur dépendance [2]. Tout religieux d'abord, et assez mondains dans la suite, ces ordres furent un lien de plus entre l'Europe et l'Orient, et un chaînon du commerce entre deux parties du monde.

Des événemens importans ne tardèrent pas à troubler cet état de choses, et à détruire les établissemens des Européens dans la Syrie. Houlagou, khan des Tartares, vint envahir la Syrie en 1260, et pénétra

(1) « Concedimus ut quicquid ad subsidium Terræ Sanctæ et pro utilitate domûs Hospitalis ex regno nostro extrahere voluerint per terrà sive per mare ubicunque voluerint, sine aliquo impedimento, liberam indè habeant potestatem, et ut naves Hospitalis peregrinos accipiant ultrà mare secum portantes, et nullus aliquis bajulus de naulo peregrinorum aliquam ab ipsis quærat vel exigat portionem.» Charte de Constance, reine de Sicile, de l'an 1197; Pauli, Cod. dipl., n.° 185. — Voyez aussi la charte de Roger, roi de Sicile, de l'an 1137; ibidem, n.° 192.

(2) « Committo fratri Gaufredo, magistro domûs Hospitalis, et fratribus ejusdem quatuor stationes meas, quarum duæ ex unà parte hærent uni stationi domûs Hospitalis, etc.» Charte de Marin Mazuc, Génois, de l'an 1201, ibid., n° 174.

jusqu'aux frontières de l'Arménie. Quelques princes chrétiens, qui possédaient des fiefs du royaume de Jérusalem, furent obligés de rendre hommage à ce chef barbare. Après sa mort, les mamlouks de l'Égypte, ennemis des Tartares, envahirent la Syrie à leur tour, et vers la fin du treizième siècle, ils eurent enlevé aux chrétiens et ravagé les ports que ceux-ci possédaient sur les côtes. Depuis lors un seul maître, le soudan, régna sur l'Égypte et sur la côte de la Syrie.

La position des chrétiens en Asie ne fut donc plus la même; cependant quand les Sarrasins reprenaient quelque port, les comptoirs chrétiens cherchaient à traiter avec les conquérans pour conserver leurs avantages, ou quand les Tartares venaient chasser les Sarrasins, les Italiens entamaient des négociations avec les Tartares : tant il leur importait de continuer un commerce qui avait un très-haut intérêt pour l'Europe. En effet une grande partie des denrées de l'Inde, de la Perse, de l'Arabie, de la Mésopotamie et de l'intérieur de l'Asie arrivait par Damas ou par d'autres voies aux côtes de la Syrie. Les guerres et les défenses des papes mettaient obstacle aux relations suivies des chrétiens avec les Sarrasins d'Égypte : les Italiens commerçaient plus librement sur les côtes de la Syrie; les intérêts des croisades les y appelaient; ils ne risquaient pas autant d'être excommuniés pour avoir trafiqué avec les infidèles. Quand c'étaient les chrétiens qui occupaient les ports, les marchands étaient reçus en Syrie comme en Europe même ; et lorsque c'étaient les Tartares, ils pouvaient encore trafiquer en toute conscience avec la Syrie, parce que les Tartares, ennemis des Sarrasins, étaient presque regardés comme des chrétiens. Aussi voit-on dans le moyen âge les républiques marchandes de l'Italie défendre avec acharnement leurs possessions en Syrie : Gênes et Venise cherchaient à détruire mutuellement leurs comptoirs syriens, comme on vit plus tard les Hollandais et les Portugais acharnés à se nuire dans l'Inde.

Si nous commençons la revue de la côte de la Syrie du côté de l'Égypte, nous trouvons d'abord la Palestine, avec le port de Jaffa, l'ancienne Joppé, qui est le port de Jérusalem, et par conséquent le lieu de débarquement des pélerins chrétiens. Les croisés n'avaient pas manqué de se mettre en possession de ce port. Depuis ce temps les Génois y eurent un quartier; mais, dans la suite, les musulmans reprirent Jaffa ; cependant les pélerinages continuèrent, malgré les taxes auxquelles on soumettait les Francs dans chaque église ou lieu sacré qu'ils visitaient. Nous verrons plus tard une convention dans laquelle ces droits imposés à la dévotion sont réglés entre le soudan d'Égypte et les chevaliers de Rhodes. En dépit de tous les dangers et de toutes les avanies, les chrétiens débarquaient en foule à Jaffa : les navires

des villes maritimes d'Europe étaient toujours occupés
à les y transporter, et ce mouvement continuel animait beaucoup ce port, qui d'ailleurs était le débouché
d'une contrée fertile et bien peuplée, abondant en
coton, grains, légumes, noix de galles, coloquintes
et huile d'olives. Naplouze, Gaza et Rama y joignent
leur toile de coton, industrie qui probablement existait au moyen âge. Au quinzième siècle, Jaffa était
déchue de son ancienne richesse : le sire de Lannoy,
en 1422, la trouva toute *déroquiée* [1].

Un port plus important pour le commerce, et que
les croisades relevèrent pour quelques siècles, fut
Accon ou Saint-Jean-d'Acre, l'ancien Ptolémaïs : pour
les chrétiens, c'était le premier port commerçant et
militaire, et en quelque sorte la capitale de la Syrie.
C'est là que débarquaient les troupes des croisés ;
c'est là qu'abordaient les flottes chrétiennes ; c'est là
qu'arrivaient les approvisionnemens, les armes, les
marchandises. Depuis la première conquête du port
d'Acre par Baudoin, en 1100, et peut-être déjà
auparavant, les villes maritimes qui avaient fourni
des vaisseaux, des vivres et des armes aux croisés,
s'étaient arrangées pour y avoir des comptoirs. Acre
fut reprise par les Sarrasins ; mais en 1191, Philippe-
Auguste, roi de France, et Richard, roi d'Angleterre,

____

(1) **Voyage du sire de Lannoy en Égypte et en Syrie**, dans le
tome **XXI** de l'Archæologia.

la leur arrachèrent de nouveau. D'après une convention faite pendant le siége, les républiques italiennes et la ville de Marseille devaient toutes avoir des établissemens dans la place, ainsi que dans les autres places de la Syrie que l'on espérait conquérir. Aussi dès que Saint-Jean-d'Acre fut tombée au pouvoir des croisés, les Marseillais, les Vénitiens, les Génois, les Pisans prirent tous possession d'un emplacement pour leur servir de cour de commerce [1]. Il y eut la rue des Provençaux, celle des Anglais [2], &c. ; les marchands d'Ancône même eurent, dans la suite, leur terrain et leur juridiction [3]; l'ordre de Saint-Jean de Jérusalem ou des Hospitaliers, qui avait combattu auprès des Français, avait également son terrain; après la perte de Jérusalem, il transporta dans Accon son couvent, son hôpital et le siége de l'ordre : le palais du grand-maître était un des plus beaux édifices de la ville. Cet ordre eut ses priviléges de commerce comme les marchands étrangers. Des magistrats ou jurés français, sous les ordres d'un vicomte [4], rendaient la justice à

(1) Voyez l'histoire de la prise de Ptolémaïs chez les historiens des croisades.

(2) Chartes nᵒˢ 220 et 223, dans le Cod. diplomat. del s. milit. ord. Gerosol.—Voyez aussi le plan de la ville d'Acre, dans le t. I de Jauna, Hist. gén. des royaum. de Chypre, de Jérusalem, &c.

(3) Voyez plus bas, chap. viii, Traités de commerce.

(4) Voyez les Assises de Jérusalem, et le Cod. diplom. del s. mil. ord. Gerosol.

leur nation. Le légat du pape, le roi de Chypre, le patriarche et le prince d'Antioche eurent également juridiction.

Chacune de ces cours fut indépendante des autres, ainsi que des autorités de la ville, et se gouverna selon les lois de la nation qui l'habitait. Outre les quartiers occupés par les Européens, il y avait encore ceux des Arméniens, des Tartares, des juifs. On comptait, pour ainsi dire, autant de villes que de peuples, et jusqu'à dix-neuf autorités étrangères[1]. Le désordre régnait dans cette cité, où aucune autorité n'était assez forte pour dominer sur toute la population. En 1249, pendant le séjour du roi de France Louis IX dans le port d'Acre, et tandis que ce prince faisait traiter avec les marchands italiens pour le nolis des bâtimens nécessaires à l'expédition d'Égypte, une rixe sanglante éclata entre les Génois et les Pisans; le consul de Gênes fut tué dans la mêlée; les Vénitiens et le *baile* ou consul de Chypre entrèrent dans la querelle, et le roi eut beaucoup de peine à apaiser le tumulte. Des assassinats, des rapts, des actes fréquens de violence, annonçaient l'anarchie qui régnait dans Acre. Tout homme poursuivi à cause de ses crimes, dans un quartier, trouvait aisément un asile dans un autre.

Quelques années après le départ de saint Louis,

____

(1) Doubdan, Voyage de la Terre-Sainte, chap. LVI.

la jalousie entre les Vénitiens et les Génois éclata d'une manière bien plus hostile. Se disputant une église où jusqu'alors ils avaient prié en commun, les deux peuples s'attaquèrent à main armée : les Génois parvinrent à expulser les Vénitiens; ceux-ci ayant fait alliance avec les Pisans, et armé une flotte, forcèrent le port, fermé par une chaîne, et chassèrent les Génois, qui se réfugièrent à Tyr. A leur tour, les sujets de Gênes reparurent avec une flotte de quarante-quatre bâtimens, détruisirent une partie de la flotte ennemie, s'emparèrent du fort de Montjoie, mirent une garnison dans la ville, et contraignirent Venise d'abandonner ses comptoirs, et de se contenter du butin emporté de Saint-Jean-d'Acre. Par une vaine gloire, les Vénitiens érigèrent devant leur église de Saint-Marc les deux colonnes, couvertes d'arabesques et de monogrammes, qu'ils avaient enlevées à l'église de Sainte-Saba, sujet ou prétexte de la guerre contre Gênes [1].

Les indigènes du pays, c'est-à-dire les Syriens, ainsi que les Sarrasins venus du dehors et les juifs, étaient opprimés. On chargeait d'impôts tout ce qu'ils achetaient : les chaussures des Sarrasins, le fromage apporté par les paysans, le vin des ménages, le blé, les fruits, la volaille, vendus aux marchés, tout était

(1) Voyez Giov. Dav. Weber, Epistola intorno alle colonne akritane, e loro monogrammi; Venise, 1826, in-8°.

taxé par les Francs, et devenait pour leur fisc la matière d'un impôt. Par les *assises de Jérusalem* [1], qui étaient leur code, l'importation de toutes les denrées et marchandises avait d'ailleurs été soumise au paiement des droits de douanes. On voit par ces assises combien de marchandises le commerce attirait dans le port d'Acre : toutes sortes d'épices, d'aromates et de drogues, le sucre, le coton, la soie, le lin, la cire, l'ivoire, le bois de construction, les tissus ou *velines* de l'Inde, le vin, les fruits, sont indiqués dans le tarif. L'Égypte envoyait du poisson salé et du lin, dont une partie s'expédiait sur des chameaux pour Damas. Il venait du vin d'Antioche, de Nazareth, de Saphourie; les marchands d'Acre débitaient des toiles de coton, des *guimples,* des *mesares,* et d'autres tissus en soie et en fil [2].

Un joug féodal pesait sur les laboureurs du territoire de Saint-Jean-d'Acre : ils étaient *manans* des seigneurs ou de l'église. Dans leurs campagnes ouvertes, ces malheureux n'avaient aucune sûreté contre la violence des Francs, qui traitaient les musulmans surtout en ennemis. Quelquefois des bandes de Francs faisaient des incursions sur les terres voisines, et commettaient toutes sortes d'excès.

(1) Assises de la basse cour de Jérusalem, chap. ccxxii, manuscrit de la Biblioth. du Roi.

(2) Ibid.

Peut-être les marchands n'avaient-ils aucune part dans ces hostilités, qui devaient troubler leur commerce; mais, indépendamment des marchands, beaucoup d'autres chrétiens étaient venus s'établir dans les villes conquises par les croisés, et dans ces nouveaux établissemens ils apportaient la haine contre l'islamisme qui leur avait fait quitter l'Europe.

Déjà, en 1268, le soudan d'Égypte Bibar, pour se venger des outrages faits aux Sarrasins, ravagea le territoire de la ville d'Acre, incendia les villages et dévasta les plantations [1]. Les habitans chrétiens n'en furent que plus exaspérés, et continuèrent de traiter les Sarrasins avec mépris. A la vérité la paix fut conclue l'année suivante entre le sultan et la ville d'Acre : on se promit mutuellement de respecter les personnes et les propriétés, et de commercer amicalement; cependant ces promesses furent bientôt violées. Les Sarrasins se plaignirent auprès du sultan; ces plaintes se renouvelèrent fréquemment : à la fin, le soudan ayant rassemblé une armée de deux cent mille hommes, si les récits des historiens sont exacts, pour réduire cette seule ville, vint, en 1290, assiéger Saint-Jean-d'Acre, et s'en empara au bout de quarante-un jours d'attaque [2]. Pour ne pas se soumettre

(1) Reinaud, Histoire des guerres des croisades sous le règne de Bibar.

(2) Ibid.

au soudan, la plupart des chrétiens émigrèrent; beaucoup d'entre eux allèrent s'établir en Chypre, où fut attirée ainsi une partie du commerce qui s'était fait à Saint-Jean-d'Acre et dans d'autres places de Syrie, récemment enlevées aux chrétiens.

A la vue du beau port d'Acre, dans un vaste golfe, terminé par le cap du Mont-Carmel, et à l'aspect de tant de superbes débris de l'ancienne magnificence qui naguère encombraient le port et l'enceinte de la cité, plus d'un voyageur s'est dit[1] : Si les chrétiens, au lieu de se persécuter les uns les autres, eussent profité de leur conquête pour faire de Saint-Jean-d'Acre la première place de commerce de l'Orient, pour étendre de là leurs relations dans toute l'Asie et dans la vallée du Nil, et pour inspirer aux peuples barbares le goût de la civilisation, quels changemens salutaires ils auraient opérés dans l'histoire des peuples! quels immenses bienfaits auraient survécu à leur séjour en Syrie! Leur discorde fit leur perte : la prise d'Acre porta surtout un coup funeste au commerce des Marseillais; aussi, depuis ce temps, il n'est plus question de comptoirs français dans Acre; cependant le roi d'Aragon[2] envoya une ambassade au soudan pour obtenir la continuation des relations amicales

(1) Doubdan, Voyage de la Terre-Sainte, chap. LVI.

(2) Capmany, Antiguos tratados de paces y alianzas; Madrid, 1786, in-4º.

des Aragonais et des Castillans avec la côte de Syrie.
Les Vénitiens ne fuirent pas non plus comme les
autres chrétiens : ils eurent la prudence de se ménager
un séjour dans la ville, redevenue musulmane, et
dévastée par les vainqueurs [1]. Encore au quinzième
siècle Lannoy vit leurs magasins de coton sur le
port, dans le vieil Acre, et un facteur vénitien, pour
cette denrée, habitait la nouvelle ville [2]. Le coton est
en effet une des principales productions du territoire
d'Acre, qui abonde aussi en grains.

Les mêmes productions soutenaient la prospérité
de la ville de Sur, l'ancienne Tyr, depuis qu'elle
n'était plus une des villes les plus commerçantes et
les plus industrieuses de l'Asie. Peu de villes avaient
déchu comme Tyr : elle ne s'était pas relevée depuis
qu'Alexandre l'avait prise; cependant, munie d'une
triple enceinte, elle brava quelque temps les assauts
des croisés. Pour s'en emparer, Baudoin, roi de
Jérusalem, invoqua le secours de la marine vénitienne, qui lui fut accordé [3] moyennant la promesse
de grandes concessions commerciales, que les Vénitiens ne manquèrent pas de faire valoir après la prise
de la place, en 1123. Les Vénitiens y firent beaucoup d'affaires; cependant le soudan d'Égypte reprit

<hr>

(1) Voyez plus bas, chap. VIII, Traités de commerce.
. (2) Voyage du sire de Lannoy, tome XXII de l'Archæologia.
(3) Guillaume de Tyr, liv. XII, chap. XXV.

Tyr en 1189. Cette place avait été rebâtie par les croisés, qui trouvaient son petit port, presque fermé par les rochers, commode pour les bâtimens ordinaires du commerce.

Sidon avait éprouvé des malheurs semblables : ce n'était plus qu'un port ordinaire, sous le nom de *Saïd*, qui se soutenait par l'exportation des denrées du pays, le coton et les grains. Du temps des Romains, elle avait été renommée pour ses verreries [1].

Il y avait encore à cette époque d'anciennes villes phéniciennes qui probablement conservaient quelques restes de grandeur, et qui depuis sont tombées dans l'oubli. Les peuples francs ne dédaignèrent pas d'y faire le commerce. De ce nombre fut Byblos, qu'on regardait comme la plus ancienne ville de la Phénicie, et qui était bâtie au pied de la montagne portant le fameux temple de Vénus, que souillaient les prostitutions des femmes. Lors des croisades, un capitaine génois qui avait contribué à la prise de cette ville, appelée alors Gibeleth, la reçut en fief du comte de Tripoli. Nous verrons plus tard un traité conclu par la république de Venise avec le seigneur de cette vieille ville [2], que l'on ne connaît guère aujourd'hui.

Barut, l'ancienne Bérithe, était en quelque sorte le port de Damas, qui en est éloigné de deux journées.

(1) Pline, Hist. natur., liv. V, chap. XIX.
(2) Voyez le chapitre VIII des Traités de commerce.

1.   7

Cette ville manquait d'eau douce, et son port n'était pas à l'abri de tous les vents [1]; cependant il était très-fréquenté par les navires marchands; les chrétiens surtout avaient rendu Barut très-commerçant, si toutefois il ne l'était déjà avant leur arrivée. Après la conquête de Jérusalem par les Francs, Barut était échu en partage à Bailleul de Chartres, qui avait mené dix chevaliers à l'expédition de la Terre-Sainte, et qui avait reçu d'abord le nouveau château fort d'Iblim ou Ibelin, avec assez de terrain pour qu'il y pût établir les dix chevaliers en qualité d'arrière-vassaux. C'est sous le nom de seigneurs d'Ibelin que ses successeurs sont connus dans l'histoire des croisades : nous les verrons dans la suite souscrire plusieurs traités de commerce qu'ils firent avec les Français et d'autres nations. Le premier seigneur d'Ibelin, ayant épousé l'héritière de la seigneurie de Rama, étendit son territoire dans l'intérieur; sa famille obtint dans la suite aussi Jaffa, Arsur, etc.; ensorte qu'elle fut la famille française la plus considérable et la plus puissante en Syrie.

La douane de Barut devait fournir la plus belle partie du revenu des seigneurs d'Ibelin. Ici les riches marchandises de Damas trouvaient un entrepôt, et s'échangeaient contre celles d'Europe. Il est probable qu'alors, comme aujourd'hui, toute la soie re-

(1) **Voyage de Lannoy en Égypte et en Syrie**, tome **XXI** de l'Archæologia.

cueillie sur le mont Liban, et renommée pour sa belle qualité, se vendait à Barut, pour être expédiée dans d'autres pays, et qu'on abattait les cèdres de cette montagne pour les chantiers de construction. De charmans jardins entouraient la ville, dont les maisons avaient une belle apparence. Tous les grands états de la Méditerranée possédaient à Barut des comptoirs : ceux de Venise ont subsisté jusqu'au seizième siècle. Cependant, en 1403, dans les guerres contre Venise, le maréchal Boucicault, commandant une escadre génoise, ravagea la factorerie vénitienne, s'empara des navires de cette république, et livra au pillage les magasins de ses marchands : il paraît que les Vétitiens réparèrent pourtant ces pertes. Les Français venaient encore dans ce temps charger dans le port de Barut des épices et aromates ; mais sans doute en petite quantité.

Damas, la plus grande ville des états du soudan d'Égypte après le Caire, était renommée pour ses beaux jardins, pour ses manufactures d'armes et de tissus de soie, et pour son commerce d'entrepôt. L'arrivée de la caravane de la Mecque avec trois mille chameaux répandait dans cette ville une immense quantité de denrées de l'Inde et de l'Arabie ; d'autres caravanes, moins considérables, y arrivaient en diverses saisons Au quinzième siècle, Venise et Barcelonne eurent ici des comptoirs ; le Génois, les Florentins, et d'autres nations, fréquentaient également cette cité commerçante. De la Brocquière, lors de son passage, en 1432, y trouva plusieurs Français, entre autres Jacques Cœur, qui, n'étant encore que simple marchand, était loin de prévoir alors son crédit futur à la cour et sa chute éclatante. Ces Français avaient acheté des épices à Damas, et ils se rendaient à Barut, pour retourner dans leur patrie sur une galère de Narbonne, qui venait de toucher au port d'Alexandrie[1]. On recueille avec plaisir ces dernières traces du commerce des Languedociens en Égypte et en Syrie.

Au nord de Barut est le port de Tripoli, qui fournissait au commerce d'Europe, comme aujourd'hui, de la soie blanche, de l'huile bonne pour les fabriques de savon, de la cire, des coloquintes, des éponges, et des cendres de soude que les Vénitiens chargeaient en quantité pour leur grande verrerie de Murano. En 1288, les Sarrasins enlevèrent cette place aux chrétiens, et la ruinèrent en grande partie. Plusieurs îles sont disséminées dans le port de Tripoli. Plus loin est le petit port de Tortose.

Au-dessus de l'embouchure de l'Oronte était située l'antique Antioche, où des princes d'origine française eurent la gloire de commander; mais leur triomphe fut de peu de durée, et suivi d'affronts humilians.

____

(1) Bertrand de la Brocquière, Voyage d'outremer, dans le t. V des Mémoires de l'Institut nat.; partie des sciences moral. et polit.

Déjà, en 1245, ils furent forcés de payer tribut aux
Tartares, et de grossir la cour du khan; et tout en
voulant vivre bien avec les Tartares, Boémont, prince
d'Antioche, encourut la disgrâce du soudan d'Égypte,
leur ennemi. Les Sarrasins vinrent, en 1268, assail-
lir la ville, d'où Boémont s'était enfui; ils s'en emparèrent de vive force, livrèrent les édifices aux flammes,
firent les habitans esclaves, et Bibar écrivit avec orgueil à Boémont : « Nous avons chassé tous les tiens
» de la contrée, nous les avons comme pris par les che-
» veux, et nous les avons dispersés au près et au loin :
» il n'y a plus de richesses dans le pays, si ce n'est le
» fleuve qui passe à Antioche[1]. »

Sous les princes français, les Marseillais et les marchands d'Italie avaient pu faire un commerce lucratif
à Antioche; une rue portait le nom des Amalfitains
qui l'occupaient[2]: les fureurs de Bibar anéantirent ces
établissemens.

Dans le nord de la Syrie, il y a une grande ville, qui
alors, comme aujourd'hui, était un des principaux entrepôts du commerce musulman : c'est la ville d'Alep,
qui n'est qu'à vingt-cinq lieues de l'Euphrate, et à-peu-

______

(1) Reinaud, Histoire des croisades sous le règne de Bibar,
sultan d'Égypte, d'après les auteurs arabes, dans le Journal asiatique, août 1827.

(2) Chartes, nᵒˢ 25 et 27 du Codice diplomat. del S. milit. ord.
Gerosol.

près autant de la Méditerranée. Il faut voir Alep ou
Damas pour avoir une idée juste du mouvement que
donne à une ville mahométane l'arrivée des caravanes
marchandes. Celle qui vient de Bassora, et qui longe
l'Euphrate sur un espace de deux cents lieues, se
compose de quelques milliers de chameaux. Il y a des
années où six à huit mille de ces animaux du désert
arrivent à-la-fois. Les caravanes de Bagdad, du Diarbekir, de l'Arménie, de Damas, sont moins considérables;
Si l'on réunit toutes les caravanes qui viennent à Alep
dans le courant de l'année, on en compterait peut-être
quinze mille, qui apportent cent cinquante milliers
pesant de marchandises [1].

Ce commerce n'a dû varier, depuis une série de
siècles, que du plus au moins. On peut dire que les
principales routes commerciales de l'Asie occidentale
aboutissaient à la ville d'Alep. D'un côté, en effet, on
se rend, par Bagdad, au golfe Persique; de l'autre,
la ville est sur la route qui vient de l'Égypte et de
l'Arabie, traverse la Syrie, et va se terminer aux ports
de la mer Noire; enfin, une autre route, venant de
la mer Caspienne et passant par Tauris, Mardyn et
Orfa, met Alep en communication avec l'Arménie [2],

<hr>

(1) Aperçu sur les échelles du Levant, par le consul vénitien
Morano, cité par Marin, Storia del commercio, &c., à la fin du
tome VIII.

(2) Nous avons sur cette dernière route la relation d'un mar-

le Kurdistan, et tous les pays voisins de la mer Caspienne.

Les Vénitiens faisaient écouler sur Alep une grande partie de la verroterie, des pierreries, des draps fins, des velours, des galons d'or et d'argent, de la cire façonnée, des fausses perles, des ouvrages en fer et en acier, &c., que leurs navires apportaient en Syrie; et ils recevaient, par Alep, une partie du coton et des riches productions de la Perse, de l'Inde et de l'Asie mineure, qu'ils devaient rapporter en Europe. Les droits d'entrée et de sortie qu'exigeait le soudan d'Alep étaient plus forts que ceux qu'ils payaient dans les ports de Syrie soumis aux chrétiens; mais le commerce d'Alep était trop important pour qu'ils pussent y renoncer; leurs bénéfices devaient d'ailleurs les rendre un peu indifférens aux impôts auxquels on les assujettissait. En vertu des traités, ils avaient dans Alep un comptoir et un consul : je n'ai trouvé aucune preuve de l'existence d'une factorerie de quelque autre peuple chrétien dans cette cité musulmane.

L'île de Chypre, que rencontraient les navires chrétiens avant d'arriver à la côte de Syrie, était un point de relâche pour les marins; l'île était d'ailleurs fertile et riche en productions qui convenaient aux marchés

chand italien, de l'an 1507, insérée dans le tome II de Ramusio, Collect. de voyages. — Comparez les itinéraires donnés par Berggren, Resor i œstrelandet, vol. III; Stockholm, 1828.

d'Europe; de plus, elle fut depuis les croisades au pouvoir des Latins. Le peuple était grec, mais les rois avaient doté ici, comme dans le royaume de Jérusalem, un grand nombre de barons latins, ainsi que de couvens catholiques, en leur distribuant de beaux fiefs et domaines. La noblesse et le clergé francs tenaient dans la servitude les *Pariques* ou la race vaincue; cependant les rois, dans les cas pressans, vendaient la liberté à ces serfs, et les affranchissaient sous le nom de *Francomates*. Des fiefs militaires étaient occupés par les Albanais enrôlés à la charge de défendre les côtes contre les incursions des pirates et corsaires. Il existait dans l'île des communautés d'Arméniens, de Jacobites, de Maronites et de Coptes. Des Vénitiens échappés des rangs des troupes maritimes de la republique avaient trouvé un asile en Chypre, où ils étaient soumis à un magistrat de leur nation, et payaient un tribut. On les désignait sous le nom de *Vénitiens blancs* [1]. .

Dans une île qui réunissait tant de nations et de religions diverses, les marchands étrangers ne pouvaient qu'être bien accueillis. Assez d'actes signés par les Lusignan attestent le desir de cette dynastie de favoriser le commerce des Cypriotes avec les pays étrangers : j'aurai occasion d'en citer plusieurs dans

[1] Voyez les historiens de Chypre Lusignan, Lorédan, Bustron, Jauna.

le cours de cet ouvrage. Les Français se trouvaient ici sous la protection de princes et de barons de leur nation : ils en profitèrent pour leur vendre les marchandises de leur pays, surtout celles de la Provence et du Languedoc. Devenus rois de Jérusalem, à la fin du douzième siècle, les rois de Chypre purent servir encore plus efficacement les marchands de leur ancienne patrie. Cependant ce n'étaient pas les Français qui faisaient le plus d'affaires dans cette île. Venise et Gênes avaient su se rendre si utiles aux princes débonnaires de la maison de Lusignan, que les plus beaux privilèges leur furent accordés, et ils en usèrent avec une avidité telle qu'ils accaparèrent à peu près toutes les affaires commerciales de l'île : ils finirent même par se disputer avec acharnement la domination dans les ports et les marchés.

En 1235, le roi de Chypre, ayant à se défendre contre les croisés allemands, fut obligé de prendre à sa solde une flotte vénitienne et génoise : il ne put l'obtenir qu'en engageant à ces deux républiques les douanes, c'est-à-dire tout le commerce extérieur de l'île, et en leur accordant en outre des privilèges et des exemptions. Quelques années après, il se trouva en état de racheter les douanes, mais les privilèges restèrent. Du nombre de ces avantages était l'exemption de la *missa* ou de l'impôt que payaient les commerçans étrangers pour les frais de la défense des côtes.

Pendant tout le moyen âge, les parages de Chypre furent infestés par les corsaires, et les Génois ne furent pas ceux qui troublèrent le moins la sûreté de ces eaux.

Une belle époque pour le commerce de Chypre commença avec le quatorzième siècle, lorsque la prise et le pillage de Saint-Jean-d'Acre par le soudan d'Égypte eut dispersé les comptoirs des Francs dans les ports de la Syrie. Le roi de Chypre eut la politique de profiter de ce grand désastre, en offrant des établissemens aux ordres chevaleresques de l'Hôpital et du Temple, et des immunités aux marchands étrangers. Une partie des affaires commerciales de Saint-Jean-d'Acre fut effectivement attirée en Chypre. Des négocians y acquirent de grandes richesses : Les historiens du royaume citent entre autres un bourgeois de Famagouste, nommé *Siméon*, qui employa le dixième des profits de ses spéculations mercantiles en Égypte à bâtir la belle église de Saint-Pierre dans la ville où il séjournait. Après les ravages d'une peste qui avait enlevé une partie de la noblesse, ce fut aux marchands que le roi accorda les titres et les fiefs qu'elle avait possédés : ils étaient après les nobles la principale classe d'habitans [1].

Le voisinage de l'Égypte et de la Syrie offrait au

____

(1) Jauna, Histoire générale de Chypre, de Jérusalem, &c.

commerce de Chypre les plus grands avantages; aussi les navires qui, malgré les défenses des papes, allaient trafiquer avec les Sarrasins, relâchaient ordinairement en Chypre, et c'est de là qu'ils se rendaient clandestinement dans les ports musulmans [1]. Malheureusement le roi Pierre, saisi d'une aveugle ardeur chevaleresque, les mit tous en péril par son expédition irréfléchie contre Alexandrie. Le soudan s'en vengea sur tous les Francs dans ses états; il en coûta cher aux Vénitiens et aux Génois d'avoir aidé à cette triste croisade; de tous les côtés on supplia le pape de modérer le zèle du roi de Chypre qui, en faisant une descente à Satalie, à Tripoli et à Tortose sur la côte de Syrie, s'attira encore la haine des chefs musulmans de ces ports où il aurait mieux valu entrer en marchands qu'en guerriers [2].

Au couronnement du fils de Pierre, éclata une funeste querelle sur la préséance entre les deux consuls de Venise et de Gênes; celui-ci, soutenu par la reine-mère, voulut soutenir ses prétentions par les armes; on chassa les Génois du palais, et on les arrêta dans la ville. Gênes envoya une flotte pour se venger de l'insulte faite à la nation, ou plutôt pour empêcher les Vénitiens de jouir de leur triomphe; elle fit occuper Famagouste, le port le plus vaste de Chypre;

(1) Mar. Sanuto, Secreta fidel. crucis.
(2) Voy. plus haut ce qui a été dit sur cette expédition d'Égypte.

l'île fut ravagée et tourmentée par les Génois pendant plusieurs années, et elle ne put se débarasser de leurs troupes qu'en payant de fortes sommes, et en livrant son commerce aux marchands de la république.

. Les dissensions entre les derniers Lusignan ne laissèrent pas non plus les Francs jouir tranquillement des avantages que leur offrait cette île. Poursuivi par une faction, et refugié en Égypte, le roi Jacques ne crut pas qu'il fût au-dessous de sa dignité de se faire installer par les musulmans, après avoir juré au soudan d'être l'ami de ses amis, et l'ennemi de ses ennemis. Nous verrons plus tard Venise s'emparer de ce beau royaume si mal gouverné.

Les navires d'Europe allaient acheter en Chypre des vins délicieux, de beaux fruits, du sucre en poudre, de l'indigo, qui valait un quart de moins que celui de Bagdad; du savon, du storax, des cotons bruts et filés et de la soie [1]. Sans doute Famagouste avait aussi des dépôts de marchandises provenant de l'Égypte et de la Syrie. Chypre possédait une marine marchande, qui fréquentait les échelles de la Syrie et de l'Asie mineure. A son tour, la marine chrétienne apportait d'Europe beaucoup de draperie; au quatorzième siècle on expédiait pour Chypre des draps de Bruxelles, Malines, Louvain, Bruges, Gand, Toulouse, Nar-

---

[1] Uzano, Prattica della Mercatura.

bonne, Carcassonne, Béziers, Perpignan, Bagnoles, Amiens, de la Lombardie et de Venise; des étoffes blanches de Valence et de Florence, et des couvertures de Provins [1].

L'Asie mineure, et surtout la Natolie, autrefois si florissante, si peuplée, était tombée, en grande partie, au pouvoir de peuples barbares, incapables de maintenir des relations commerciales avec les Latins ou Francs. Des hordes de Turcs seldjoucides venus de la Boukharie avaient traversé la Perse, et s'étaient répandues dans l'intérieur de l'Asie mineure. Iconium, maintenant Konich, dans l'ancienne Caramanie, devint la capitale des petites tribus de ce peuple; d'autres troupes, composées de Turcomans de l'est de la mer Caspienne, avaient envahi la Cappadoce, et occupé et ravagé la ville de Césarée et celle de Sébaste, maintenant Sivas. Les beaux monumens de l'antiquité, le goût des lettres et des arts, celui du commerce, tout se perdit au milieu des débordemens des peuples barbares qui continuèrent d'infester par troupes ces diverses contrées. Cependant les sultans seldjoucides d'Iconium parvinrent à rendre tributaires toutes ces hordes vagabondes, et à acquérir une grande prépondérance sur les autres chefs [2]. Les croisés français les appelaient *soudans du Coyne*, et les Arabes, *sultans du*

(1) Uzano, Prattica della Mercatura.
(2) J. H. de Hammer, Geschichte des Osmann. Reichs, tome I.

pays de Rum[1]; dans la suite, les Italiens ne dédaignèrent pas de faire avec eux des traités de commerce, que je ferai connaître dans un autre chapitre. En 1257, le moine Rubruquis, revenant de sa mission en Tartarie, trouva à Iconium plusieurs Français; un marchand génois, résidant à Saint-Jean-d'Acre, et un Vénitien, étaient associés pour la ferme de l'alun, dont il se faisait un commerce considérable[2]. Il fallait traverser le pays de Rum pour se rendre de Trébizonde, de la Géorgie et de l'Arménie, dans la Syrie; voilà pourquoi il était important pour les chrétiens de vivre de bon accord avec le maître de ces routes.

L'empire d'Iconium ne resta pas long-temps uni; devenus tributaires des Tartares mongoles, les soudans de Rum perdirent leur pouvoir sur les autres chefs seldjoucides. La Natolie fut inondée de hordes de Turcs nomades, qu'il était difficile de discipliner; dans la Paphlagonie, l'émir de Kastamouni s'était formé une principauté, dans laquelle étaient compris Sinope, enlevé par les Turcs aux Grecs de Trébizonde[3], et la ville de Samesoun; deux ports qui devinrent des retraites de pirates. Un autre émir turc régna sur Sivas, Tocat et Amasie. Partout des camps de nomades,

---

(1) Joinville, Vie de saint Louis.

(2) Voyage de Rubruquis, chap. LII.

(3) Fallmerayer, Geschichte des Trapezunt. Kaiserthums livres I et II.

souvent en guerre les uns contre les autres, menaçaient la sûreté des indigènes, et troublaient les relations avec l'étranger.

Sur la côte méditerranéenne du pays de Rum, ou Iconium, les Latins fréquentaient pourtant quelques ports, où les attirait l'espoir de faire des spéculations lucratives. Tarse, ou Tarsous, au-dessus de l'embouchure d'une petite rivière, était renommée pour ses fabriques de tissus; et le port de Satalie, dans le beau golfe de ce nom, était une échelle importante que fréquentaient les Cypriotes, les Florentins, et d'autres peuples marchands. On y débitait annuellement, au quatorzième siècle, selon l'assertion de Balducci Pegoletti, douze cents pièces de draps de Châlons, autant de Narbonne et de Perpignan, et quarante pièces de draps de Lombardie; c'étaient ordinairement des draps de teintes vives et tranchantes, comme les aiment les peuples orientaux [1]. On tirait de Satalie, entre autres denrées, l'adragante solide de l'Asie mineure. Les navires vénitiens y apportaient quelquefois les denrées de l'Égypte [2].

Candeloro, l'ancienne Side, dans la même province, attirait également les navires francs, qui venaient y charger des denrées du Levant. Aja-jani, ou Annia,

---

(1) Divisamenti di paesi, di misure, di mercanzie, &c.

(2) Capitulare nautic. pro emporio veneto, 1255, chap. LXXXI, dans le tome V de Canciani, Barbarorum leges antiquæ.

auprès de l'ancienne Éphèse, était une échelle moins fréquentée. Au treizième siècle, le port de Smyrne commença d'attirer les Italiens.

Les îles de Rhodes et de Candie étaient des points de relâche pour les navires. La première, après avoir été fortifiée par les chevaliers, offrait un dépôt et une retraite sûre : les marchandises y étaient protégées par la marine des chevaliers, et les pélerins y trouvaient l'hospitalité. L'ordre devint une puissance; il traita avec les souverains chrétiens et musulmans; il reçut des agens commerciaux, et en entretint dans les ports de l'Égypte et de la Syrie. Candie était assez fertile et assez grande pour fournir elle-même des articles de commerce et pour donner lieu à un trafic considérable. On y portait beaucoup de draperie, comme en Chypre, et on en tirait du vin, du sucre, du miel et du coton [1]. Un décret du gouvernement vénitien permettait d'importer sur navires nationaux à Venise les sucres de Candie, moyennant un droit de quinze pour cent [2].

Constantinople, capitale d'un vaste empire et siége d'une cour habituée au faste et plongée dans la mollesse, était peut-être de toutes les villes de l'Orient celle qui promettait aux Italiens, aux Français et aux Espagnols, le commerce le plus important. Déjà, dans l'an-

(1) Uzano, Prattica della Mercatura.
(2) Marin, Storia del commercio de' Veneziani, tome IV, p. 259.

tiquité, Bysance avait attiré les riches productions de l'Asie, pour les consommer ou pour les envoyer à des peuples situés plus vers l'occident; elle avait eu des relations très-suivies avec les colonies grecques de la Tauride, et le commerce de la mer Noire avait passé, en grande partie, par les mains des habitans de Bysance [1].

Sous les empereurs grecs, Constantinople eut des fabriques d'objets de luxe, et continua d'attirer les productions de l'Inde, de la Perse, de l'Asie mineure, de la Russie, de l'Égypte [2]. Les artistes y excellaient dans la peinture, la sculpture, la ciselure, l'orfévrerie, la broderie, &c. Ses fabriques livraient au commerce une variété infinie de tissus [3]. Dans cette cité opulente, les Occidentaux trouvaient d'immenses dépôts des productions les plus recherchées, et y rencontraient les marchands et les marins de l'Asie et de l'Europe. A la vérité, le despotisme des souverains mettait des entraves au commerce : la soie, l'huile, le blé, étaient des objets de monopole [4] pour le gouver-

(1) Voyez Hüllmann, Histoire du commerce byzantin jusqu'à la fin des croisades; trad. dans le Magasin encyclopédique, an 1808, tome VI, et 1809, tome II.

(2) Voyez Mar. Sanuto, Secreta fidel. crucis.—Justiniani, Hist. venet., liv. IV.—Comp. Hüllmann, Histoire du commerce byzant.

(3) Const. Porphyrog., De Cæremon. aul. byzant.

(4) Albert d'Aix, Hist. Hierosolim., liv. II; dans Bongars, Gesta Dei per Franc., tome I.

I.   8

nement; ses douanes lui rendaient, chaque année,
une somme évaluée à plus de trente-deux millions d'é-
cus[1]. Il avait prohibé l'exportation des riches étoffes
de pourpre, qu'on ne fabriquait plus que dans l'empire grec[2]. Le même despotisme pesait aussi sur le
commerce de l'intérieur de l'empire; opprimés, turbulens et efféminés, les Grecs perdaient le goût des spéculations lointaines et des hasards de la mer; les
Francs, plus actifs et moins riches, les remplaçaient
sur les côtes étrangères. Au milieu des factions qui
ensanglantaient le palais, troublaient et divisaient
l'état, les empereurs avaient besoin du secours des
flottes étrangères qui se présentaient dans les ports de
l'empire pour faire le commerce. De là ces concessions qui furent faites aux Vénitiens, aux Génois,
aux Pisans, aux Amalfitains, et dont il sera parlé
plus en détail dans le chapitre VIII, des Traités de
commerce.

Au commencement des croisades chacun de ces
peuples possédait déjà à Constantinople son terrain,
ses magasins, ses boutiques, et même ses fabriques;
car, non contens d'exporter sur leurs navires les productions du pays, les Francs osèrent même établir des

(1) Benjam. de Tudèle, Itinér. — Consultez Baldelli Boni,
Storia delle relazioni vicendevoli dell' Europa et dell' Asia; Florence, 1827, partie II, pag. 489.

(2) Nestor, Annal. russ., règne d'Igor.—Luitprand, De Legat.

ateliers au milieu du peuple grec [1]. Tant d'avantages ne furent pas goûtés sans troubles : les empereurs étaient trop rusés pour ne pas favoriser parmi les nations étrangères celle qui servait le mieux le trône dans les circonstances pressantes; quelquefois ils la favorisaient aux dépens de toutes les autres, et forçaient, par de mauvais procédés, celles-ci à se retirer : le commerce que faisaient les Grecs avec elles se trouvait alors suspendu pour quelque temps. C'est ainsi qu'en 1172 les Vénitiens avaient été arrêtés, et leurs vaisseaux et effets saisis. On ne les avait relâchés qu'au bout de dix ans. A cette époque la république n'était pas encore assez puissante pour venger d'aussi grands affronts sur un puissant empire. Elle n'obtint quelques indemnités que vingt-huit ans après, lorsque Alexis III eut intérêt à la ménager [2]. Les Francs eux-mêmes donnaient aux Grecs, qui les accueillaient, le honteux spectacle d'intrigues mutuelles, de jalousies et quelquefois de rixes sanglantes. Celle qui éclata en 1162 entre les Pisans et les Génois eut les effets meurtriers d'un véritable combat [3]. Les empereurs toléraient tous les étrangers, sauf à se servir des uns contre les autres;

(1) **Anne Comnène** Alexiad., liv. VI. — **Nicéphore Grégoras**, liv. IV, chap. v.

(2) **Dandolo**, Chronic. venet.

(3) **Caffari**, Annal. genuens., liv. I. — **Foglieta**, Hist. genuens. liv. II.

8.

ils les caressaient et les trahissaient tour à tour ; outre les Italiens, ils accueillaient les Français, les Allemands, les Russes, et même les Sarrasins, auxquels ils accordaient une mosquée [1]. A la révolution de l'an 1204, qui renversa la dynastie grecque, et mit sur le trône un prince de race latine, les Vénitiens, qui avaient le plus contribué à ce changement important, obtinrent non-seulement une partie de l'empire, mais ils eurent aussi une grande prépondérance à Constantinople ; et leur podestat fut le chef d'une communauté considérable, et presque d'une ville. Soixante ans après, une autre révolution, provoquée par les Génois, leurs rivaux, remit sur le trône la dynastie grecque ; et depuis lors Gênes, se substituant aux Vénitiens, qui se retirèrent en grande partie, se fit céder à Constantinople les faubourgs de Péra et de Galata, qui furent entourés de murs et de fossés, et devinrent une ville pour les Francs, qui s'y allièrent avec des familles grecques. Depuis lors les Génois attirèrent à leur grande factorerie le principal commerce de la capitale avec la mer Noire et avec l'Occident. Quant aux marchands grecs, il y avait longtemps que les étrangers leur avaient enlevé la ressource du commerce maritime. Aujourd'hui encore on voit les murs construits par les Génois autour de

______

(1) Nicéphore Choniata, ed. Paris.

Galata, du moins du côté de la terre; et ce faubourg qui, par son quatrième côté, touche au Bosphore, est habité par une race issue des Francs et des Grecs du moyen âge [1]. Selon les historiens byzantins, qui exhalent des plaintes amères sur l'arrogance des Génois à Constantinople, la politique de Michel Paléologue n'avait pas voulu tolérer dans l'intérieur de la ville tant d'étrangers turbulens, qui d'ailleurs vivaient mal avec les autres Italiens; cependant leur isolement à Péra ne fit pas cesser leurs querelles et leurs excès. Il n'y avait pas long-temps qu'ils y étaient établis, lorsqu'une flotte vénitienne vint, en présence de l'empereur, mettre le feu à ce faubourg, occupé par ses rivaux. Malgré leur abaissement, les Grecs s'indignèrent de tant d'audace de la part d'étrangers admis dans leurs murs; mais ces étrangers pouvaient faire trembler le faible trône des Paléologues. Il fallut devorer les affronts, et cacher la nullité du pouvoir sous quelques vaines apparences d'énergie [2].

Depuis les croisades Constantinople fut l'entrepôt des marchandises de l'Orient et de l'Occident; il en arrivait par toutes les voies et de toutes les régions. Les Génois y apportaient les poissons, la pelleterie et

---

(1) Jos. von Hammer, Constantinopolis und der Bosphorus; Pesth, 1822.

(2) G. Pachymère, Hist. Mich. Paleolog., tome II, livre III, chap. xv et xviii.

les grains des bords de la mer Noire; Caffa passait pour fournir la meilleure qualité de blé du Pont-Euxin, dont les bords donnaient aussi les blés d'Azilo et de Montcastro, tandis que la Romanie fournissait l'excellent froment de Rodesto [1]. Les vins de l'Italie se vendaient concurremment avec ceux de la Romanie, de Chypre et de Candie. Les épices, les parfums, les drogues, le coton, l'indigo, le sucre arrivaient de l'Asie mineure, de Trébizonde et de l'Égypte. Il paraît qu'une partie de ces denrées orientales s'écoulait par le Danube en Allemagne [2]. Du moins elles sont notées dans un ancien tarif de Stein, ville sur ce fleuve, dans la basse Autriche [3]. Les Hongrois livraient aux Grecs, en échange de ces denrées, des ouvrages en bois et en fer, des armes, de la sellerie [4], &c. Par mer, les Francs apportaient à Constantinople de la draperie de Châlons, Beauvais, Paris, Saint-Denis, Toulouse, Narbonne, Carcassone, Beziers, Castelnaudary, Perpignan, Bruxelles, Malines et Florence, l'écarlate de Gênes, les étoffes blanches de Narbonne, les couvertures de Provins et les *bancales* de Bagnoles [5]. Sans doute une grande partie de

---

(1) Balducci Pegoletti, Divisamenti de' paesi, &c.

(2) Hüllmann, Histoire du commerce byzantin, 2e sect.

(3) Forma minoris mutæ in Stein, à duce Leopoldo statuta; dans le tome II de Rauch, Script. rerum austriac.

(4) Ibid. — Arnold. Lubec., liv. I, chap. iv.

(5) Uzano, Prattica della Mercatura.

ces tissus, fabriqués dans de petites villes de France, s'expédiaient pour des contrées plus lointaines, soit de l'Asie, soit des bords européens de la mer Noire. Les Grecs avaient excellé long-temps dans le tissage de la soie; quoique les Francs eussent introduit chez eux-mêmes cette branche d'industrie, il est vraisemblable que les soieries de Grèce furent long-temps encore un article d'exportation.

Les Russes envoyaient à Constantinople leurs fourrures; on tirait de la côte de la Romanie une quantité considérable d'alun, qu'on embarquait ensuite dans le port de Byzance. Ainsi les navires étrangers trouvaient dans la capitale de l'empire grec, jusqu'à l'époque de son entière décadence, un marché pour les marchandises qu'ils apportaient et pour les cargaisons qu'ils allaient prendre à leur retour. Que l'on ajoute à ces avantages ceux d'un port magnifique, l'entrée d'une vaste mer, des magasins de vivres toujours remplis; une ville opulente, habitée par un peuple avide de plaisirs et de nouveautés, et l'on aura une idée des affaires nombreuses qui devaient occuper les marchands indigènes et étrangers de cette superbe cité.

D'autres ports de l'empire grec attiraient les étrangers. A la foire de Saint-Démétrius, à Salonique, se rassemblaient les marchands italiens, français, espagnols, et des Arabes de l'Égypte et de la

Syrie[1]. Les Italiens y avaient des établissemens permanens, comme nous le verrons plus tard.

Dans le détroit qui sépare Constantinople de l'Asie sont disséminées quelques îles connues sous le nom d'îles des Princes; les Génois avaient fortifié celle d'Apollonia, qui tient maintenant par une chaussée au continent de l'Anatolie; auprès de là, jusqu'au pied du mont Olympe, s'étend une belle plaine plantée de muriers, de vignes et de figuiers. Ces plantations entourent la ville de Broussa, qui récolte annuellement près de trois mille quintaux de soie, et tisse plus de cent mille pièces de taffetas et autres soieries. Déjà au moyen âge la soie de Broussa était renommée; les Italiens la recherchaient pour les velours[2]; l'exportation de cette soie se faisait sans doute en grande partie par les navires génois.

Leurs marchands, qui ne négligeaient aucune voie de commerce, venaient aussi à Broussa acheter des épiceries aux caravanes qui y arrivaient de Damas. Le savon y était également un objet de commerce considérable; on le vendait dans un des deux bazars de la ville, ainsi que le coton. L'autre bazar de Broussa

(1) Dialogues grecs publiés par M. Hase, dans le tome IX des Notices et Extraits des manuscrits de la Bibliothèque du Roi.

(2) Voyage de Schildtberger. — Forster (Histoire des découvertes, t. I, chap. III) croit à tort, ce nous semble, que Schildtberger parle de la soie d'Elbourz, dans le Caucase.

offrait des articles plus précieux ; c'étaient des étoffes de soie de toutes les couleurs, des tissus de coton, des perles et des pierres fines [1].

Aux montagnes de l'ancienne Phocée, que les Italiens nommèrent *Foggia* ou *Fokia Vecchia*, on exploitait des mines d'alun dont les produits (14,000 quintaux par an) se consommaient en partie dans les manufactures et teintureries de l'empire grec, et dont le reste passait en Europe. Ce furent encore les Génois qui en firent le commerce. Michel Paléologue accorda le monopole de l'alun de Phocée à un noble de Gènes, nommé *Michel,* qui employait beaucoup d'ouvriers dans ces mines [2]. L'alun de Foggia était regardé comme de deuxième qualité, et inférieur seulement à celui de Trébizonde. On l'emportait au lieu de lest, étant sûr de le débiter, quelque part que l'on allât.

Sur les côtes asiatiques de la mer Noire, les marchands chrétiens trouvaient un petit empire grec, celui de Trébizonde, l'ancien Trapezunte. Déjà dans l'antiquité cette contrée faisait un commerce considérable dans la mer Noire et la mer Caspienne, et la ville était devenue une république de quelque importance [3].

---

(1) Bertrand de la Brocquière, Voyage d'outremer, en 1432 et 1433.

(2) G. Pachymère, Hist. Mich. Palœolog., t. I, liv. V, ch. xxx.

(3) Τραπεζοῦς ἡ πόλις ἀρχαιοτάτη, ᾗ τῶνγε ἐν τῇ ἑῴα πασῶν

Les empereurs grecs, après avoir soumis cette contrée, en avaient formé une province de leur empire, et la faisaient gouverner par des préfets qui finirent par se rendre presque indépendans au milieu des troubles et des guerres civiles qui désolèrent l'empire de Byzance. Après l'assassinat de l'empereur Andronic, deux princes de la dynastie des Comnènes, pour échapper au massacre, se refugièrent avec leur mère en Géorgie; dans la suite, profitant de la révolution que les Latins provoquèrent à Constantinople, ils s'établirent avec de grandes familles grecques à Trébizonde, et y fondèrent un nouvel empire assez considérable, puisque les côtes où il dominait s'étendaient depuis le Phase en Colchide jusqu'au promontoire Carambis. Leurs armes soumirent même une grande partie de la Paphlagonie.

Malheureusement les descendans de ces princes montrèrent autant de faiblesse et de luxure que les Comnènes et les Paléologues de Constantinople; leur petite cour répétait toutes les scènes déplorables du palais des empereurs grecs : c'étaient des trahisons, des détrônemens, des proscriptions et des massacres, pendant lesquels les Turcs Seldjoucides et puis les Mon-

ἀείση. Eugenic., manuscrit de la Bibliothèque du Roi à Paris, cité par M. Fallmerayer, Geschichte des Kaiserthums von Trapezunt, liv. I, chap. 1, Munich, 1827, in-4°.

gols faisaient des irruptions sur le territoire de Trébizonde. Des vassaux puissans, bravant leur faible
suzerain, .dans un château au milieu des montagnes,
tenaient leurs arrière-vassaux armés, et levaient des
tributs sur les marchands et les voyageurs qui traversaient les défilés sur lesquels ils dominaient[1]. Lorsque,
en 1404, Clavijo, envoyé du roi de Castille, traversa
l'empire de Trébizonde avec un ambassadeur mongol
de Timour, ils furent arrêtés par le chef de la famille
Cabasite, seigneur de plusieurs châteaux forts sur la
route d'Arménie, qui les força de payer leur passage
par des ballots de drap écarlate et de camelots[2].

Les Turcs de Rum enlevèrent aux empereurs de
Trébizonde le riche port de Sinope, avec la côte voisine, jusqu'au Thermodon, et les khans mongols les
contraignirent de leur fournir un certain nombre de
lanciers, comme si les empereurs grecs étaient leurs
vassaux. Ceux-ci se donnaient pourtant le titre d'empereurs d'Anatolie, et étaient alliés aux empereurs
de Constantinople, aux rois de Géorgie et à d'autres
grandes dynasties. Les Francs recherchaient leur
amitié : aussi ne parut-il pas surprenant que, lorsque
le roi de France Louis IX assiégeait Saint-Jean-d'Acre,
une ambassade de l'empereur de Trébizonde vînt lui
demander en mariage une *pucelle de son palais.*

(1) Fallmerayer, loc. cit.
(2) Gonç. de Clavijo, Historia del gran Tamerlan, Madrid, 1782.

C'était la coutume des princes, dans ces contrées, d'envoyer une de leurs filles au roi dont ils sollicitaient la bienveillance. Saint Louis fit répondre qu'il n'en avait point amené [1]. A la cour de France, on ne connaissait guère l'empire de Trébizonde.

Les républiques d'Italie le connaissaient mieux : les Génois, maîtres de Caffa, avaient senti toute l'importance commerciale d'un empire que traversait la route entre la mer Noire et la mer Caspienne; ils s'y étaient procuré de bonne heure des établissemens et des priviléges [2]. Les Vénitiens, leurs rivaux, n'avaient pas manqué de les suivre. Malgré les troubles civils et les incursions des barbares, le commerce se faisait avec beaucoup d'activité. D'ailleurs les Italiens, ayant de l'argent et des vaisseaux, se rendaient fort utiles à des princes faibles et mal affermis sur leur trône, et leur arrachaient des concessions mercantiles dont ils savaient tirer bon parti. Forts de leurs richesses et de leur marine, ils estimaient peu les faibles Comnènes, qui tenaient le sceptre dans ce pays. Aussi l'histoire de Trébizonde raconte plusieurs scènes violentes qui prouvent l'audace des marchands italiens, et le mépris qu'ils avaient pour une dynastie dégénérée, à laquelle ils procuraient par leur commerce beaucoup d'argent.

(1) Joinville, Vie de saint Louis.

(2) Ἐξ ἀρχαίου κατοικοῦσι τὴν τῶν Τραπεζουντίων χώραν, dit Pachymère au sujet des Génois, livre V, chap. xxix.

En 1306, les Génois insistèrent auprès du jeune
Alexis sur l'abolition de tous les droits d'entrée et de
sortie, attendu qu'à Constantinople ils ne payaient
rien. Sur le refus de l'empereur, ils le menacèrent de
cesser toutes relations avec lui, et firent engager par
un hérault public tous les Génois établis dans la capitale à venir s'embarquer, avec leurs marchandises
et tous les effets mobiles, sur la flotte, qui allait
mettre à la voile. Alexis exigea, avant leur départ,
l'acquittement des droits de douanes sur toutes les marchandises déposées dans les magasins des Génois; les
marchands italiens refusèrent avec mépris. L'empereur
fit marcher alors ses soldats ibériens pour contraindre
les Génois à payer. Ceux-ci, en se retirant sur la flotte,
mirent le feu au faubourg qu'ils traversèrent, pour empêcher les soldats de les poursuivre. Les deux partis
se livrèrent un combat, dans lequel la force armée
eut l'avantage. D'ailleurs le feu avait gagné aussi les
magasins, et consuma une quantité de marchandises
précieuses. Cette fois les Italiens furent obligés de
recourir aux négociations : ils firent la paix, et con-
vinrent des sommes qu'ils paieraient pour faire le
commerce à Trébizonde [1].

Dans la suite, ils se mêlèrent des troubles civils qui
déchiraient ce malheureux empire; beaucoup de Gé-

____

(1) Pachymère, loc. cit.

nois y furent tués. Pendant une révolte, en 1345, le peuple détruisit tous les comptoirs vénitiens et génois sur les côtes de l'empire. Venise se dégoûta pour quelque temps du commerce de Trébizonde; mais Gênes se vengea : en 1348, une flotte de la république vint attaquer Cérasunte, la seconde ville du pays, et la mit en cendres.

Un événement plus singulier fut l'expédition d'un simple bourgeois génois, Megollo Lercari, qui, pour venger un affront reçu d'un mignon de l'efféminé Alexis, vint ravager les côtes de Trébizonde, et y répandit une terreur telle que l'empereur fut obligé de demander la paix et d'accorder aux Génois une factorerie et un consulat. Je parlerai plus en détail de ce fait remarquable dans le chapitre sur Gênes. Depuis ce temps les empereurs paraissent s'être attachés davantage aux Vénitiens, qui, n'ayant pas autant de pouvoir dans la mer Noire que Gênes, ne pouvaient pas être aussi dangereux. Les ambassadeurs des Grecs vinrent négocier à Venise [1].

Le pays de Trébizonde est hérissé de montagnes et de rochers, couverts, en grande partie, de forêts épaisses : les défilés, dominés par des châteaux forts, conduisaient, à travers ces montages, aux villes de l'Arménie, de la Perse, &c. Une nature âpre et presque

<hr>

(1) Mar. Sanuti, Storia di Venez., dans le tome XXII de Muratori, Script. rer. ital.

sauvage dominait dans la haute région, tandis que les
côtes et les vallées déployaient le luxe de la végétation
de l'Asie méridionale [1]. Le caractère pittoresque d'un
pays habité par une belle race d'hommes, et soumis à
une foule de chefs de tribus presque indépendans,
frappait d'étonnement les Européens qui venaient trafiquer à Trébizonde; à leur retour, ils racontaient les
choses les plus romanesques [2]. Il est vrai que les belles
femmes du pays donnaient lieu à bien des aventures,
et que les Comnènes scellèrent plus d'une alliance à
l'aide des beautés tirées de leur cour.

Trébizonde, avec ses édifices grecs élevés en
amphithéâtre et munis de terrasses et de jardins,
avec ses ravins et ses torrens, avec ses coupoles,
ses palais, sa citadelle presque imprenable, bâtie
sur le plateau d'un rocher, et servant de résidence
à la famille impériale, présentait un coup-d'œil
enchanteur [3]. Auprès du port s'étendait un bazar dont
lesboutiques étaient richement fournies de marchandises d'Asie et d'Europe. Indépendamment de ces
boutiques, Venise et Gênes avaient chacune, sur le

(1) Bessarion, Περὶ Τραπεζοῦντος, manuscrit de Venise extrait
par M. Fallmerayer; Geschichte des Kaiserth. von Trapezunt. Bessarion, né à Trébizonde, qualifie cette cité de πυρὸς ἐργαστηρίου
κοινοῦ ἢ ἐμπορίου τῆς οἰκουμένης ἁπάσης ἡμῖν οὔσης τῆς πόλεως.

(2) Voyez le roman de Mariti, Calloandro; Bassano, 1786.

(3) Bessarion, Περὶ Τραπεζ.

bord de la mer, un lieu fortifié qui servait de dépôt à leurs marchandises. Les galères génoises apportaient de Constantinople de la draperie française, flamande, et italienne; de la toilerie de Champagne, des huiles d'Italie, de la quincaillerie allemande, et des fruits secs d'Espagne [1].

Il y avait dans la ville des fabriques où l'on excellait dans le tissage des étoffes de coton et de soie [2]. Les magasins de Trébizonde offraient des tissus d'or venant de Bagdad et du Caire; des perles et des pierres fines de l'Inde et de la Perse; des tissus de soie et de coton, ouvrages des Hindous et des Chinois; des draps écarlates de Florence; des chanvres et du miel de la Mingrélie [3].

Comme les habitans du pays avaient peu de goût pour la navigation, quoique leurs navires fréquentassent Constantinople et Caffa, c'étaient encore les Génois qui leur fournissaient les grains de la Tauride. Les Francs tiraient de Trébizonde la soie, le kermès, important alors pour la teinture de l'écarlate, et l'alun, surtout celui qu'on nommait l'alun de la *roche de colonne,* et qui passait dans le commerce pour être de la première qualité : il s'en débitait qua-

---

(1) Balducci Pegoletti, Divisamenti de' paesi, misure, mercanzie, &c.

(2) Eugénic, cité par Fallmerayer, livre III, chap. ii.

(3) Bessarion, Περὶ Τραπεζ.

torze mille quintaux par an [1]. Selon un historien arabe,
les Musulmans de l'intérieur de l'Asie recevaient par
Trébizonde non-seulement les tissus de lin et de coton
des Francs, mais aussi les étoffes fabriquées par les
Russes [2]. Aux foires annuelles de la capitale se rendaient
des marchands de divers pays et de diverses religions;
on y voyait des Francs, des Musulmans, des Grecs
et des Arméniens [3].

Une grande route conduisait, à travers la chaîne de
montagnes qui bordait l'empire au sud-est, jusqu'à
Erzeroum, en Arménie, et de là à Tauris, en Perse,
où siégea, au quatorzième siècle, le khan des Tartares,
qui avait envahi l'Asie occidentale [4]. On employait
cinq à six jours, sur un chemin difficile, au trajet entre
Trébizonde et Erzeroum; mais il en fallait trente à
trente-deux pour que les caravanes arrivassent jusqu'à
Tauris. Toutes les marchandises que l'on débarquait
dans le port de Trébizonde, et qu'on y mettait en
dépôt, s'expédiaient ordinairement par cette route
pour la Perse, et les marchandises venues par la mer

(1) Balducci Pegoletti, loc. cit. —Comparez Formaleoni, Storia
politica &c. del commercio del mar Negro, tome II, chap. XXIII.

(2) Ebn-Haoukal, cité par M. d'Ohsson, Des peuples du Caucase; Paris, 1828, p. 26.

(3) Masoudi, cité par le même.

(4) Clavijo, Histor. del gran Tamerlan. — Comparez Tourne-
fort, Voyage au Levant; Fallmerayer, Gesch. des Kaiserth. von
Trapezunt.

I.   9

Caspienne ou de l'intérieur de la Perse, gagnaient, par la même route, le port de Trébizonde, pour traverser la mer Noire. Il est probable qu'une partie des chargemens expédiés de Trébizonde pour Erzeroum se répandait de là dans le Diarbekir et le long de l'Euphrate.

Cérasunte, aujourd'hui Kérésoun, était bâtie, comme la capitale, en amphithéâtre, sur le bord de la mer Noire, et dominée par un rocher qui portait une citadelle. Des jardins et des vergers entouraient la ville du côté de la terre ferme. Une route conduit de Kérésoun à Tokat et aux autres villes de l'Asie mineure. Les Génois eurent une factorerie dans ce port, qu'ils incendièrent pourtant dans une de leurs querelles avec les faibles souverains du pays.

Plus à l'ouest, sur la même côte, et sur une langue de terre qu'un auteur arabe compare à la taille élancée d'une jeune fille, est situé le port de Sinope, qui était déjà renommé dans l'antiquité, et qui intéresse le commerce, parce qu'il est un des dépôts des soies ou poils soyeux d'Angora. Dans un temps où la soie n'était pas encore très-commune, on recherchait beaucoup dans les fabriques de l'Occident le poil de chèvre d'Angora, pour les étoffes lustrées, fameuses dans le commerce du moyen âge, sous le nom de *camelots*. On exportait de Sinope ce poil brillant probablement dans un état brut ou seulement filé, pour le faire tisser ailleurs. Dans les premiers temps de l'empire grec de Trébizonde, Sinope fit encore partie de son territoire; mais les Turcs de Rum, voyant les avantages de ce port et la beauté du pays, l'enlevèrent aux Grecs, et depuis lors Sinope fut un lieu de retraite pour les pirates musulmans, qui, de là, menaçaient toute la côte méridionale de la mer Noire, et troublaient souvent le commerce. Encore aujourd'hui les forêts voisines de la mer fournissent le bois de construction et le goudron aux chantiers de Sinope[1].

L'Arménie, habitée par un peuple actif et entreprenant, et né avec le goût du commerce, entrait pour beaucoup aussi dans les relations que les chrétiens entretenaient avec le Levant. Étant chrétiens eux-mêmes, les Arméniens avaient la confiance des Européens; mais, ayant été en partie soumis par les Sarrasins, et puis par les Tartares, qui, dans leurs excursions, débordaient l'Arménie, ce peuple avait aussi des relations intimes avec les khans et les soudans, et avec leurs généraux. Il était à même de rendre des services à la chrétienté; il s'interposa comme médiateur entre chrétiens et infidèles; il profita des avantages mercantiles que lui donnait cette position : se trouvant aux extrémités de l'Europe et de l'Asie, il avait d'ailleurs des occasions favorables pour se livrer

(1) Voyez Maltebrun, Annales des voyages, tome XIV, cah. II.

au commerce. Les marchands arméniens étaient répandus, comme ils le sont encore, dans toutes les places commerçantes de l'Inde, de la Perse, de la Syrie, et ailleurs. Beaucoup d'entre eux s'étaient établis dans les villes du Kurdistan, du Ghilan, et du Korasan. Ceux de la ville de Bitlis fréquentaient les marchés de Tauris, Alep, et Bursa : un voyageur italien prétend que c'étaient des gens pires que les musulmans [1]. L'Arménie possédait des fabriques de camelot si importantes, que les Vénitiens jugèrent à propos de s'associer à cette fabrication, et d'élever des manufactures de ce genre chez les Arméniens mêmes [2] : les Tartares aussi fabriquaient à Calacia de très-beaux camelots, que l'on expédiait pour divers pays, et qui pouvaient arriver par l'Arménie en Europe [3].

Les Arméniens cultivaient en outre le coton. Au quatorzième siècle, le Vénitien Marc Sanuto proposait de faire passer par l'Arménie la route commerciale de l'Inde [4]; et encore de nos jours on a eu l'idée d'établir des communications régulières de la Perse et de l'Inde avec Erzeroum, principale ville de l'Armé-

(1) «Vi sono anche christiani armeni gente più cattiva che Machomettani. » Voyage d'un marchand dans la Perse, tome II de la Collection de voyages de Ramusio.

(2) Marin, Storia del commercio de' Veneziani, vol. IV.

(3) Voyage de Marco-Polo. — Forster, Histoire des découvertes dans le nord de l'Europe, tome I, chap. iii, sect. vi.

(4) Secreta fidel. crucis.

nie, d'où les caravanes partent sans doute, comme au moyen âge, pour les ports de Trébizonde, Sinope, et Rizé[1]. Au temps des croisades, l'Arménie était envahie par les Turcs Seldjoucides; mais les princes des Francs dans la Cilicie, pays maritime voisin de la petite Arménie et de la Syrie, et rempli d'Arméniens, avaient pris le nom de rois d'Arménie[2], et c'est presque toujours le littoral cilicien que l'on désigne, dans les actes publics et les chroniques de ce temps, sous le nom d'Arménie : circonstance qu'il ne faudra pas perdre de vue dans le cours de cet ouvrage, afin de ne pas confondre l'Arménie éphémère, soumise aux Latins du moyen âge, avec le véritable et antique royaume voisin de la Perse et du mont Caucase.

La route de Tauris et d'Erzeroum aboutissait au port d'Aïas ou Lajazo, que Marco-Polo appelle Galza ou Glacia. Ce voyageur vénitien dit qu'il y abordait des marchands de tous pays, entre autres de Venise et de Gênes, et que cette ville était comme la porte des pays orientaux[3]. En effet les richesses de l'Orient, surtout les parfums, y étaient mises en dépôt,

(1) Anthoine, baron de Saint-Joseph, Essai histor. sur le commerce de la mer Noire, 2ᶜ édition, Paris, in-8º, 1820, ch. L et LI.

(2) « Confinibus Ciliciæ quæ nunc appellatur Armenia. » — « Cilicia, quæ vulgari nomine dicitur Armenia. » Mar. Sanuto, Secreta fidel. crucis, partie IV, chap. IV; part. V, chap. I.

(3) Voyage de Marco-Polo, liv. I, chap. II.

et les Européens y débarquaient les marchandises qu'ils voulaient expédier pour Tauris; mais les Arméniens ne laissaient pas de gréver ce transport d'impôts et de difficultés qui gênaient beaucoup les Européens. Tauris, auprès du lac d'Ormyah, dans la province persane d'Azerbidjan, à quarante lieues de la mer Caspienne, était la résidence des khans; il y régnait beaucoup de luxe : les femmes riches s'y paraient de velours, de soie et de bijoux; les palais brillaient de marbres et d'émaux. Tauris ne pouvait recevoir les marchandises européennes que par la Syrie ou par Trébizonde et l'Arménie. C'est par la route d'Arménie qu'arrivaient les chargemens expédiés de la colonie génoise de Caffa, et probablement aussi du faubourg de Galata à Constantinople. Tauris recevait de Caffa et de Bursa les velours et les draps de laine, dont il arrivait aussi une partie par la voie d'Alep. En échange des marchandises d'Europe, elle donnait des soies écrues et organsinées, de l'indigo, des épices, de la rhubarbe, du musc, du bleu d'outre-mer, dont on avait l'habitude de peindre les salles des riches maisons de Tauris, de la laque et des perles. La douane était affermée à un entrepreneur qui en tirait soixante mille ducats. Toutes les marchandises importées par les chrétiens payaient dix pour cent, tandis que celles des musulmans n'étaient imposées qu'à la moitié. Chaque boutique du bazar payait selon sa valeur, comme chaque prostituée était assujettie à un tribut journalier, proportionné à ses charmes. Il résidait à Tauris beaucoup d'Arméniens, des Turcomans et des juifs[1].

Altolocco, qui était à neuf milles de la mer, et qu'habitaient les musulmans, et la ville de Sis, étaient fréquentés aussi par les Francs. De la première de ces villes, on tirait du vin, du savon fabriqué dans la contrée, de l'alun, des grains, du riz, de la cire et autres denrées, et on donnait en échange la draperie demiraze de Narbonne, de Toulouse, de Perpignan[2], &c.

Les rois d'Arménie, ayant été contraints à devenir tributaires des khans tartares, furent à même de faire jusqu'au centre de l'Asie un commerce avantageux, et ils furent protégés par les Mongols contre les mamlouks d'Égypte; mais au commencement du quatorzième siècle, devenus musulmans, les Mongols abandonnèrent les princes d'Arménie. Léon VI, dernier roi de ce pays, perdit en 1375 une bataille contre le soudan d'Égypte, qui ne cessait de convoiter le royaume. Ayant été détrôné et fait prisonnier, Léon alla dans la suite terminer ses jours en France, et depuis lors l'empire du soudan se grossit de l'Arménie; en sorte que la domination des maîtres de l'Égypte s'étendit depuis les confins de la Lybie jusqu'à l'intérieur de l'Asie mineure et de la Syrie.

(1) Voyage d'un marchand dans la Perse, loc. cit.
(2) Bald. Pegoletti, Divisamenti de' paesi, &c., chap. IX.

Ce changement de domination ne détruisit pourtant pas le commerce de l'Arménie avec l'Europe, comme on le voit par le témoignage des auteurs du quinzième siècle.

Sur la côte de Circassie on faisait un commerce moins honorable : c'est là qu'on achetait des enfans pour les revendre en Égypte; trafic odieux qui fut flétri de l'anathême de la religion, et qu'on ne put continuer qu'en secret. Derbend, auprès du défilé du Caucase, port de la mer Caspienne, que les Arabes appelaient Alabwab, était, selon Abulféda, le rendez-vous des marchands du Thabaristan, du Ghilan, du Schirwan, de la Géorgie, de la Ghazarie et d'autres contrées habitées par les musulmans; on y amenait les esclaves achetés dans le Nord [1]. Peut-être transportait-on ensuite ces malheureux sur la côte de la Tauride; peut-être aussi y avait-il d'autres marchés d'esclaves dans les ports de l'Asie mineure. Il partait de Derbend beaucoup de navires d'un fort tonnage pour Astrakan [2], chargés sans doute des denrées de l'Asie pour les Russes et les Tartares. La ville fabri-

(1) Voyez aussi Cazwini.—Rasmussen, Essai histor. et géograph. sur le commerce et les relations des Arabes et des Persans avec la Russie et la Scandinavie au moyen âge. — D'Ohsson, Des peuples du Caucase; Paris, 1828.

(2) Angiolello, Vie d'Ussun-Cassan, chap. XVI, dans la Collection de Ramusio.

quait en quantité des étoffes de coton, et exportait le safran de son territoire et la garance des provinces persanes voisines du Caucase [1].

A l'embouchure du Tanaïs ou du Don, sur la mer qu'on appelle aujourd'hui mer d'Azof, et qui, au moyen âge, s'appelait mer de Zabach ou Tabache, était située l'importante place de Tana (Azof), où les anciens Grecs échangeaient des vins, des tissus, des vétemens, contre la pelleterie, les esclaves et les vivres des Sarmates [2]; de même que les Génois et les Vénitiens y faisaient beaucoup d'affaires avec les Tartares, en grains, pelleterie, soies, &c. Ils apportaient aux indigènes des vins, des huiles, du fer, du safran [3]. Tana recevait aussi des marchandises de l'Asie centrale, et même de l'Inde, par la mer Caspienne, et par les caravanes d'Astrakan. Le Don mettait d'ailleurs ce port en communication avec les contrées de la Russie. Il en résultait un commerce considérable, pour lequel on vit plus d'une fois aux prises les marins et les marchands de Venise et de Gênes. Ce fut pour se livrer avec plus de sûreté à ce commerce que les Génois fondèrent à l'entrée de la mer de Zabach, dans la Ghazarie ou Crimée, la colonie de Caffa, qui devint leur

(1) Ebn-Haoukal, cité par d'Ohsson, Des peuples du Caucase, pag. 6 et 7.

(2) Voyez Strabon, Géogr., livr. xi.

(3) Bald. Pergoletti, Divisamenti de' paesi, &c., chap. iii-v.

principal entrepôt pour la mer Noire. Déjà auparavant ils avaient eu des comptoirs à Soldaïa (Sudak), à Sorgathi (maintenant Eskykyrim), et dans d'autres places de la Crimée, auprès de ceux des Vénitiens [1]. Tout ce que ces deux peuples ont tenté au moyen âge pour attirer à eux le commerce du monde, et pour se ruiner réciproquement, est incroyable : les bords de la mer Noire devinrent, comme ceux de la Syrie, une scène de rivalité et de combats entre les deux républiques. Soldaïa était, du temps du voyageur Rubruquis, le lieu d'abordage ordinaire pour tous les marchands qui, venant de l'Asie mineure, se rendaient dans les pays septentrionaux, ainsi que pour ceux qui, partis de la Russie, se dirigeaient sur le pays des Turcs. Les premiers y apportaient des toiles de coton, des étoffes de soie et des épiceries ; les autres y arrivaient du nord avec des cargaisons d'hermines et d'autres fourrures précieuses [2]. Selon Abulféda, ce port égalait presque celui de Caffa en importance.

L'esprit de spéculation ne négligea pas non plus les côtes occidentales de la mer Noire. Des actes publics de Venise et de Gênes prouvent que ces deux républiques avaient cherché à acquérir la bienveillance

---

(1) Voyage de Joseph Barbaro, au quinzième siècle ; dans la Collection de Ramusio.

(2) Voyage de Guill. de Rubruquis, chap. 1.

des princes bulgares pour le commerce du Levant[1]. Les Bulgares étaient venus des bords septentrionaux de la mer Caspienne s'établir à l'ouest de la mer Noire. Les ruines de la ville de Bulgar ont subsisté pendant long-temps auprès de la première de ces mers. On estimait les fourrures de la Bulgarie. Les marchands vénitiens pénétraient même jusqu'à l'embouchure du Volga. Githerkhan, qui dans la suite a été remplacé par la ville d'Astrakhan, était, avant l'invasion de Tamerlan, un entrepôt considérable pour les épiceries et les soieries[2] que Venise y envoyait prendre, tandis que les Russes y venaient chercher du sel, et probablement aussi les marchandises apportées par les Vénitiens.

D'un autre côté, nous verrons qu'il y avait des relations intimes entre la chrétienté et les états musulmans de la côte de Barbarie; qu'on y avait établi des comptoirs et des consulats, comme en Égypte et en Syrie. Ainsi, grâce à l'esprit de commerce, il y eut dans le moyen âge un échange de productions, d'inventions, de procédés d'arts, une association d'intérêts en Europe, en Afrique et en Asie, et un entretien perpétuel de relations amicales et bienveillantes, depuis la côte de Maroc et le détroit de Gibraltar jusqu'aux rives du Volga et du Don. Nous passerons bientôt en revue les nations d'Europe qui opérèrent

(1) Voyez plus bas, chap. VIII.
(2) Voyage de Joseph Barbaro.

cette espèce de prodige; mais auparavant il faudra nous occuper quelques instans des articles naturels de commerce que les peuples maritimes de l'Europe tiraient de l'Inde, des îles Moluques, de la Perse, de la Syrie, enfin des principaux pays de l'Asie, et qui faisaient l'objet de leurs voyages et de leurs relations avec les ports du Levant et de la mer Noire. .

On distinguait un grand nombre de cotons d'outre-mer; on estimait surtout ceux de la petite Arménie, de Scio, de Chypre, de Romanie, d'Alexandrie, d'Alep et de Saint-Jean-d'Acre [1]. Plusieurs villes d'Europe les filaient pour les mettre ensuite dans le commerce; la Pouille, la Calabre et la Sicile concouraient pour leurs cotons avec les pays d'Orient; mais leurs marchandises étaient inférieures aux cotons d'outre-mer. On connaissait également dans le commerce les sucres d'Orient et ceux d'Europe. Parmi les sucres en poudre, on distinguait ceux de Chypre, d'Alexandrie, de Babylone (probablement de la nouvelle Babylone, ou du Caire), et de la Syrie, avec lesquels concouraient les sucres de Mayorque et de Malaga. Parmi les sucres dits *de pilon*, les marchands distinguaient le *mouchara*, sucre très-blanc et très-compact, qui venait peu en Europe, étant retenu pour la cour du soudan d'Égypte; le babylonien et le *caffe-*

(1) Bald. Pegoletti, Divisamenti de' paesi, &c., chap. XCII. — Uzzano, Prattica della Mercatura.

tin, qui venait de la colonie génoise de Caffa[1]. On avait aussi des sucres composés ou teints, tel que le rosé et le violet. — Le plus estimé des indigos était celui de Bagdad, qu'on appelait *indigo bagadel;* les tarifs de Marseille en parlent sous ce nom dès l'an 1228; ceux de Barcelone citent aussi l'indigo *du Golfe,* nom sous lequel on entendait peut-être le golfe Arabique ou le golfe Persique[2]. Celui de Chypre valait un tiers de moins que l'indigo de Bagdad[3]. La Syrie fournissait la gaude; l'adragant solide se tirait de la Romanie et de l'Asie mineure, par Satalie[4]. On avait plusieurs bois de teinture rouge, connus sous le nom de *brasil* ou *brésil.* En Italie on s'en servait au moins depuis la fin du douzième siècle[5]: il figure dans les tarifs de douanes des villes d'Italie, d'Espagne et de Provence, dressés au treizième et au quatorzième siècles[6]. Il paraît que les Sarrasins en faisaient un fré-

<hr>

(1) Bald. Pegoletti, Divisamenti de' paesi, chap. xci.— Uzano, Pratica della Mercatura.

(2) Ibid. — Capmany, Memor. histor. sobre la marina de Barcelona, tom. II et IV.

(3) Bald. Pegoletti, Divisamenti de' paesi, &c., chap. xciii.

(4) Ibid.

(5) Muratori, Antiquitates ital., dissert. XXX. — Andrès, Catal. de' Cod. manusc. di Capilupi, pag. 164 et suiv.

(6) Muratori, loc. cit. — Carpentier, Suppl. Gloss. Ducange. — Capmany, Memor. sobre la marina de Barcelona, tom. III. — Statuts de la ville de Marseille.

quent usage pour la teinture des maroquins. On signalait, d'après la nuance rouge ou blanche, le bois odoriférant de santal, qui venait de l'Inde et de l'île de Timor. On recherchait l'ambre des côtes des Maldives, la gomme aromatique de benjoin, fournie par Sumatra, Siam et Malacca; l'aloès liquide de Socotora, dont il se faisait un grand commerce à Aden et à Jedda, d'où on l'envoyait en Égypte, tandis qu'on en expédiait aussi beaucoup par Ormuz et Bassora : il était quatre fois plus estimé que celui de l'Inde [1]; l'aloès de Malacca appelé *calambec*, et mentionné pour la première fois dans les ordonnances de Barcelone en 1221, et l'aloès de Java, que les Arabes appelaient *aoud-el-djiaouai*[2]. Il paraît que le nom d'aloès s'appliquait à des parfums de diverses espèces [3]. On faisait encore venir en Europe la manne du pays des Usbeks, le nard de l'Hindoustan, la noix de galle de la Romanie, le mastic de Scio; enfin l'encens, dont la meilleure espèce venait par Tauris, et que par cette raison on appelait *torisino* [4]. Sans aller dans l'Inde, on recevait en Europe

(1) Garcia de Ortis, Histoire des drogues-épiceries de l'Inde, &c. trad. par Colin, apotic.; Lyon, 1619, in-8º.

(2) Yakouti, Exposition des merveilles du monde.

(3) Ebn-el-Hosaïn de Bagdad, dans son Dictionnaire de médecine, cité par M. Lee (Travels of Ibn Batuta, page 168, note), distingue trois espèces d'aloès, et dit que celui de Socotora est le meilleur; Ebn Batuta parle d'un aloès ayant la forme de grains de millet.

(4) Bald. Pegoletti, Divisamenti de' paesi, &c., chap. XCIII.

toutes les sortes d'épices que l'on en tire depuis la découverte du cap de Bonne-Espérance. La canelle et le gingembre figurent dès 1221 et 1228 dans les tarifs des douanes de Barcelone et de Marseille [1]. La canelle la plus grosse était connue sous le nom de *cassia lignea*. On distinguait le gingembre de la Mecque et le *beledi* ou *belladino* des environs de Calicut, que dans ce pays on confisait dans son état vert avec du sucre : c'est probablement là cette conserve de gingembre dont il est quelquefois question dans les livres français du moyen âge. La côte de Malabar envoyait le piment rond, qui y abondait; Sumatra en produisait de plus gros et de plus beau en apparence, mais moins fort; l'autre espèce venait plus fréquemment en Europe que celle-ci. On tirait les clous de girofle des Moluques, par Calicut; des mêmes îles venaient les muscades et macis; l'Inde envoyait aussi les mirobolans crus et confits, le cinnamome, &c. Java produisait le poivre cubèbe. L'autre poivre se tirait surtout du port de *Coulam*, sur la côte de Malabar : c'était le plus grand marché qu'il y eût dans l'Inde pour cette denrée [2].

Parmi les drogues médicinales, on tirait de l'Orient l'opium, dont une espèce, connue sous le nom de *thé-*

______

(1) Capmany, Memor. histor. sobre la marina de Barcelona, tome III. — Statuts de la ville de Marseille.

(2) Marignola, Voyage dans l'Orient.

baïque, venait, comme je l'ai dit, de l'Égypte, où, selon Garcia de Ortis, se débitait aussi le *masserie*[1], ou opium du Caire ; on connaissait le camphre de l'île de Java, le *cafera,* gomme provenant de l'arbre appelé *caphour* par les Arabes ; le *faufel,* plante de l'Inde appelée en Europe *chofolo* ou *chofol,* et qui, dans l'Inde, est connue sous le nom d'*arek,* et se mâche avec le bétel ; la *zedoaire,* autre plante de l'Inde, qu'Avicenne nomme *iciduar,* et qui, dans les tarifs de Marseille et de Barcelone, est désignée sous les noms de *sétouar* et de *citoval;* la *tuthie,* poudre de l'arbre *goan,* dans la province de Kerman, et que les Européens tiraient d'Alexandrie : Pegoletti la nomme *ispodio,* d'après le mot *spodos,* que donnaient à cette drogue les Grecs et les Arabes ; le *cadarz,* safran indien, qui croît abondamment au Malabar, et qui, depuis 1252, est inscrit dans les tarifs de la Catalogne. Vers 1220 les Catalans et les Provençaux importèrent aussi dans leurs ports la laque de l'Inde[2]. L'Europe recevait en outre le *storax calamite* de Syrie, le *storax liquide* de Chypre, l'*assa-fœtida,* et plusieurs articles dont les noms inconnus sont cités par les auteurs du moyen âge, ou inscrits dans les tarifs de douanes et dans les registres des places de commerce[3].

(1) Histoire des drogues-épiceries de l'Inde et de l'Arabie.
(2) Capmany, Memor. hist., t. III. — Statuts de Marseille.
(3) Voyez B. Pegoletti, ch. LXXIV; les Assises de Jérusalem, &c.

On se plaignait déjà au douzième siècle des fraudes qui se commettaient dans le commerce des épices : on humectait le poivre avec l'écume du plomb fondu, pour le rendre plus pesant[1]. On racontait sur cette denrée diverses fables : le poivre vient, disait-on, sur un arbre de l'Inde semblable au genévrier; la forêt où croissent les poivriers est infestée de serpens; pour cueillir le poivre, les habitans allument des feux par lesquels ils chassent les reptiles : le poivre brûlé par ces feux est ce qu'on appelle le poivre noir, le reste est blanc[2].

C'est en partie de la Tartarie et en partie de la Syrie que venait la rhubarbe. Marco-Polo affirme que la meilleure espèce abonde sur les montagnes du pays de Suchur ou Succuir, et que les marchands l'achètent dans la ville de ce nom, pour la transporter dans les pays étrangers. Succuir était une ville grande et belle, dans la province actuelle de Tanguth. Les montagnes rocailleuses qui produisent la rhubarbe s'élèvent auprès de la plaine bien arrosée dans laquelle est située cette ville. Après la récolte, on séchait les racines de la plante, puis on les transportait à Suc-

---

(1) « Vitanda est autem mercatoris fraus. Solent enim vetustissimum piper argenti aut plumbi spumâ humectare, ut ponderosum fiat. » Richardi Cluniac. Chronicon, dans le tome IX de Muratori Antiquit. ital.

(2) Ibidem.

<table><tr><td>I.</td><td>10</td></tr></table>

cuir[1], où les caravanes s'en chargeaient pour les ports de la mer Noire ou de la Méditerranée. Venise en recevait, à ce qu'il paraît, la plus grande partie. Aujourd'hui encore les Chinois recueillent la rhubarbe dans les immenses déserts de la Tartarie, depuis le trente-unième jusqu'au quarantième degré de latitude septentrionale, et la vendent par Kiachta aux Boukhares, ou, par d'autres voies, aux commerçans de l'Inde. C'est la rhubarbe palmée (*rheum palmatum*) et la rhubarbe australe des naturalistes; car il y en a de plusieurs espèces[2]. Celle qui vient en Syrie, et que les Arabes appellent *ribas*[3], est la rhubarbe pulpeuse. On la tirait du mont Liban et d'autres districts de ce pays.

On recevait de l'île de Bahrein, dans le golfe Persique, et de celle de Ceylan, dans la mer des Indes, les perles; et de la Perse, de l'Inde, de Java et d'autres îles de la même mer, les pierres précieuses dont on se parait dans les cours, dans les assemblées publiques, dans les fêtes, &c. On estimait le plus les rubis de Pégu; ceux de Ceylan avaient moins de valeur, non

---

(1) Ramusio, Collection de voyages. — Forster, Histoire des découvertes et voyages faits dans le Nord; traduction française, tome I, remarque 2e sur le livre II.

(2) Dictionnaire des sciences naturelles, tome XLV, article Rhubarbe. — Journal de Pharmacie, Juillet 1827.

(3) Th. Hyde, Histor. rel. vet. Persar. — P. Ange de Saint-Joseph, Pharmacop. persica.

pas que cette île n'en produisît de très-beaux; mais parce qu'elle ne mettait généralement dans le commerce que des rubis d'une qualité inférieure. Les diamans venaient du Décan; les saphirs, topazes et hyacinthes, de Ceylan; l'Inde vendait aussi des émeraudes, mais ces pierres venaient d'autres parties de l'Asie, ainsi que des bords de la mer Rouge. Les turquoises se vendaient à Ormuz, et se tiraient du Korasan et des provinces voisines du golfe Persique. Yousouf-Teifaschy, auteur arabe du treizième siècle, qui paraît avoir été joaillier au Caire, cite aussi l'onyx et la cornaline de l'Arabie, le cristal de roche du pays de Gasna, non loin de l'Indus, l'œil-de-chat du Malabar et le lapis-lazuli de la Tartarie [1]. Ce marchand musulman du moyen âge range les pierres précieuses dans un autre ordre que nos lapidaires, ce qui prouve que leur valeur relative a varié. Il se débitait dans les boutiques beaucoup de pierres fines d'une qualité médiocre : les Orientaux trompaient souvent les Européens, qui se connaissaient moins en pierreries que les joailliers musulmans et hindous [2].

Outre le prix qu'on attachait aux pierres fines comme objet de parure, le préjugé et l'ignorance leur en donnaient un autre, à cause des vertus occultes

----

(1) Teifaschy, Fleur des pensées sur les pierres précieuses, livre arabe publié par Raineri; Florence, 1818, in-4°.

(2) Livro de Duarte Barbosa.

10.

qu'on leur attribuait. Pierre de Bonifaces, troubadour du quatorzième siècle, prétend, dans son poëme sur les vertus des pierres précieuses, que le diamant rend l'homme invincible; que l'agathe de l'Inde ou de Candie lui donne de l'affabilité et de la prudence; que l'améthiste empêche l'ivresse; que la cornaline, l'onyx de l'Inde et la topaze apaisent la colère; que la perle donne de la gaîté; que le corail résiste à la foudre[1], &c. Ces préjugés dérivaient en partie des noms ou épithètes donnés par les Grecs aux pierres fines : quelques-unes de ces attributions singulières venaient de l'antiquité, et il est probable que les joailliers entretenaient avec soin de pareilles superstitions. Pour ajouter à la valeur des pierreries, on débitait des contes sur les monstres marins, qui empêchaient la pêche des perles, sur les dragons qui gardaient la vallée des diamans, et sur les aventures qui attendaient, disait-on, les hommes assez téméraires pour aller à la recherche de pareils trésors.

____

(1) Voyez le tome IV des Notices et Extraits des manuscrits de la Bibliothèque du Roi, et le Traité des pierres précieuses par Mohamed-Ben-Manssur, dans le tome VI des Mines de l'Orient.

CHAPITRE III.

VENISE.

Possessions des Vénitiens. — Expéditions périodiques des flottes marchandes, d'après Pegoletti, Marin et autres auteurs. — Exportations pour le Levant, pour la Flandre, pour la France. — Importations. — Système prohibitif. — Commerce avec les Allemands. — Discours du doge Mocenigo sur la prospérité du commerce maritime et de l'industrie des Vénitiens.— Commerce de grains et de sel. — Fabriques de draperies; laines étrangères; fabriques de soieries, armes, verreries. — Route de commerce par la Bulgarie, par l'Autriche et par la Hongrie. — Entrepôts d'Augsbourg et de Nuremberg.

A défaut d'histoire, le style byzantin de plusieurs églises et palais de Venise, les célèbres chevaux de bronze apportés en triomphe de Constantinople conquise, et décorant aujourd'hui la place de Saint-Marc; enfin les deux colonnes de marbre enlevées à Saint-Jean-d'Acre, comme trophée d'une victoire sur Gênes, et érigées devant le baptistère de l'église Saint-Marc, attesteraient les anciennes relations de la république insulaire de la mer Adriatique avec le Levant. Ce sont, dans Venise déchue, des monumens du commerce et de la suprématie que cette cité a exercés autrefois, et qui ont disparu comme tant d'autres grandeurs du monde.

Venise devait le commencement de sa prospérité au commerce des denrées du continent voisin, telles que le sel, les grains, les vins, les huiles et les fruits. Sa marine alla les porter et les échanger de côte en côte. Ses liaisons avec l'empire grec datent d'un temps très-éloigné. Au commencement du neuvième siècle, ses navires fréquentaient les ports de l'Égypte et de la Syrie [1]. Vers la fin du dixième, les marchands vénitiens formaient une communauté à Constantinople. Venise aurait prospéré sans les croisades; mais ces guerres sacrées servirent ses vues sur l'Orient, et stimulèrent son ardeur commerciale par la concurrence de ses rivaux. Lorsque, en 1268, Louis IX, roi de France, voulut noliser quinze bâtimens vénitiens pour le transport de ses troupes en Syrie, la république eut bien soin de stipuler, outre le paiement du fret, le droit d'établir des comptoirs dans tous les lieux dont on ferait la conquête [2]. Elle s'était réservé le tiers de

(1) Voyez Navagero, Storia della republ. venez., ann. 819; dans le tome XXIII de Muratori, Script. rer. ital.;— et Andr. Dandolo, Chronic. venet., ann. 828; dans le tome XII du même recueil.

(2) « Quod in terris quæ Deo volente acquestabuntur, habeant

la ville de Tyr, et avait exigé de plus un tribut annuel de trois cents besans payable sur la fonde de la ville, quand le royaume de Jérusalem avait requis, en 1122, le secours de la marine vénitienne pour le siége de ce port[1]. Venise fut plus exigeante encore envers d'autres croisés, qui nolisèrent ses bâtimens ; dans son contrat avec les comtes de Flandre et de Blois, elle se réserva d'avance la moitié de ce tout qu'ils *acquerraient par force ou par convention*[2]. C'est ainsi qu'à la conquête de Constantinople la république se fit céder le quart et demi de l'empire, et elle trouva tout simple de s'intituler la *seigneurie du quart et demi de la Grèce.* Elle eut alors les villes d'Héraclée, Andrinople, Gallipoli, Patras, Modon, Durazzo, et les îles d'Andros, Naxos et Zante.

Avant que Venise se fût élevée, Ravenne avait été le grand marché des denrées et richesses orientales pour l'Italie; mais cette ville déchut, et les Vénitiens attirèrent chez eux le même genre de commerce.

libertatem et plenam franchisiam, tàm intrando quàm exeundo, tàm in mari quàm in terrâ, et locum bonum et idoneum pro habitatione suâ, &c. » Contractus inter regem Galliæ Ludovicum sanctum et Venetos, dans le Codex gentium diplomat. de Leibnitz, charte XVI.

(1) Guillaume de Tyr, liv. XII, chap. XXV.

(2) Traité contenu dans le Codex ambros., et publié par Muratori, Script. rerum italic., tome XII, p. 323.

Depuis les guerres en Palestine, leur ville fut l'entrepôt des marchandises de l'Orient et de l'Occident, et de plus elle devint une des villes les plus manufacturières du monde, et la première puissance maritime de la chrétienté.

D'autres peuples chrétiens avaient débarqué en Syrie les armes à la main : les Vénitiens y avaient apporté des marchandises, et établi des comptoirs. A leur retour, ils avaient chargé leurs vaisseaux de productions qui devaient être agréables aux contrées occidentales.

Pour d'autres chrétiens, presque tout était perte dans les expéditions d'outre-mer; pour les Vénitiens, tout était profit. Cette république, qu'animait encore l'esprit démocratique, avait profité des divisions intestines de l'empire grec pour s'y introduire et pour y obtenir des établissemens solides. Sa marine s'accroissait sans cesse; car, en multipliant ses établissemens, il fallait augmenter aussi les moyens de transport et de surveillance. Cette marine, la plus formidable de la mer Méditerranée, fut à même de protéger les sujets vénitiens et leur trafic dans les trois parties du monde qui touchent à cette mer. Tous les princes, tous les peuples qui l'avoisinaient étaient disposés à traiter avec une république aussi puissante. Les richesses affluèrent à Venise, son crédit fut immense, son influence extraordinaire. Des écrivains habiles ont tracé le tableau de sa prospérité à cette époque [1], et ce sujet est un des plus connus de l'histoire moderne. Je vais rassembler les principaux faits, afin de mieux faire ressortir l'importance du commerce de Venise avec le Levant pendant le moyen âge.

Au quatorzième siècle, Venise n'était plus maîtresse d'un quartier de Constantinople : les Génois avaient supplanté les Vénitiens dans cette capitale; mais la république avait dans ses mains presque tout le commerce des côtes de la Romanie; une partie de la Grèce et de l'Archipel était son fief, Candie et Négrepont lui appartenaient, elle partageait avec Gênes l'important commerce de la mer Noire; les Bulgares, les Hongrois et d'autres peuples du continent étaient ses alliés, ou la craignaient assez pour ne pas oser s'opposer à ses entreprises; elle dominait à l'embouchure des fleuves de l'Adriatique; l'Istrie, la Dalmatie, le Vicentin, le Padouan lui étaient soumis, avec deux millions d'habitans; elle avait des consulats dans les ports de l'Arménie, de la Syrie, de Chypre, de la Tauride, de l'Égypte, des états barbaresques; elle était en relations de commerce avec la Sicile, les états romains, l'Espagne, la France; et déjà ses flottes fréquentaient les ports de la Flandre et de l'Angleterre.

(1) Comparez Marin, Storia del commercio de' Veneziani, tomes IV à VII; et Daru, Histoire de Venise, 3e édition; tom. III, liv. XIX, Tableau du commerce des Vénitiens.

Sur le continent, elle envoyait ses marchandises par le Tyrol ou par la Carniole en Allemagne, en Pologne, en Hongrie, &c. Les nobles avaient organisé un gouvernement assez ferme pour diriger tant d'intérêts divers, et assez national pour ne pas soulever contre lui le peuple, exclu de toutes les fonctions importantes. Ce régime aristocratique était capable de donner long-temps du lustre à la république, avant de s'écrouler par suite des vices de son organisation : aussi voyons-nous Venise dominer dans la Méditerranée durant le quatorzième, le quinzième et une partie du seizième siècles, défier ses ennemis, et s'approprier le commerce du Levant, et même de l'Europe, sinon en entier, du moins en grande partie.

Un peuple insulaire et industrieux qui est obligé de tirer tout du dehors, et qui trouve dans son voisinage des matériaux pour la construction des navires, doit nécessairement devenir marin. Venise avait sa principale force sur la mer. Au commencement du quinzième siècle, vingt-cinq mille matelots, tirés en grande partie des îles et du littoral, formaient les équipages de trois mille bâtimens de commerce, jaugeant dix à cent tonneaux, et de trois cents gros navires de sept cents tonneaux, sans compter des centaines de petites embarcations [1]. Cette marine marchande, dissé-

(1) Voyez le Testament du doge Mocenigo, dans Marino Sanuto,

minée dans toutes les parties de la Méditerranée, était
protégée par quarante-cinq galères armées, montées par
onze mille hommes soldés par l'état : des flottilles gardaient les embouchures des fleuves de l'Adriatique,
tandis que les galères escortaient les flottes marchandes, ou allaient à la recherche des ennemis, ou
tenaient dans l'assujettissement les peuples et les villes
du littoral, souvent disposées à se révolter contre le
joug de la métropole. Les galères armées allaient aussi
chercher aux frais des négocians, à qui l'état les
louait, les marchandises des contrées éloignées. Quand
Venise se chargea de transporter en Palestine les
troupes françaises avec leur roi, Louis IX [1], quinze
navires, dont trois appartenaient à l'état et douze aux
particuliers, suffirent pour prendre à bord quatre
mille chevaux et dix mille hommes. Le plus grand de
ces navires, ayant cent huit pieds de longueur, avait
à bord un équipage de cent dix marins ; il devait égaler en capacité un vaisseau de guerre actuel de soixante
canons. Ce fait peut donner une idée de la marine
vénitienne au treizième siècle. Elle avait plusieurs espèces de navires [2] : des palandres, des tarèles, des mar-

Vite de' duchi di Venezia. — Marin, Storia del commercio de' Veneziani, vol. VIII, liv. IV, chap. III.

(1) Voyez Joinville, Vie de saint Louis.

(2) Consultez Zanetti, Dell'origine di alcune arti ; — et For-
malconi, Saggio sulla nautica antica de' Veneziani.

cilianes, ou navires pour transporter des marchandises. Au quatorzième siècle, on inventa ou l'on imita une forme de bâtiment de grande capacité, qu'on appela coche, et qui, outre l'avantage de porter beaucoup de marchandises, avait celui de bien résister aux attaques des galères, et de pouvoir même servir à l'offensive [1]. Cependant on les abandonna, probablement à cause de la difficulté de les diriger, et l'on s'en tint aux galères jusqu'aux temps modernes.

Tous les ans la république destinait plusieurs escadres à des expéditions commerciales dont elle accordait ou plutôt vendait le privilége à des compagnies; celles-ci obtenaient ainsi pour l'année le monopole des marchés étrangers qu'allaient fréquenter les escadres. De pareils monopoles sont toujours un mal; mais dans l'état où se trouvait alors le commerce maritime, c'est-à-dire étant obligé de se livrer à la discrétion des musulmans ou infidèles, il ne tentait peut-être pas beaucoup les particuliers, privés des moyens nécessaires pour protéger leurs vaisseaux chez les Sarrasins, les Turcs et les Tartares. M. Daru présume que les dispositions concernant les compagnies privilégiées, pour l'envoi des escadres, n'étaient que temporaires [2]. On ne trouve pas, en effet, beaucoup de

(1) Marin, Storia del commercio de' Veneziani, tome IV, liv. III, chap. III.

(2) Histoire de Venise, tome III, liv. XIX.

preuves de leur existence et de leur activité. Ce qui est plus certain, c'est qu'il y avait des expéditions annuelles pour emporter les marchandises des magasins vénitiens, et rapporter celles des nations étrangères. Chemin faisant, les flottes ou escadres prenaient les productions d'un pays pour les débiter dans un autre, ce qui augmentait encore les bénéfices de ces voyages. Le nombre, la force et la destination de ces flottes d'expédition ont probablement varié selon les temps et les circonstances. Balducci Pegoletti, qui écrivait au quatorzième siècle [1], ne cite que trois flottes, savoir celle de Tana, dans la mer Noire, de Syrie et de Flandre. Selon cet auteur, aucun étranger ne pouvait introduire à Venise des denrées du Levant, à moins de payer au fisc la moitié de leur valeur. Ce commerce n'était libre que pour les sujets de la république. Pegoletti nous apprend encore que les trois flottes partaient à des époques déterminées de l'année, et que celle qui allait en Flandre, et qui avait la plus longue route, ne pouvait être chargée qu'à Venise, mais qu'il lui était permis, à son retour, de charger partout où elle voulait.

On ne nous dit pas la raison de cette dernière disposition. Sans doute la république avait à cœur d'assurer à la marine vénitienne et au commerce de la

----

(1) **Divisamenti di paesi, misure di mercanzie, &c.**, chap. XXXI.

ville tout le bénéfice de ces expéditions. Uzzano, qui a
écrit un siècle après Pegoletti[1], parle de cinq expéditions mercantiles par an, qui, selon lui, partaient
à des époques différentes. La flotte qui visitait la Catalogne et la Syrie mettait à la voile du 15 au 20 janvier; celle de Flandre appareillait du 8 au 25 avril;
les galéasses pour la Romanie et Trébizonde partaient
du 8 au 20 juillet; celles de Barut, en Syrie, du 8 au
25 août; enfin celle d'Alexandrie, du 8 au 25 septembre. D'après cette assertion, il y aurait eu deux expéditions par an pour la Syrie; l'une en hiver, et l'autre
en été. Peut-être prenaient-elles des routes différentes.

M. Marin a trouvé dans des actes publics de Venise la preuve qu'au quatorzième siècle il sortait habituellement du port de cette ville sept convois de
bâtimens marchands et de galères armées : l'un de ces
convois, composé de huit à dix galères, allait en Romanie; un second, qui n'était fort que de six à huit
galères, se rendait à Tana, dans la mer d'Azof; un
troisième visitait Trébizonde. Les autres convois se
rendaient en Chypre, en Arménie, en Irlande, le long
des côtes de France, d'Espagne et de Portugal, enfin
en Égypte et aux états barbaresques. Selon l'état
des choses, ces convois étaient plus ou moins forts[2]:

(1) Prattica della Mercatura, chap. xi.
(2) Marin, Storia del commercio de' Veneziani, tome V, liv. II,
chap. iii.

en cas de danger, ils retardaient leur départ, ou se réunissaient au nombre de deux ou plusieurs, et quelquefois, dans les temps de guerre, une flotte entière leur servait d'escorte. Le chanoine allemand Breydenbach qui fit, en 1483, un pélerinage en Palestine, et qui revint par l'Égypte, s'y embarqua sur l'escadre vénitienne envoyée à Alexandrie : elle se composait de quatre galères bien armées, et chargées de marchandises précieuses; elle rejoignit le convoi de Syrie, qui se composait aussi de quatre galères, et celui d'Afrique ou de Tarifa, fort de deux galères également chargées. Le voyageur raconte une fête que donnèrent sur le rivage de la mer, au son de la musique, les commandans des trois convois, réunis aux dix patrons des galères, et aux fonctionnaires nobles qui y étaient embarqués[1]. C'était un spectacle unique pour le bon chanoine.

Le convoi qui se rendait en Égypte et en Barbarie

<hr>

(1) Breydenbach, Peregrinatio hierosolymitana, 1486, in-folio, p. 222 : « Descenderunt in terram tres capitanei, scilicet capitaneus navium alexandrinarum cum suis tubicinibus, qui sub se habuit quatuor galeras, oneratas preciosis mercibus, et benè armatas. Capitaneus item navium de Syriâ cum suis tubicinibus, qui etiam sub se habuit quatuor patronos quatuor galearum. Capitaneus quoque de Africâ aliter de Tarifâ, cum suis pariter tubicinibus, habens sub se duas galeras armatas et oneratas. Isti inquam tres capitanei, cum decem patronis et omnibus navium nobilibus dominis et officialibus ad tabulas paratas in littore consederunt. »

se composait de trois à sept galères. Tandis que les unes entraient dans le port d'Alexandrie, les autres se rendaient sur la côte des états barbaresques, y faisaient leurs ventes et achats, transportaient leurs cargaisons à Alexandrie, retournaient ensuite en Barbarie, avec des cargaisons égyptiennes, puis revenaient encore en Égypte, où ils chargeaient enfin des épices et autres denrées orientales pour l'Europe [1]. Quelquefois, pendant ces expéditions, quatre galères croisaient dans les eaux de Chypre et de la Syrie pour écarter les corsaires et les pirates. Selon l'expression des musulmans, dans leurs actes publics, les Vénitiens « ne laissaient pas boire aux corsaires l'eau de l'île de Chypre [2]. » Les cargaisons d'huile, de drap, de velours et de pelleterie, de plomb, de vif-argent, de cuivre et de cinabre, de fruits et autres objets, apportés en Égypte par la marine vénitienne, avaient une valeur de trois cent mille ducats. Il y avait trois à quatre mille barils d'huile, et autant de quintaux de cuivre. Les matelots apportaient en outre par contrebande pour environ cinquante mille ducats de drap, d'huile,

----

(1) « Solevano vegnir ogni anno tre (dans un autre document on lit *sette*) galie, le quali andavano in Barbaria, prima cargavano de là, et tornavano in Alexandria, et là cargavano una altra volta, &c. » Capituli dadi de ordine del sign. soldan , &c., document 3ᶜ du tome VII de Marin, Storia del commercio , &c.

(2) « E non lassavano bever l'acqua de quella insula. » Ibid.

de miel, &c. A l'arrivée du convoi en Égypte, le consul désignait quatre marchands, auxquels la douane d'Alexandrie en adjoignait un du pays, pour régler les prix des épices[1].

Les marchandises apportées du Levant à la destination des états vénitiens et de l'étranger devaient d'abord être portées à la douane de Venise, pour acquitter les droits; et de même les marchandises de l'Europe destinées pour le Levant ne pouvaient être expédiées qu'après avoir touché au port de Venise[2]. Il fut défendu aux villes de Bergame, Brescia et Crémone de recevoir de l'épicerie, des laines, des cotons et d'autres marchandises qui ne fussent pas tirées de Venise[3].

Les convois n'étaient pas d'abord organisés avec la même régularité qu'ils le furent dans la suite; c'est que l'esprit de liberté républicaine, qui pénétrait toutes les institutions primitives de Venise, avait régné aussi sur les galères dans les échelles du Levant et dans d'autres contrées ultra-marines. Le commandant d'une côte avait des galères sous ses ordres pour défendre le

(1) Marin, Storia del commercio, &c.

(2) « Mercantiæ caricatæ per Venetias non possint por scalas exonerari. »—« Mercantiæ de Ponente non conducantur ad partes Levantis, nisi priùs conducantur Venetias. » Décrets de l'Avogaria cités par Marin, Storia del commercio, volume VII, Documens, pag. 343.

(3) Décret des Pregadi, de l'an 1454, cité par le même, p.347.

I.   11

pays et protéger le commerce [1]. Il tenait conseil avec les officiers des galères, qui étaient comme le sénat de la flotte. Ce conseil réglait toutes les transactions, et représentait en petit celui qui gouvernait l'état à Venise; mais dans la suite, quand l'aristocratie eut tout mis sous le joug, en ôtant le pouvoir au peuple pour le concentrer dans un grand conseil héréditaire, et puis dans un conseil de dix oligarques, une foule de décrets, empreints de l'esprit impérieux du gouvernement, régla cette institution mercantile. Le capitaine ou commandant d'un convoi fut revêtu d'une très-grande autorité; il n'était plus le premier de son conseil maritime : il était maître absolu. Aussi était-il nommé par le conseil des *Pregadi*, et choisi parmi les nobles. Les patrons des galères étaient sous ses ordres, et ceux-ci même appartenaient à la noblesse. L'époque du départ et celle du retour, ainsi que le temps du séjour, étaient fixés [2]. Il était défendu au commandant de faire le commerce dans son propre vaisseau, mais il avait la faculté de charger pour son compte tout autre bâtiment. Le gouvernement fixait tout, la quantité de marchandises, et le nombre d'hommes que le convoi devait contenir, et même le genre de commerce qu'il devait faire.

Les galères du convoi de Flandre, par exemple,

---

(1) Marin, Storia del commercio, tome IV, liv. I, chap. x.
(2) Ibid., liv. II, chap. iii.

devaient être montées par deux cents hommes libres, dont cent quatre-vingts rameurs et douze archers. Les arcs ou balistes furent prescrits en 1333 pour toutes les galères de commerce armées. La charge ne devait pas excéder deux cent quatre-vingts milliers de livres, dont cent vingt au moins devaient consister en marchandises de menu poids, telles que drogues, épiceries, aromes, et ouvrages fins. Quand on ne trouvait pas à compléter l'équipage requis, les galères ne pouvaient se mettre en route.

L'or, l'argent et d'autres objets précieux ne pouvaient s'expédier hors du golfe Adriatique que sur des galères armées. Dans les cas de guerre ou d'attaques imprévues sur mer, on faisait passer marchands et marchandises sur les galères de l'état. Le commandant ne pouvait point débarquer pendant la course, et les patrons des navires ne descendaient à terre qu'à tour de rôle. Sur l'avis d'un danger imminent, on renforçait les douze archers ordinaires de dix autres. Les galères du Levant différaient par leur gréement des autres galères [1]. L'état ne levait aucune gabelle ou taxe sur les marchandises du Levant importées par les galères armées; celles, au contraire, qu'on introduisait sur des galères non armées, c'est-à-dire sur des bâtimens particuliers, payaient cinq pour cent de leur

____

(1) Marin, Storia del commercio, tome IV, liv. II, chap. III.

valeur[1]. Pour le commerce avec la France, l'Italie et l'Espagne, on se dispensait de prendre des galères armées, à moins que la guerre ne fût déclarée contre quelque puissance de la mer Méditerranée. Le gouvernement permettait (car il fallait toujours des permissions) d'introduire aussi par la voie de terre les marchandises de France[2]; mais pour les marchandises du Levant qu'on destinait à l'Occident, il paraît que le gouvernement ne tolérait le transport par terre que dans les temps de guerre : ainsi c'était une exception à la règle.

Un décret du grand conseil, rendu au treizième siècle, autorisa les fabricans d'étoffes à exporter librement leurs marchandises pour le Levant[3]; un autre décret du même conseil, concernant le commerce de Venise avec la Provence et le Languedoc, et daté de l'an 1272, autorisa tous les Vénitiens à aller librement, et sans payer aucun droit et aucune taxe, à Marseille, à Montpellier ou à Aigues-Mortes, à y transporter toute marchandise quelconque fabriquée à Venise, ou venue du Levant, de la Romanie, de l'Esclavonie,

---

(1) Balducci Pegoletti, Pratica della Mercatura, chap. xxxi.

(2) « Drapperia francisca possit adduci per mare per quoslibet portus, solvendo quod solvitur per terram. » Décret de 1313, Marin, Storia del comm., tom. V, liv. III, chap ii, pag. 314.

(3) Marin, Storia, &c., tome V, liv. II, ch. iv. « Che gli artefici possano far navigar per Levante tutte le cose del loro mestiere. »

et déposée dans les magasins de la république. « Ils
» pourront, dit le décret, faire ces expéditions et
» voyages toutes les fois qu'ils voudront. Si, des côtes
» du midi de la France, ils veulent se transporter aux
» foires de la Flandre, ou en d'autres contrées (sans
» doute avec le restant de leurs marchandises), et s'ils
» rapportent de la toilerie, équivalant aux marchan-
» dises exportées de Venise, elle sera exempte des
» droits d'entrée; et si, au lieu de transporter ces
» tissus à Venise, le marchand les porte en Barbarie,
» en Romanie, ou dans d'autres contrées, il faut
» qu'il se conforme aux coutumes qui y sont établies
» à l'égard du commerce des Vénitiens. Mais ceux
» qui se rendront dans lesdits lieux n'y pourront
» mettre, sous aucun prétexte, leurs marchandises à
» l'enchère. Cela ne pourra avoir lieu qu'à Venise.
» Si par hasard cette ville était fermée ou interdite
» au marchand, elle lui serait ouverte pour cet objet;
» mais, dans aucun cas, il ne pourra rapporter et in-
» troduire à Venise de l'or et de l'argent monnayés
» ou des lettres de change, sous peine de la perte du
» quart[1]. »

Ce décret nous dévoile le système mercantile du
gouvernement aristocratique de Venise. Dans nos
temps, où la liberté du commerce est mieux enten-

____

(1) Marin, Storia del comm., tome V, liv. III, chap. III.

due qu'elle ne l'était des patriciens de Venise, on ne peut que sourire de l'autorisation accordée par le grand conseil aux bourgeois vénitiens d'aller librement au Levant, en France ou en Flandre, et d'y porter des marchandises. Il semble que cette autorisation était bien superflue ; mais la noblesse tenait la bourgeoisie dans les chaînes ; elle voulait faire considérer l'exercice des droits les plus naturels comme une concession, comme un bienfait de l'oligarchie. Ce gouvernement desirait la prospérité de la patrie ; mais pour rendre la patrie florissante, il sacrifiait la liberté des citoyens ; il fallait que tout, jusqu'à la servitude, concourût à ce grand but.

On voit par le décret relatif au commerce de la France et de la Flandre, que le gouvernement de Venise exigeait que les bourgeois rapportassent des marchandises à la place de celles qu'ils vendaient à l'étranger. Ce décret leur permet d'importer franche de droit la toilerie de Flandre. Dans d'autres actes, il est recommandé aux patrons des navires de rapporter du fer, de l'étain, du plomb [1] ; mais toujours il leur était défendu de rapporter, pour les marchandises vendues à l'étranger, de l'or ou de l'argent monnayé, ou des lettres de change : c'est précisément l'inverse des sys-

(1) Bald. Pegoletti, Pratica della Mercatura, chap. xxxi. — Décret des Pregadi, de l'an 1333, cité par Marin, Storia del comm., &c., tome VI, liv. III, chap. iii.

tèmes prohibitifs des gouvernemens modernes, qui
veulent bien qu'on rapporte de l'argent en échange
des marchandises du pays, mais qui s'opposent à ce
que l'on importe, au lieu d'argent, des marchandises
étrangères. Le gouvernement vénitien n'a pas manqué
d'apologistes, tout comme le système prohibitif a été
vanté encore de nos jours, malgré les progrès de l'économie publique. M. Marin voit un profond calcul et
de grandes vues politiques dans ces restrictions, imposées par l'oligarchie de Venise au libre développement de l'industrie et de l'esprit commercial de la
bourgeoisie [1]. Le gouvernement voulait alimenter l'industrie par l'industrie même; il favorisait le commerce
du Levant : quand les marchandises étaient arrivées à
Venise, il encourageait à les exporter pour d'autres
contrées; et si ces contrées fournissaient elles-mêmes
de bonnes marchandises, ou abondaient de quelques
productions nécessaires aux manufactures, il exigeait
qu'au lieu d'argent les navires rapportassent de ces
marchandises et productions étrangères, afin d'avoir
toujours dans les marchés de la capitale un assorti-

(1) « Noi vediamo per questo savio provedimento che vigile il
governo bramando che la nazione s'arricchisse in doppio modo,
esentava le merci tratte da Ponente per Venezia : non volendo che
per altri luoghi fuor di Venezia distratte venissero senza il peso
degl' imposte aggravj, per formar della capitale un emporio pe-
renne e dell' altre, ad utile non meno della nazione, che a comodo
de' forestieri. » Idem, tome V, p. 296.

ment d'objets pour le commerce du Levant, et un approvisionnement de matières premières pour les fabriques vénitiennes. Telle paraît avoir été en effet la pensée de l'oligarchie. M. Marin a trouvé dans les registres publics du moyen âge une note relative à un négociant nommé Tommaso Loredano, qui avait expédié, en 1319, pour Londres, onze cents quintaux de sucre : l'argent provenu de la vente de ce sucre avait été employé à acheter des laines anglaises [1]. Des décrets du conseil autorisent les navires qui reviennent de Flandre à charger à Cadix autant de marchandises pour Venise qu'ils en avaient chargées à Venise pour la Flandre. On leur permettait encore de toucher, à leur retour de Flandre, à l'île de Mayorque, pour y charger des peaux d'agneaux de Barbarie.

Il est évident que, par ces expéditions, Venise gagnait d'abord sur la vente d'une denrée du Levant, puis sa marine gagnait à l'importation d'une matière première nécessaire aux fabriques, et qui sans doute était à bien meilleur marché en Angleterre ou en Espagne qu'elle ne l'était en Italie. Si la laine achetée en Angleterre se revendait en Flandre, le marchand prenait en retour des étoffes et des toiles de ce pays; l'importation à Venise se faisait sur navires vénitiens, et si on voulait exporter ces draps ou ces

______

(1) Marin, Storia del comm , &c., tome V, liv. III, chap. ii.

toiles de Flandre pour le Levant, la marine vénitienne y gagnait encore. Ce calcul était assurément bon, et peut-être meilleur que le système inverse, qui a été pratiqué de nos jours, mais que l'on commence à abandonner. Cependant combien d'inconvéniens devait avoir pour le commerce le système vénitien? Le fabricant, qui avait besoin de recouvrer les frais de la fabrication de ses marchandises, ne recevait en retour que des marchandises dont il fallait chercher le débit. Quelquefois il y gagnait, d'autres fois il y perdait. La rentrée de l'argent devait être lente et incertaine. Si des facteurs ou des courtiers se chargeaient des expéditions, ceux-ci avaient le même embarras; en effet le facteur qui avait vendu en France ou en Flandre des sucres et des épiceries, et qui, au lieu d'argent, recevait en retour des toiles ou du fer, objets qui n'entraient peut-être pas dans son genre de commerce, devait éprouver des difficultés pour placer ces marchandises étrangères. Je ne vois donc point dans ce système la sagesse que des auteurs vénitiens y découvrent : j'y trouve au contraire une de ces gènes insupportables dont, au moyen âge, on embarrassait toujours la chose qui a le plus besoin de liberté, je veux dire le commerce. Si on m'objectait que le degré de splendeur qu'avait atteint le commerce de Venise prouve évidemment la sagesse des règles qui le dirigeaient, je répondrai que c'est malgré ces entraves et non à cause d'elles que le commerce fut si florissant à Venise. Le but auquel on voulait arriver par les mesures que j'ai indiquées plus haut n'aurait-il pas été atteint de même, et mieux encore, si le gouvernement eût laissé un libre cours aux marchandises? Celles du Levant se seraient écoulées dans l'Occident, parce que les Vénitiens étaient le peuple le plus capable de les fournir en quantité, avec promptitude et à bon marché. Les marchandises d'Occident auraient afflué dans les magasins de Venise, parce que cette république en ayant besoin pour ses fabriques, ou pour les expéditions du Levant, les achetait plus facilement, et en consommait une plus grande masse; enfin il n'y aurait peut-être pas eu autant de faillites parmi les maisons qui spéculaient sur le commerce lévantin [1]. On voulait arriver, il est vrai, à un autre résultat : on voulait que la marine vénitienne fût seule employée à transporter les marchandises du Levant en Occident, et des contrées occidentales aux rivages orientaux. On voulait exclure de ce commerce la marine des autres peuples. Le gouvernement de Venise réussit pendant quelque temps dans ce projet, qui a beaucoup d'analogie avec le fameux *navigation-act* des Anglais; cependant qu'en résulta-t-il définitivement? Les autres peuples, exclus du commerce

(1) Benedetto Dei, Florentin, cite dans sa Chronique une foule de maisons vénitiennes qui s'étaient ruinées dans l'Orient.

maritime de Venise, qui avait de si grandes relations avec le Levant, se frayèrent de nouvelles routes, parvinrent à changer la direction du commerce, et préparèrent ainsi la chute de cette république. Quelquefois aussi ils prenaient des mesures semblables à celles des Vénitiens. Ferdinand et Isabelle, souverains d'Espagne, enjoignirent à leurs sujets de recevoir dans tous les ports du royaume la flotte marchande de Venise qui allait en Flandre, de faire bon accueil aux marchands, et de fournir aux navires les vivres et rafraîchissemens qu'on voudrait acheter; mais en même temps il fut recommandé à tous les Espagnols de ne pas permettre aux Vénitiens de débarquer la moindre marchandise dans aucun des ports, ni aucun point du royaume de Grenade [1].

Les décrets du grand conseil que j'ai allégués n'étaient pas les seuls par lesquels Venise réservait à sa marine tout le bénéfice du commerce d'outre-mer : On verra le même esprit empreint dans tous les réglemens de cette république au sujet des marchands étrangers. Les bourgeois vénitiens ne pouvaient s'associer avec eux; s'ils importaient à Venise des marchandises du Levant, ils payaient à la douane la

____

(1) Seguro real ú los naves y mercantes de la señoria de Venecia, de l'an 1485; chartes nos 9 et 10 de l'Apendice du tome II de la Coleccion de los Viages y descubrimientos que hicieron por mar los Españoles; par D. M. F. de Navarrete; Madrid, 1825.

moitié de la valeur [1]. On finit même par leur défendre entièrement ce commerce, et par prohiber l'emploi des navires étrangers pour le transport des marchandises [2].

Les Allemands, les Hongrois et les Bohémiens ne pouvaient traiter avec les Vénitiens que dans la capitale de la république ; ils étaient obligés d'y venir chercher les marchandises qu'ils voulaient avoir : défense était faite aux Vénitiens de les leur porter [3], probablement pour éviter aux sujets de la république les dangers et les chances de la route de terre, souvent infestée par les barbares ou par les seigneurs féodaux. Les Allemands, dans le temps où ils avaient un si grand besoin du commerce avec Venise, étaient traités rigoureusement. Quand ils apportaient de l'or, de l'argent, ou toute autre marchandise, ils ne pouvaient les étaler devant aucun étranger, étant obligés de les offrir d'abord aux Vénitiens : ils ne pouvaient rapporter ces marchandises chez eux, ni par terre, ni par mer : une fois arrivées à Venise, il fallait qu'elles y fussent

(1) Bald. Pegoletti, Pratica della Mercatura, chap. xxxi.

(2) « Nemo possit societatem facere cum forense.—Forenses non possint aliquam mercantiam Levantis conducere Venetias.—Forensium naves pro mercantiis portandis accipi non possint. » Décrets cités par Marin, Storia del commercio de' Veneziani, vol. VIII, p. 143, note. — Bald. Pegoletti, loc. cit.

(3) Daru, Histoire de Venise, troisième édition, tome II, liv. XIX.

laissées, n'importe sous quelles conditions. Ils ne pouvaient introduire des soieries d'Allemagne et de Lombardie. Si le marchand allemand apportait des objets que les Vénitiens faisaient eux-mêmes venir par mer, on les lui confisquait. S'il vendait de l'argent, il fallait que la cinquantième partie fût livrée à l'hôtel des monnaies. Les marchands allemands étaient responsables des marchandises vénitiennes déposées sur le territoire d'où ils venaient [1]. Je ne parle pas des impôts auxquels les Allemands étaient assujettis, comme d'autres peuples, qui tiraient leurs marchandises des états vénitiens.

C'est sous des conditions aussi dures que l'on permettait le trafic à des étrangers qui apportaient des sommes considérables [2], et qui tiraient de Venise une quantité énorme de denrées du Levant et de produits des manufactures de la république. Un état insulaire qui, grâce à son industrie et à son esprit commercial, levait un tribut sur tous les peuples d'alentour, ne devait pas traiter, en effet, avec beaucoup de réserve

(1) Réglement des Vénitiens pour les commerçans allemands, de la dernière moitié du treizième siècle, aux archives de Nuremberg. (Archiv für Geschichte, Statistik, Literatur und Kunst, avril 1827, n° 52.)

(2) « Oltre gli altri popoli che vi correvano, con grande utile del publico, i Tedeschi spezialmente, ci portano ori, argenti, rami ed altre robbe dalle lor terre », dit Sansovino, Venezia descritta.— Voyez aussi Marin, Storia del Comm., vol. VIII, liv. II, ch. vii.

des étrangers qu'il n'avait pas à redouter sur mer. Cependant on avait accordé aux Allemands une vaste fonde, qui est au nombre des beaux édifices de l'ancienne Venise. Dès le milieu du treizième siècle, un neveu du doge Sebastiano, dont la famille s'était enrichie par le commerce de l'Arménie, avait fondé une loge arménienne. On accorda ensuite à cette nation l'île Saint-Lazare, où leur couvent existe encore, et rend des services à la littérature orientale, grâce aux travaux des moines. Les Arméniens furent encore mieux vus lorsque l'Arménie fit partie du royaume de Perse.

On présume que les Maures aussi eurent une loge de commerce à Venise[1]. Il est certain que les Turcs, dans la suite, eurent une rue, avec un grand édifice qui s'appelle encore *la fonde des Turcs*. Il était défendu d'y laisser entrer le soir des femmes et des jeunes gens[2]: il fallait bien prendre quelques précautions contre les mœurs de ce peuple abruti, tout en commerçant avec lui.

. Les Grecs furent également accueillis à Venise; mais il ne paraît pas qu'ils y aient eu alors un établissement de commerce. Les juifs prêtaient sur gages, et tenaient de petites banques; cependant on n'avait pas pour eux la même tolérance que pour les autres

(1) Marin, Storia del commercio, loc. cit.
(2) Ibid.

nations; et plus d'une fois le gouvernement eut la faiblesse de céder à la haine que le peuple avait vouée à ces Hébreux. Après la perte de la Syrie, Venise avait accueilli un grand nombre de Syriens qui s'étaient attachés aux intérêts de la république[1] : c'étaient peut-être même les fils des Vénitiens et des femmes de la Syrie. Cette race a dû se fondre dans le reste de la population; car il n'en est plus fait mention dans l'histoire.

L'entrepôt immense de Venise engloutissait les trésors des autres nations; sa banque, fondée, dit-on, dès le douzième siècle, facilitait par ses billets les affaires commerciales du monde. Déjà en 1171 on se servait d'une espèce de lettre de change[2]. Le pape Innocent IV déposa, en 1246, à la banque de Venise une somme de deux mille cinq cents marcs d'argent, pour être expédiée à un bourgeois de Francfort, sans doute à la manière des banquiers. Ainsi vers le milieu du treizième siècle cette opération sur l'étranger était déjà familière aux Vénitiens. La monnaie de Venise recevait les lingots de métaux précieux tirés de presque toutes les mines exploitées alors. C'est avec un juste orgueil qu'en 1421 le doge Thomas Mocenigo, organe de la république, pouvait s'écrier en

(1) Dandolo, Chronica veneziana.
(2) Weber, Ricerche sull' origine e sulla natura del contratto di cambio; Venise, 1810.

plein sénat, et en présence des ambassadeurs florentins :

« Toutes les semaines il nous arrive de Milan dix
» sept à dix-huit mille ducats; de Monza, mille; de
» Côme, trois mille; d'Alexandrie, mille; de Tor-
» tone et de Novarre, deux mille; de Pavie, autant;
» de Crémone et de Parme, autant; de Bergame,
» quinze cents. Tous les banquiers déclarent que
» chaque année le Milanez a seize cents mille ducats
» à nous solder; Tortone et Novarre achètent par an
» six mille pièces de drap; Pavie, trois mille; Milan,
» quatre mille; Crémone, quarante mille; Côme,
» douze mille; Monza, six mille; Brescia, cinq mille;
» Bergame, dix mille; Parme, quatre mille : en tout,
» quatre-vingt-quatorze mille pièces. Ces villes nous
» envoient en outre de l'or fin pour quinze cents cin-
» quante-huit mille sequins. Nous faisons avec la Lom-
» bardie un commerce de vingt-huit millions de
» ducats. Les Lombards achètent de nous tous les ans
» cinq mille milliers de coton, vingt mille quintaux
» de fil, quatre mille milliers de laine de Catalogne,
» et autant de France, des étoffes d'or et de soie, pour
» deux cent cinquante mille ducats; trois mille charges
» de poivre, quatre cents fardes de canelle, deux
» cents milliers de gingembre, pour quatre-vingt-
» quinze mille ducats de sucre; autres marchandises
» pour coudre et broder, trente mille ducats; quatre

» mille milliers de bois de teinture; grains et plantes
» de teinture, cinquante mille ducats; savon, deux
» cent cinquante mille ducats; esclaves, trente mille.
» Je ne compte pas le produit des sels. Considérez
» combien de vaisseaux le recouvrement de ces mar-
» chandises entretient en activité, soit pour les porter
» en Lombardie, soit pour aller les chercher en
» Syrie, en Romanie, en Catalogne, en Flandre,
» en Chypre, en Sicile, sur tous les points du monde.
» Venise gagne deux et demi à trois pour cent sur le
» fret. Voyez combien de gens vivent de ce mouve-
» ment : courtiers, ouvriers, matelots, des milliers
» de familles, et enfin les marchands, dont le béné-
» fice ne s'élève pas à moins de six cent mille ducats.
» Sachez que tous les ans Vérone prend deux cents
» pièces d'étoffes d'or, d'argent et de soie; Vicence,
» cent vingt; Padoue, deux cents; Trévise, cent vingt;
» le Frioul, cinquante; Feltre et Bellune, douze; que
» vous fournissez à ces divers pays quatre cents charges
» de poivre, cent vingt fardes de cannelle, cent milliers
» de gingembre, cent milliers de sucre, et deux cents
» pains de cire par an. Florence vous envoie des mar-
» chandises pour la valeur de seize mille sequins, et
» trois cent cinquante mille en espèces, pour lesquelles
» elle reçoit des laines d'Espagne et de France, des
» grains, des soies, de l'or et de l'argent filés, de la
» cire, du sucre et des bijoux. Enfin le commerce

I.   12

» de Venise met en circulation, tous les ans, dix mil-
» lions de sequins [1]. »

Après avoir étalé cette statistique brillante du commerce de Venise, le doge pouvait dire avec raison,
dans un autre discours semblable: « Vous êtes les seuls
» à qui la terre et la mer soient également ouvertes.
» Vous êtes le canal de toutes les richesses; vous ap-
» provisionnez le monde entier; tout l'univers s'inté-
» resse à votre prospérité; tout l'or du monde arrive
» chez vous [2]. » Les renseignemens contenus dans le
discours du doge peuvent nous donner une idée de
l'importance du commerce de denrées levantines fait
par la république vénitienne. Les seuls états de la
haute Italie et du territoire vénitien recevaient de cet
entrepôt immense cinq mille milliers de côton, trois
mille quatre cents charges de poivre, cinq cent vingt
fardes de canelle, trois cents milliers de gingembre,
quelques cents milliers de sucre, &c. Qu'on ajoute
maintenant en idée la quantité de denrées du Levant
qui passait de Venise en Allemagne, en Hongrie, en
Pologne, en France, en Flandre, en Angleterre, et
l'on croira sans peine à la vérité des récits que font

(1) Mar. Sanuto, Vite de' duchi di Venezia. — Opere del conte
Giov. Rin. Carli, vol. VII, lettre 49e. — Marin, Storia del commercio de' Veneziani, vol. VII, liv. II, chap. III. — Daru, Histoire de Venise, tome II, liv. XII.

(2) Ibid.

les historiens des richesses immenses de ces insulaires,
maîtres du commerce d'outre-mer. L'humanité s'in-
digne pourtant d'entendre vanter parmi les sources
de richesses d'un pays chrétien, au quinzième siècle,
l'infâme trafic des esclaves. Eh quoi! le commerce avec
les infidèles avait rencontré tant d'obstacles de la part
de l'Église, et elle souffrait patiemment que les marchands vénitiens vendissent leurs frères au marché,
et s'enrichissent du sang de leur prochain!

Le doge Mocenigo, dans l'énumération des sources
de richesses dont jouissait Venise, passe sous silence
deux branches importantes de commerce qui peut-être
étonnaient peu les contemporains, et qui ont extra-
ordinairement enrichi les Vénitiens; l'une de ces
sources a même contribué à la puissance de Venise:
je veux parler des grains et des sels. Obligé de tirer
toute sa subsistance du dehors, cet état insulaire devait penser d'autant plus à s'assurer ses approvisionnemens, que, la population croissant toujours, le
nombre des gens du peuple ou des prolétaires offrait
des dangers imminens pour la sûreté publique, en cas
de disette. Le commerce avec le Levant en fournissait
le moyen au gouvernement de la république. Les
bords de la mer Noire abondaient en grains alors,
comme aujourd'hui, et Venise tirait, par le détroit de
Constantinople, une grande partie des provisions en
grains dont son immense population avait besoin.

12.

Ses traités avec les empereurs de Byzance lui garantissaient la liberté de ce commerce important[1]. Lorsque les Latins se furent emparés du trône impérial de la Grèce, les Vénitiens, qui prudemment s'étaient réservé une partie de la conquête, et qui dominaient de fait sur le commerce de Constantinople, furent encore plus sûrs de leurs approvisionnemens, qu'ils augmentaient d'ailleurs des grains achetés chez les Barbaresques, ainsi qu'en Sicile et dans les autres états de l'Italie, assez mal cultivés, du reste, et peu riches en céréales, comparativement aux bords de la mer Noire et à la Barbarie. Ils avaient même conclu avec plusieurs petits états, tels que Padoue, Ravenne, Ferrare, Gorice, Trévise, Aquilée, des traités particuliers pour les achats de grains[2]. Au besoin, ils bloquaient l'embou-

----

(1) Voyez, au chapitre VIII, les traités entre Venise et Constantinople.

(2) Storia del commercio de' Veneziani, tome V, liv. I, chap. III, Commercio dei grani. Marin cite entre autres l'acte de Mainfroi, fils de l'empereur Frédéric II, qui, en 1257, confirma les priviléges accordés par son père; cet acte contient la stipulation suivante : « Quod quando portus contigerit aperiri omnes vel aliquos eorum de bladis omnibus, quæ emerint vel extraxerint homines Venetiarum de portu vel de portubus apertis, pro jure curiæ solvant quintum; quamvis ad præsens homines regni pro rege curiæ solvant tertium in blada extrahenda de regno. Et quod si blada comparata fuerit per homines Venetiarum tempore quo portus aperti fuerint, omnes vel aliqui eorum, et portus posteà clauderentur antequàm ipsam bladam comparatam de regno extraherent,

chure du Pô, et forçaient les états de leur livrer les
grains qui descendaient le fleuve; cependant le principal grenier était toujours la mer Noire. Aussi, lorsque la dynastie grecque, aidée par les Génois, re-
monta sur le trône de Bysance, et détruisit la puissance des Vénitiens dans cette capitale, ce fut, pour
la république de Venise, une calamité, non-seulement
sous le rapport du commerce extérieur, mais encore
pour le salut de la ville de Venise même. Il y eut
disette pendant tout le règne du doge Tiepolo. Dans
ses embarras, le gouvernement fit, en 1271, la guerre
à Bologne, et quelques années plus tard à Padoue et
à Trévise, qui refusaient de livrer les grains aux bas
prix stipulés autrefois, ainsi qu'à la ville d'Ancône,
qui combattait pour la liberté des bouches du Pô.
Quant aux sujets vénitiens mêmes qui habitaient la
terre ferme, il leur était sévèrement défendu de con-

possint ipsam bladam extrahere de regno sine impedimento. » — Le
traité conclu avec Ravenne, en 1384, porte ce qui suit : « Ut licet
eis in Ravennâ et districtu emere, negotiari, et facta sua exercere
et omnes res et mercationes, vinum et bladam, vel alibi compara-
verint, vel aliud conduxerint, seu habuerint tàm per terram quàm
per mare, possint liberè de Ravennâ et districtu Venetias ducere
vel alibi, sine contradictione alicujus, et per mare et per flumen,
nonobstando statuto aliquo, vel inhibitione, sine aliquo datio, te-
lonio, pedagio vel male ablato, dando vel persolvendo in Ravennâ,
vel aliquo loco districtus Ravennæ.... Pro datio catenæ civitatis
Ravennæ solidos quinque Ravennatum de quolibet vegate vini, et
denarium unum de quolibet sextario bladæ. »

duire leurs grains ailleurs qu'à Venise : du moins fal-
lait-il venir les offrir d'abord à leurs maîtres, avant de
pouvoir les transporter à l'étranger [1]. Dans la suite,
lorsque Venise acquit l'île de Candie, elle y trouva
un sol fertile, capable d'alimenter une partie de ses
magasins. La Morée suppléa également à la perte des
marchés de la mer Noire.

Dans les temps d'abondance, la marine vénitienne
exportait le superflu des récoltes de trois parties du
monde, qui affluaient dans ses greniers. Des marchandises vénitiennes ou autres servaient probablement à
payer les grains du Levant. Les navires qui exportaient l'excédant des besoins de Venise revenaient sans
doute avec des objets nécessaires à ses fabriques.

Le sel fut, entre les mains des Vénitiens, un bien
plus puissant moyen de s'enrichir, et de tenir les
peuples dans la sujétion. Dès l'origine, ces insulaires
avaient fait dans leurs lagunes un sel qui fut recherché
par tous les peuples situés dans l'Adriatique, et qui
valut à Venise des priviléges de commerce, des fa-
veurs et des traités avantageux. La république en

---

(1) « Et quamvis per veteres et multas leges nostras prohibitum
sit omnibus civibus et subditis nostris, ex quibuscumque oris
guelphi nostri, frumentum alió quàm Venetias conducere, &c. »,
écrivit le sénat de Venise, en 1468, au pape, en lui permettant de
tirer des grains du port d'Ancône. (Marin, Storia del commercio,
tome VII, Documens.)

profita pour se faire la marchande de sel de tout le
continent voisin. Dominant à l'embouchure de tous
les fleuves qui débouchent dans l'Adriatique, elle
empêchait les états qui jouissaient de la navigation
de ces fleuves et rivières de recevoir d'autres sels que
les siens : des bateaux armés, et stationnés à ces embouchures, veillaient aux intérêts du fisc. Les salines
de Chioggia ne lui suffisaient pas : elle achetait le produit annuel des salines de Cervia ; ses navires allaient
chercher le sel de la mer Noire et celui de Barbarie.
Il y avait à ce sujet des traités entre Venise et les
princes sarrasins [1].

Des compagnies vénitiennes se chargeaient des
envois du sel dans la haute Italie et jusque dans le
Piémont [2]; des magistrats particuliers avaient la surveillance de ce commerce, qui se faisait d'ailleurs à si
bon compte, que les Vénitiens l'emportaient, dans les
pays mêmes où ils ne dominaient pas, sur les Génois
et sur d'autres peuples qui se livraient à un commerce semblable. En 1381, Venise aima mieux s'engager à payer au roi de Hongrie une pension de sept

----

(1) Voyez plus bas, chapitre VIII, le traité de commerce avec
Tripoli.

(2) Conventiones et pacta pro quibus sal de Venetiis portatur
Papiam; Ferrariæ pactum salis, 1290 ; le pacte avec Cervia, 1293.
Marin, Storia del commercio, &c., tome V, liv. I, chap. IV, Com-
mercio dei sali.

mille ducats d'or que de le laisser plus long-temps
vendre les sel des mines de la Croatie; il fut obligé
de fermer ces mines. Ce n'est pas la Hongrie seule
que Venise tint dans la sujétion à cet égard; la Dalmatie, la Grèce ou Romanie, Naples, la Lombardie
et d'autres pays furent en quelque sorte ses tributaires pour le sel : des ducs, des comtes, des évêques,
furent obligés de se faire assurer les provisions que
Venise voulait leur fournir [1]. On peut juger de l'occupation que tant d'envois donnaient à sa marine.

Un aussi grand commerce ne pouvait être alimenté
que par une vive industrie manufacturière; aussi Venise eut l'avantage d'être à-la-fois une des villes les plus
commerçantes et les plus industrielles du monde. Ses
fabriques servirent merveilleusement les négocians
dans leurs relations avec l'Orient, et quoiqu'elles ne
fussent pas suffisantes pour tous les besoins du Levant, ses produits entraient pour une bonne part
dans les cargaisons destinées aux ports des Sarrasins.
D'abord aux chantiers de Venise se construisaient ces
galères et ces navires de commerce qui allaient se
répandre dans toute la mer Méditerranée pour mettre
en communication l'Europe, l'Asie et l'Afrique; le
continent voisin des lagunes fournissait le bois, le fer

____

(1) Marin, loc. cit. — Ricerche storico - critiche sull' op-
portunità della laguna veneta pel commercio, &c.; Venise,
1803, in-8°.

et le goudron nécessaires. Ces chantiers sont très-anciens, et, en effet, sans constructeurs de navires la marine des insulaires n'aurait pu obtenir l'ascendant qu'elle eut dans le moyen âge.

Venise et les villes voisines furent remplies de fabriques de toute espèce. La draperie, si recherchée dans les ports du Levant, lutta avec succès contre le désavantage de ne pas trouver à Venise même la matière première, du moins pas assez pour alimenter les fabriques. C'est surtout en Flandre et en Angleterre qu'on allait chercher la laine. On conçoit maintenant pourquoi le gouvernement vénitien exigeait que les marchands qui expédiaient des marchandises pour la Flandre rapportassent des productions du pays, au lieu d'argent et de lettres de change. Sans ces productions, beaucoup de manufactures à Venise chômaient, et les ouvriers affamés pouvaient ébranler le régime oligarchique formé avec tant de soin et de préméditation. Les fabriques de Venise fournissaient des draps écarlates pour le Levant, et des noirs pour l'Italie. La fabrication était exempte d'impôts, excepté dans les temps de pénurie; et les fabricans pouvaient expédier leurs draps sans obstacles pour le Levant[1]. Ils avaient à lutter contre les drapiers de France et de Flandre, dont les tissus probablement étaient à meil-

[1] Décret du grand conseil cité ci-dessus, d'après Marin, Storia, &c., tome V, liv. II, chap. IV.

leur marché, et plus variés, ou mieux assortis, parce
que, dans ces pays, la laine était plus à la portée des
fabricans. Tout le génie commercial de Venise ne pouvait ôter aux Français et aux Flamands ce grand avantage. Dans cette conjoncture, Venise fit des sacrifices
en faveur de son commerce : elle laissa entrer les draps
étrangers, et par ce moyen elle se procura un assor-
timent d'étoffes pour le Levant; elle avait probablement encore un autre motif, ainsi que le remarque
l'historien Marin : Venise ne pouvait bien débiter les
denrées de l'Orient en France, en Flandre et en Angleterre, qu'en prenant en échange les denrées de ces
pays et les produits de leurs manufactures [1]. Or, lorsqu'au quinzième siècle, la Flandre et le Brabant se
remplirent de fabriques, ce furent les draps qu'il con-
vint d'exporter. Le midi de la France était également
rempli de fabriques de draperie, et c'est la marchandise que l'on devait le plus volontiers donner en
échange. Il paraît que cette draperie étrangère payait
des droits d'entrée proportionnés au besoin qu'on en
avait. A Venise, le fardeau du régime oligarchique
faisait que l'on suivait beaucoup la routine dans les
arts mécaniques, comme dans d'autres branches; il
en résultait que quand l'industrie prenait l'essor ail-

____

(1) « Se i Veneziani non avessero tolto in cambio quei panni,
non avrebbero in Fiandra smerciato le lor mercanzie di Levante,
e le lor manifatture, delle quali non v'era in esse lavoro. » Ibid.

leurs, elle conservait à Venise sa vieille allure: aussi fut-elle devancée par d'autres états pour plusieurs objets de fabrication. M. Daru fait remarquer qu'on n'a presque qu'un seul exemple d'innovation dans les fabriques de Venise : ce fut celle de fabriquer les étoffes de laine appelées *londrins* à l'instar de celles qui se tissaient dans le midi de la France, et qui avaient une grande vogue dans l'Orient [1].

La toilerie ne parait pas avoir jamais beaucoup occupé les Vénitiens, quoique la Lombardie, les bords de la mer Noire, l'Égypte, la Barbarie, la Sicile, leur fournissent le lin, et les contrées du nord le chanvre; c'est que d'autres peuples, qui avaient le lin chez eux, pouvaient tisser à meilleur compte. Dès le commencement du quatorzième siècle, Venise a filé et tissé le coton; elle tirait la matière première des ports de la Syrie, de l'Arménie, de l'île de Chypre et du royaume de Naples [2]; elle ne souffrait pas que des navires étrangers apportassent du coton dans les lagunes [3]. Cette fabrication, qui peut-être n'était pas encouragée par la coutume, ou qui ne pouvait soutenir la concur-

(1) Daru, Histoire de Venise, tome III, liv. XIX.

(2) Consultez la Prattica della Mercatura, de Bald. Pegoletti, et celle de Uzzano.

(3) Dans le traité fait entre Venise et Mainfroi, fils de Frédéric II, il est stipulé que les Siciliens ne pourront importer d'Ancône ou de Zara dans Venise « salem nec bambace »; Marin, l. c.

rence des tissus légers et peu coûteux des peuples orientaux, n'a point eu de renommée à Venise. Les fabriques de camelots y étaient assez actives; les Vénitiens en avaient établi en Arménie, où la matière première s'offrait à leur portée; au treizième siècle, le consul vénitien en Arménie, Pietro Bragadino, entre autres griefs qu'il adressa à la république, se plaignit de ce que, dans ce pays, les fabricans vénitiens de camelots étaient accablés de taxes [1].

Pour la fabrication des soieries, Venise n'avait pu lutter d'abord contre les Génois et les Siciliens, qui avaient la soie chez eux, tandis que le territoire de Venise n'en fournissait presque pas; mais lorsque Venise se fut emparée de la Morée, elle eut à-la-fois la soie et les ouvriers; dès-lors la fabrication des soieries prit un essor étonnant dans cette république, et aux quatorzième et quinzième siècles elle eut les premières manufactures du monde pour les belles étoffes, les soies brochées d'or, les damas, les velours, etc. Ce qui avait contribué à cette splendeur des fabriques de soie, c'était l'établissement d'une trentaine de familles manufacturières de Lucques, qui, fuyant la tyrannie de Castruccio, cherchèrent un asile à Venise, et auxquelles le gouvernement accorda prudemment le droit de bourgeoisie, un quartier pour leurs ateliers et des

____

(1) Novitates et gravamina quæ fiunt Venetis in regno Armeniæ, &c. Marin, Storia del commercio, tome IV, liv. II, chap v.

maisons. Lucques et quelques autres villes d'Italie avaient excellé auparavant dans les tissus de soie; mais quand Venise eut leurs procédés et leurs ouvriers, et quand elle se trouva abondamment pourvue de matières premières, elle éclipsa les petites villes, sinon pour quelques espèces particulières, au moins pour la généralité de la fabrication, pour la richesse des tissus, et pour les débouchés qu'elle sut s'ouvrir tant au Levant qu'en Occident. Le gouvernement eut soin de favoriser cette industrie et ce commerce par des prohibitions et des réglemens qui, à cette époque, étaient presque la seule manière de protéger une branche d'industrie.

Les fabricans de soie formaient une corporation dans laquelle on n'était admis qu'après avoir fait ses preuves. Elle était sous l'inspection d'une autorité particulière [1] qui examinait et enregistrait chaque pièce d'étoffe, et rejetait les tissus défectueux. Il était défendu d'exporter la soie brute, et de prendre pour la trame une soie écrue; les pièces de soie légère, destinées à l'exportation par mer, étaient soumises à l'estampille, pour être facilement reconnues. Des peines sévères punissaient l'embauchage des ouvriers en soie; l'importation des soieries étrangères était entièrement prohibée; quelquefois seulement le

(1) Voyez Marin, Storia del commercio, loc. citat., qui donne des extraits du Capitolare dei Proveditori del comune.

gouvernement accordait des licences pour l'importation de quelques espèces particulières, telles que les
canevas de soie de Naples, et les ormesins de Florence;
c'était probablement quand les fabriques vénitiennes ne
fournissaient pas assez d'étoffes en vogue, ou quand les
négocians avaient besoin de grands assortimens pour le
commerce d'outre-mer. Les soieries ne pouvaient être
exportées sur mer que par des citoyens qui depuis dix-
huit ans habitaient Venise. Des brevets, avec dix ans
de privilége, étaient promis à ceux qui inventeraient
quelques nouveaux procédés pour la fabrication des
soieries. Les anciens registres font mention d'une dou-
zaine de tissus fournis par les fabriques de Venise :
c'était des ormesins, des canevas, des lames d'or et
d'argent, des razs et razettes, des tabis hauts et bas,
des damasquinettes, etc. Ces tissus entraient, dit-on,
pour la moitié dans la valeur des cargaisons que la
république expédiait pour le Levant. A l'exemple de
Venise, les villes du continent, Padoue, Vérone,
Vicence, Bergame, étaient remplies de moulins où
l'on dévidait la soie, de filatures et de métiers pour
le tissage [1].

Venise fabriquait des armes, non-seulement pour
ses troupes de terre et pour sa marine, mais encore
pour les pays d'outre-mer, surtout pour le Levant,

----

(1) Daru, Histoire de Venise, tome III, liv. XIX.

qui les recherchait beaucoup. Cette branche de commerce fut peut-être ce qui établit les relations les plus intimes entre la république et les états sarrasins, et qui contraria le plus la chrétienté, puisqu'en effet c'était faciliter aux Sarrasins les moyens de faire la guerre avec plus de succès aux chrétiens, et de se maintenir dans leurs conquêtes. Deux rues, à Venise, celles de Spaderia et de Frezzaria, étaient habitées par les armuriers; et l'on trouve dans les registres plusieurs permissions accordées par le gouvernement pour l'exportation d'une grande quantité d'armes et d'armures : car c'était surtout pour cet objet qu'il fallait des autorisations. On fabriquait des lances, des cottes de mailles, des épées, des arcs, des casques, des boucliers, et plus tard on fabriqua des armes à feu [1]. On rafinait les métaux, surtout l'étain et le cuivre.

Venise est restée célèbre jusqu'aux temps modernes pour sa verrerie. Elle avait reçu de l'Orient le secret de colorer le verre, et de le façonner d'une manière variée et agréable. Ce secret paraît avoir été connu d'elle depuis le onzième siècle; du moins est-il certain que dès le commencement du douzième, les fabriques de Venise façonnaient le cristal et coloraient le verre [2].

(1) Voyez Marin, loc. cit.

(2) Formaleoni, Storia filosofica, &c., tome II, chap. xix, cite un manuscrit du treizième siècle, laissé par le patricien Nani, où sont décrits les procédés de la verrerie.

Ses glaces et ses vitrages étaient au moyen âge les plus beaux que l'on connût, et la verroterie de cette ville a été recherchée très-long-temps, non-seulement en Europe, mais aussi en Asie, et jusque dans les déserts de l'Afrique. Aujourd'hui encore les perles en verre de Venise sont une sorte de monnaie courante dans la haute Nubie et le Sennaar [1] ; elles y circulent probablement depuis le moyen âge. Murano était le siége de cette fabrication ; nulle part on n'a coulé de plus grandes glaces, jusqu'au siècle de Louis XIV.

Pour cette industrie, il y avait encore force réglemens et restrictions : il était défendu, entre autres, d'exporter le sable vitreux [2]. Il paraît que, pour obtenir ce sable quartzeux, on broyait les cailloux du Tésin. On tirait la soude de la Syrie, où elle était meilleure pour la verrerie qu'en Espagne [3] ; c'était un objet assez important pour les ports de la Syrie.

L'orfévrerie de Venise se faisait remarquer par la délicatesse de son travail, et fournissait des bijoux à toutes les nations. La peinture et la sculpture étaient encore imparfaites au moyen âge ; cependant, à

(1) Burckhardt, Travels into Nubia; Londres, 1819, in-4°.

(2) « Quod de cœtero vitrum sablonum, seu alia de quibus vitreum fieri debeat, non possint portari extrà terram, etc. » Marin, loc. cit.

(3) Ant. Neri, Florent., De Arte vitrariâ, libri VII; in eosdem Christoph. Merretti Observationes et Notæ; Amsterdam, 1669, in-18.

l'exemple des Grecs et des Orientaux, les Vénitiens s'essayaient hardiment dans les beaux-arts. On sait que leurs édifices offrent en partie des imitations du style byzantin. Les parures du temps avaient aussi quelque chose d'oriental; les fourrures y entraient pour beaucoup; Venise en apprêtait une grande quantité, pour laquelle elle tirait les peaux de la Russie, par la voie de la mer Noire ou du Levant. Une partie de la pelleterie retournait tout apprêtée chez les Sarrasins, d'où elle était venue dans son état brut. Il en était de même des drogues médicinales, qui venaient en grande partie de l'Orient, par la voie de l'Égypte et de la Syrie, et dont les pharmaciens de Venise composaient des thériaques et autres médicamens très-accrédités dans la médecine du temps.

Venise approvisionnait de cire tous les états chrétiens. Nulle part on ne travaillait cette substance avec autant d'habileté que dans cette ville, « soit à cause de
» la qualité de l'air et des eaux, soit à cause de la po-
» sition singulière d'une île isolée, et inaccessible à la
» poussière du continent, nulle part, dit un auteur
» vénitien [1], la cire ne recevait ce degré de blancheur
» qu'elle acquérait dans les fabriques vénitiennes;
» c'est-là que, devenue éclatante, elle prenait toutes
» les formes commandées par le luxe des cours, les

(1) Formaleoni, Storia filosof. et polit. della navigazione, del commercio, etc., nel mar Negro; tome II, chap. XXIII.

» besoins et les usages des églises. » Il fallait, pour alimenter le grand nombre de fabriques et de blanchisseries, chercher la cire non-seulement dans les ports d'Italie, dans les îles de la Grèce, dans les contrées voisines de l'Adriatique, mais aussi dans les contrées plus éloignées, surtout dans la mer Noire[1], où la cire arrivait en abondance de la Moldavie et de la Valachie.

En un mot, substances végétales, minérales, animales, tout prenait sous la main des industrieux Vénitiens des formes ou des qualités qui les rendaient agéables ou utiles, et leur assuraient un débit chez les peuples civilisés et chez les barbares, dans la chrétienté et dans les pays soumis aux Sarrasins. Quand Venise n'aurait eu, pour le commerce d'outre-mer, que ses propres marchandises, elle aurait donné assez d'occupation à sa marine, et se serait suffisamment enrichie.

L'affluence des étrangers devait être extraordinaire dans une ville aussi commerçante. Le Grec, l'Esclavon et l'Albanais s'y rencontraient avec le Provençal et le Catalan; et peut-être était-ce, à l'exception de Constantinople, la seule place d'Europe où l'on vît trafiquer ensemble les chrétiens, les musulmans et les juifs.

Il nous reste à rechercher par quelles routes de

_____

(1) « Les cires de la Romanie et de la mer Noire, dit Bald. Pegoletti, arrivent à Péra et Constantinople : celle qui est appelée *savorra* est la meilleure. » Prattica della Mercatura, chap. VIII.

terre s'écoulaient les marchandises et les denrées que
Venise fournissait au continent. Déjà du temps des
croisades, un de ses concitoyens, Marin Sanuto, con-
seillait à ses compatriotes de chercher une route terrestre pour communiquer avec les plus riches contrées
de l'Asie, avec la Perse, la Syrie et l'Inde, sans être
exposés à l'hostilité des Sarrasins. Cependant les Vénitiens, peuple éminemment maritime, ont toujours
préféré la voie de mer. Nous avons vu plus haut
qu'il était défendu d'introduire chez eux les denrées
du Levant par d'autres voies que par celle-là. Ce
n'était qu'en cas de guerre maritime qu'ils recouraient
à la voie terrestre. Ils avaient conclu à cet effet de
bonne heure des traités avec les rois de Bosnie[1] et de
Bulgarie, par le pays desquels ils pouvaient se rendre
assez facilement du littoral dalmate à Constantinople.
Lorsque Venise perdit son influence dans la capitale
de l'empire grec, et surtout lorsque les Grecs suc-
combèrent sous les armes des musulmans, les routes de
terre pour arriver au Levant furent trop peu sûres et
trop hasardeuses pour les marchands vénitiens. Toutefois ils ont dû continuer d'entretenir quelques rela-

---

(1) Voyez le traité conclu en 1444 par Étienne Thomas, roi de
Rascie, Bosnie et le littoral, avec la république de Venise, en confirmation des traités antérieurs, accordant la liberté du passage aux
Vénitiens à travers les états de ce prince. (De Hormayr, Geschichte
von Tyrol.)

13.

tions par terre avec la mer Noire, où ils avaient des échelles.

Nous avons vu aussi qu'il n'était pas permis aux Vénitiens de transporter eux-mêmes leurs marchandises sur les routes d'Allemagne, soit pour ne pas exposer les marchands à des chances, soit pour ne pas les détourner du commerce maritime. Les relations avec le Nord étaient pourtant importantes pour Venise; mais il fallait que ce fussent les Allemands eux-mêmes qui vinssent chercher les marchandises. Cependant si, d'un côté, Venise ne voulait pas que le commerce maritime fût fait par d'autres navires que les siens, elle exigeait, d'un autre côté, que pour le commerce du Nord, les transports fussent faits par des étrangers. Plusieurs routes servaient à ces transports : l'une traversait le Tyrol, et se dirigeait sur Ratisbonne et Nuremberg. Ces deux villes étaient en communication directe avec les lagunes, et leurs marchands rivalisaient entre eux dans la fonde des Allemands à Venise. Du temps de l'empereur Charles IV, les Ratisbonnais prétendirent à l'honneur de la prééminence, et sous le règne de l'empereur Wenceslas, ils soutinrent leur cause devant le doge contre leurs compétiteurs [1].

Apparemment les relations de Ratisbonne avec

____

(1) Chronique du prêtre André, insérée dans le tome III de Petz, Anecdota, page 606.

Venise étaient plus anciennes. Ratisbonne est en effet
une des plus anciennes places de commerce qu'il y
ait en Europe. Déjà un capitulaire de Charlemagne la
désigne comme un des marchés pour les Slaves de
la Silésie et de la Bohême. Son entrepôt de sel date
d'un millier d'années. Les légendes des saints font
mention de ses bateaux mercantiles sur le Danube,
et de son commerce avec la Russie, d'où l'on tirait
des pelleteries [1]. La ville avait, à ce qu'on prétend,
des dépôts et des facteurs à Kiew et à Novogorod, et
servait même de point de départ pour des caravanes
qui se rendaient en Tartarie. Il serait donc possible
que Venise eût reçu en échange des denrées du Levant, par Ratisbonne, les pelleteries du Nord pour les
envoyer à son tour dans les pays orientaux. On n'a
de preuves historiques du commerce de la ville de
Nuremberg avec Venise que depuis le quatorzième
siècle [2]. L'une et l'autre villes servaient d'entrepôt aux
marchandises qui venaient des lagunes, ou qui avaient
cette destination. Une autre route passait par Villach,
en Carinthie, et se dirigeait également sur Augsbourg
et Nuremberg, et probablement sur Vienne. Sans
acquérir la splendeur des premières de ces villes, celle

(1) Gemeiner, Regensburg. Chronik; Ratisbonne, 1803, in-8°,
tomes I et II.

(2) Roth, Geschichte des Nürnberg. Handels; Leipzig, 1800,
in-8° tome I, page 42.

de Villach gagna beaucoup par son commerce d'expédition entre l'Allemagne et Venise, surtout pour
les marchandises du Levant. Ce commerce eut de
l'activité dès le douzième siècle. Au quinzième siècle,
Villach fut une place florissante, qui gagna encore
davantage par l'exploitation des mines de plomb, et
par les forges des montagnes voisines : ce furent en
partie des familles vénitiennes qui établirent les moulins et usines, et ouvrirent les mines des métaux. En
vain les indigènes, jaloux de ces étrangers, s'efforcèrent de les priver des avantages que leur valait leur
industrie [1]. Les Vénitiens apportaient des capitaux qui
manquaient aux habitans. Une autre petite ville,
Pettau, aujourd'hui à peine connue, mais alors résidence des margraves de la basse Styrie, et ancienne
ville romaine, avait des relations suivies avec Venise.
Ses marchands allaient chercher eux-mêmes les marchandises aux lagunes, les transportaient jusqu'à la
Drave, et les faisaient entrer par cette rivière dans la
Hongrie. Elle défendit en 1368 très-bravement cette
coutume ou ce droit contre ses seigneurs, qui prétendaient être maîtres des grandes routes [2].

Vienne, étant située sur le Danube, ne pouvait

(1) Vonend, Seigneuries de l'ancien diocèse de Bamberg,
dans la haute Carinthie. (Archiv für Geschichte, Statistik; &c.
septembre 1826, mars et avril 1827.)

(2) Archiv für Geschichte, Statistik, &c.; avril 1827, n° 52.

rester étrangère aux transports des denrées du Levant.
Il y eut au moyen âge des foires à Enns; les bateaux
de Ratisbonne y avaient des priviléges. Vienne s'était
fait donner au treizième siècle le droit d'entrepôt et
d'étapes; elle veillait avec jalousie au maintien de ce
droit, et elle avait soin de tenir toujours ouverte la
route de Venise : elle correspondait avec les lagunes;
aussi les Viennois fréquentaient en grand nombre la
fonde des Allemands à Venise; et de leur côté les
Vénitiens allaient s'établir à Vienne, où les hôtels des
faubourgs portaient naguère encore des noms vénitiens, et où l'on a déterré souvent des monnaies d'or
de la république[1]. Ce ne fut qu'en 1515 que l'empereur Maximilien I.er ouvrit aux villes d'Allemagne le
marché de Vienne, en les affranchissant des entraves
auxquelles l'obligation des entrepôts les avait assujétis.
Dans la lettre de franchise on trouve une espèce de
tarif faisant l'énumération des marchandises, entre
autres de celles du Levant, qui y étaient apportées
par les marchands de Nuremberg et d'Augsbourg[2];
mais à cette époque, c'est-à-dire au seizième siècle,
ce n'était guère de Venise que ces villes recevaient de
pareilles denrées; ainsi ce n'est pas ici le lieu de suivre
davantage cette voie de commerce.

<hr>

(1) Archiv für Geschichte, Statistik, &c., avril 1827, p. 298.
(2) Lettre de franchise de Maximilien I, dans l'Archiv für Geschichte, Statistik, &c.; avril 1827, nos 50 et 51.

Il faut remarquer à cette occasion que la Silésie était parvenue au moyen âge à ouvrir une communication directe avec le Levant. On a trouvé dans les registres de Breslau, que les marchands de cette ville tiraient le poivre et l'alun de Smyrne, qu'ils recevaient ces objets par la Hongrie, et qu'ils en faisaient le commerce en gros; on les débarquait probablement à Constantinople; peut-être les Génois établis dans cette capitale les leur faisaient-ils parvenir [1]. Voilà donc une nouvelle route peu connue, par laquelle les marchandises du Levant pénétraient en Europe.

Le grand nombre de voyageurs vénitiens qui, au moyen âge, visitèrent des contrées inconnues ou parcoururent le monde en aventuriers, prouve combien il importait au commerce de Venise d'ouvrir de nouveaux débouchés, et de trouver de nouvelles sources de prospérité. Témoin ce Nicolo di Conti, qui partit de Damas avec une caravane arabe, se fit musulman, apprit l'arabe et le persan, parcourut la Perse, l'Inde et l'Égypte, et se fit absoudre ensuite par le pape de son apostasie, pour laquelle le souverain pontife lui imposa la pénitence spirituelle de mettre fidèlement par écrit ce qu'il avait vu et ce qu'il avait fait [2]. Témoin encore, ce Louis Barthema qui se mêla

(1) Kosen, Geschichte von Breslau, tome II, page 353. — Oestreichs Handel in alten Zeiten; Linz, 1822.

(2) Voyez sa relation dans la Collection de voyages de Ramusio.

hardiment parmi les pélerins musulmans au tombeau du prophète, fut jeté dans les fers à Aden, et délivré par une femme compatissante du harem du soudan. Cet aventurier a laissé un long récit de ses voyages en Asie [1]. J'ai déjà eu occasion de parler de Marco-Polo et des autres membres de cette famille qui, au treizième siècle, pénétrèrent dans la Tartarie. Joseph Barbaro, agent vénitien à Tana ou Azof, visita également, mais deux siècles plus tard, la Tartarie et l'est de l'Europe. Nicolo et Antonio Zeno poussèrent, au quatorzième siècle, leur navigation jusqu'au Groenland et à l'Islande. Quirini, négociant vénitien établi à Candie, alla en 1431 avec son vaisseau en Flandre, et fut poussé par les vents jusqu'à la côte de Norvège [2]. Dans le même siècle, d'autres Vénitiens visitèrent l'Égypte, la Perse, l'Inde, &c., et enrichirent leur patrie de nouvelles connaissances géographiques, dont le commmerce ne manqua pas de faire son profit [3]. Il existe à la bibliothèque de Saint-Marc un portulan, dessiné ou dressé par André Bianco, en 1436; il se compose de plusieurs cartes hydrographiques, où l'on voit déjà marquées des découvertes

(1) Voyez sa relation, Collect. de Ramusio.

(2) Voyez leurs voyages dans les Collections de Ramusio, de Hackluit, &c.

(3) Morelli, Dissertazione intorno ad alcuni viaggiatori veneziani; Venise, 1803, in-8°.

lointaines, telles que les îles Açores et une île Antille, sur laquelle on avait, à ce qu'il paraît, des idées vagues. On la trouve aussi sur d'autres cartes de ce temps. Le portulan de Bianco était probablement copié en partie sur des cartes plus anciennes, qui servaient aux marins. On y trouve une petite table où les problèmes de l'art nautique sont résolus de la manière la plus brève par des calculs de trigonométrie[1]. Vraisemblablement les pilotes étaient tous munis, dans leurs voyages, de tables de ce genre, qui prouvent que les mathématiques avaient été appliquées de bonne heure par les Vénitiens à leur navigation. Au commencement du quatorzième siècle, ils faisaient généralement usage de la boussole. Vers le milieu du même siècle, leurs navires furent armés de bombardes.

---

(1) Formaleoni, Saggio sulla nautica antica de' Veneziani, con una illustrazione d'alcune carte idrografiche antiche, &c.; Venise, 1783, in-8°.

CHAPITRE IV.

GÊNES, PISE, FLORENCE.

Commerce des Génois avec les Grecs. — Établissement à Péra. — Colonies et factoreries dans la mer Noire. — Traite des esclaves. — Commerce entre Gênes et l'Allemagne. — Établissement des Génois en Espagne. — Combats sur mer contre les Catalans. — Banque de Saint-George. — Cartes géographiques des Génois. — Audace des pirates de cette nation. — Navigation des Pisans. — Fabriques de draperies à Florence. — Importation des laines anglaises par la France. — Marine de Florence. — Relations avec l'Égypte.—Tableau de la prospérité florentine. —Amalfi, Ancône. — Commerce de transit en Italie.

GÊNES avait devancé Venise dans ses établissemens commerciaux au Levant, et rivalisait avec la puissante république des lagunes. Comme celle-ci, elle eut de bonne heure des comptoirs sur les côtes d'Afrique et d'Asie; comme celle-ci, elle créa des colonies dans les ports de l'Orient où elle pouvait espérer de faire des spéculations lucratives; enfin, comme Venise, elle prit une part active aux expéditions des croisés, et y gagna des richesses et des moyens d'établir des relations nouvelles. La jalousie excitée entre ces deux peuples, qui se rencontraient dans toutes les échelles du Levant, causa des guerres sanglantes qui furent très-nuisibles au commerce, et qui pourtant ne furent pas capables de le détruire, tant les nations avaient besoin les unes des autres, et tant il y avait de bénéfice pour toutes dans l'échange de leurs denrées et des produits de leurs fabriques. La pomme de discorde entre Gênes et Venise, ce fut toujours le commerce du Levant : c'est aussi dans le Levant que leurs flottes se portèrent les coups les plus rudes, et se firent réciproquement le plus de mal.

Ces haines si longues, si acharnées, si désastreuses pour les peuples, furent pourtant l'aiguillon des grands hommes dans les deux républiques, et le mobile des grandes actions et des efforts inouïs qu'elles firent pour s'agrandir. Les Doria, les Boccanegra élevèrent très-haut la gloire de la marine génoise, et les Justiniani, les Imperiali, et d'autres consuls, affermirent avec moins d'éclat, mais avec plus de solidité, la domination de Gênes dans les mers de l'Orient.

Gênes avait obtenu, déjà avant les croisades, divers priviléges des empereurs grecs, à Constantinople et dans d'autres parties de l'empire, où ils ne manquèrent pas de s'établir et de trafiquer. Ces avantages

furent non - seulement confirmés, mais encore au-
gmentés vers le milieu du douzième siècle[1].

Cependant les Génois ne purent empêcher les Vénitiens, plus voisins qu'eux - mêmes des côtes de la
Grèce, de se lier étroitement avec les Grecs, de se
faire assurer des établissemens dans les ports de l'empire byzantin, et de se livrer à un commerce maritime extrêmement lucratif. Ayant rendu d'importans
services aux princes latins, Venise fut favorisée, lors
des croisades, au point qu'une partie de Constantinople devint vénitienne. Par malheur, les Génois,
ayant encore à lutter d'un autre côté contre les Pisans,
ne purent diriger leurs forces sur leurs principaux
ennemis. Mais à la fin, ils les attaquèrent et les pour-
suivirent avec vigueur, jusqu'à ce que, en 1215, ils
rentrassent dans leurs anciens priviléges en Grèce. La
jalousie mutuelle des deux peuples éclata sur les côtes
de la Syrie, où ils avaient des comptoirs. Cependant
Constantinople et le commerce du Bosphore étaient
entre les mains des Vénitiens, que les princes croisés
favorisaient aussi en Syrie. Gênes n'était plus considérée que comme une puissance du second ordre :
Venise était la première. Ce fut alors que, prenant
un essor nouveau, la politique des Génois conçut le
projet d'une révolution qui devait les porter au pre-

____

(1) Voyez plus bas, chap. VIII.

mier rang. Gênes résolut de renverser le trône latin
de Constantinople, et d'y replacer la dynastie grecque,
réfugiée à Nicée, en Asie. Pour prix de cet immense
service, elle demandait la franchise de son commerce
dans l'empire, et le monopole de celui de la mer Noire.
On ne pouvait imaginer une entreprise plus téméraire : si Gênes échouait, son commerce était fini
dans la Grèce ; si au contraire elle réussissait, elle s'attirait les foudres de l'église latine, la haine des Francs
et la vengeance des Vénitiens. Rien n'effraya sa témé-
rité, soutenue par l'espoir de son propre monopole et
de l'humiliation de Venise. La marine génoise ramena
la dynastie grecque dans le port de Constantinople ;
et tandis que les Vénitiens et les autres Francs se réfugièrent dans les îles et dans la Morée, les Génois,
munis du diplôme impérial, changèrent en forteresse
un des faubourgs de Constantinople, et exploitèrent
seuls la mer Noire[1]. Cette époque est celle où leur
puissance jeta le plus grand éclat : jamais elle n'avait
eu autant de succès. Le diplôme de l'empereur Michel Paléologue, dont je parlerai plus au long dans le
huitième chapitre, fut son plus beau trophée, d'autant plus qu'elle put en jouir pendant deux siècles.

Ayant fait de Péra l'entrepôt de leur commerce
avec l'Asie et la Tauride, les Génois construisirent des

____

(1) G. Pachymère, Histor. Mich. Palæolog., tome I, livre II,
chap. XXXII.

navires particuliers pour la mer Noire. Ce fut un sujet
d'étonnement aux yeux des Byzantins, de voir les navires génois sillonner hardiment la mer Noire, même
en hiver[1], saison pendant laquelle le timide Grec sus-
pendait sa navigation.

Déjà ils avaient des comptoirs à Tana, auprès de ceux
des Vénitiens; dans la Crimée, ils trafiquaient également comme les Vénitiens à Soldaya, à Cembalo, à
Cerco, &c.; il leur fallut quelque chose de plus : ils
achetèrent donc un terrain appartenant aux Tartares,
pour y fonder une colonie, celle de Caffa, qui leur
servit de dépôt pour le commerce des pelleteries du
Nord, des marchandises de la Perse et de l'Inde, arrivées par la voie de la mer Caspienne et d'Astrakan,
et des marchandises apportées d'Europe par leurs
propres vaisseaux, et destinées aux nations de l'Orient.
Ils firent de cette ville une des plus belles et des plus
riches places de commerce en Europe[2]. Peut-être y
auraient-ils attiré les principales affaires du commerce
oriental, s'ils avaient su introduire un système colo-
nial équitable; mais ils étaient, comme les Vénitiens,
des maîtres durs et impérieux. Ils ne permettaient
pas, par exemple, que les étrangers venus à Caffa
fissent des achats ou des marchés entre eux : il fal-

(1) G. Pachymère, Histor. Mich. Palæolog., tome I, livre V,
chap. xxxii.
(2) Oderico, Lettere ligust.

lait que tout le commerce du port passât par les mains des bourgeois de Caffa.

Sur une carte géographique dressée, en 1455, par un prêtre génois, Barthélemi Pareto, le pavillon de Gênes flotte sur un grand nombre de lieux de la mer Noire, dont plusieurs sont à peine connus, tels que Samastro, Cimino, Fronda[1], &c. C'est que les Génois possédaient un grand nombre de postes ou de villages dépendant de leurs colonies. Ils y avaient des esclaves chrétiens et mahométans; car malheureusement pour l'humanité, la traite des esclaves déshonorait aussi le commerce de ces places génoises dans la mer Noire. En 1431, négociant avec le soudan d'Égypte, ils autorisèrent leurs ambassadeurs à consentir à ce que le sultan fît la traite à Caffa[2]; et immédiatement après un marchand génois du nom d'Impériali, qui était celui d'une des principales familles de Gênes, se rendit de l'Égypte à Caffa, en qualité de pourvoyeur d'esclaves pour le soudan[3]. L'esclavage choquait si peu ces républicains, endurcis par la fortune et par la guerre, qu'au dix-septième

(1) Andrès, Explication d'une carte géographique de l'an 1465, dans le tome I des Memorie della reg. Acad. ercolanese di Archæologia ; Naples, 1822.

(2) Voyez plus bas, chap. IX.

(3) Bertrand de la Brocquière, Voyage d'outre-mer, en 1432 et 1433; Mémoires de l'Institut national, tome V, Sciences morales et politiques.

siècle encore, ils se faisaient servir, dans leur propre capitale, par des esclaves turcs, maures, barbaresques et marocains [1].

Aucune puissance chrétienne peut-être n'eut autant de relations avec les khans tartares que Gênes; se trouvant toujours en contact avec eux dans ses possessions sur la mer Noire, elle fit avec les cheiks et les khans un grand nombre de traités et de conventions, dont il sera parlé dans un autre chapitre [2]. La république était en relation avec l'Arménie; à Trébizonde, les Génois allaient chercher les denrées orientales, surtout les épices venues par la voie de Tauris. Ils eurent des magasins, des comptoirs, des consulats dans les ports de la Syrie, de l'Égypte et de la Barbarie, comme nous le verrons plus bas; leurs marchands se hasardèrent même jusqu'au port de Zaïtoun, en Chine [3].

Les papes, d'autant plus amis des Génois que Venise était souvent en discussion avec le saint-siége, favorisèrent autant qu'il dépendait d'eux les relations d'outre-mer établies par la république de Gênes. Plusieurs de leurs bulles font foi du vif desir qu'ils avaient de seconder l'esprit entreprenant de Gênes dans

(1) Doubdan, Voyage de la Terre-Sainte, chap. LIX.

(2) Voyez plus bas, chap. VIII.

(3) Voyez la lettre d'André de Perugia, de l'an 1326, dans le tome V de Wadding, Annal. ordin. Fratr. Minor.

I.   14

l'Orient, d'où résultait d'ailleurs une nouvelle extension de l'église latine et du pouvoir papal. A l'archevêché de Gênes était attachée à perpétuité la dignité de légat du saint-siége dans les pays d'outre-mer. Innocent IV, natif de Gênes, ordonna, par un bref de l'an 1247, que les Génois établis dans le royaume de Jérusalem, en Chypre, &c., pussent tester librement, sans pouvoir être inquiétés ou excommuniés par la puissance spirituelle pour leurs dernières volontés [1].

Cependant Venise ne céda point à sa rivale l'empire de la mer Noire sans le lui avoir disputé avec acharnement. S'étant assurée de l'alliance des Catalans, sa marine vint attaquer, en 1351, la flotte génoise dans le Bosphore même, et en présence de Constantinople et du faubourg génois de Péra. La flotte vénitienne, commandée par Giustiniani, consistait en trente galères; Santapau, amiral catalan, en avait amené autant, et les Grecs en avaient fourni quatorze. Doria opposait à ces ennemis alliés une flotte de soixante-seize galères génoises. Le combat fut acharné; les Grecs s'enfuirent dès que la mêlée devint sérieuse; mais les Vénitiens et les Catalans attaquèrent les Génois, leurs ennemis communs, avec tant d'acharnement que la perte fut à-peu-près la même dans les

____

(1) Pièces des archives de Gênes citées par M. Silv. de Sacy, Mémoires de l'Institut royal de France, Académie des Inscriptions et belles-lettres, tome III.

trois flottes. Les débris de leurs galères et les corps des marins tués couvrirent la mer. Les Génois ayant l'avantage de connaître ces parages, et d'y être soutenus par leur colonie, restèrent maîtres du port[1].

Le commerce de la mer Noire fut d'une grande importance pour la ville de Gênes, qui confia la direction des affaires de ces parages à un bureau composé de six membres, et appelé *Ufficio de Gazaria*.

En 1201, une seule flotte génoise, revenant d'une croisière au Levant, rapporta une cargaison si riche, qu'on y comptait quinze cents livres pesant d'or, d'argent et de pierres fines[2]. Un bâtiment génois, à trois ponts, que l'amiral vénitien Zeno pourchassa dans les eaux de l'île de Rhodes, en 1379, portait une cargaison d'épices, mousselines, étoffes de soie, d'or et d'argent, évaluée à quinze cent mille ducats. C'est, il est vrai, le plus grand navire dont les annales de la marine génoise fassent mention[3].

Pendant les guerres contre Venise, Gênes se servait quelquefois des bâtimens neutres pour transporter

----

(1) Jean Cantacuzène, Histoire, liv. IV, chap. xxx. — André Dandolo, Chronica veneziana. — Georg. Stella, Annal. genuens.

(2) « Et inter aurum et argentum et lapides pretiosos tantùm adduxit ut commune januense habuit ultra libras m. d. » Ogerii Panis, Annal. genuens., dans le tome VI de Muratori, Scriptor. rer. italic.

(3) Chinazzo, Istoria della guerra di Chiozza, dans le tome XV de Muratori, Script. rer. italic.

14.

au Levant les marchandises d'Europe. C'est ainsi que, en 1380, l'amiral vénitien dont il vient d'être parlé saisit auprès de Modon, sur un bâtiment catalan, vingt-huit fardes de draps de Florence, quarante-huit balles de toiles de Reims, quatre barils de safran, &c., appartenant aux Génois, et évalués à vingt mille ducats de Venise [1]. Sur un autre bâtiment catalan, destiné aussi pour la Grèce, les Vénitiens saisirent aux Génois vingt-cinq fardes de draps de Florence, soixante-dix balles de toileries de Champagne, du cinabre, de la cire, &c., le tout valant quarante-quatre mille ducats.

Gênes fournissait des armes et des aromates à une partie de l'Allemagne, surtout à la ville de Nuremberg, qui expédiait ensuite ces marchandises sur le Rhin et le Mein. Sous le règne de l'empereur Sigismond, les Milanais et les Vénitiens furent favorisés en Allemagne aux dépens des Génois; cependant il paraît que Nuremberg continua de tirer de Gênes et des établisemens génois une partie des denrées du Levant dont elle avait besoin [2]. C'est aussi par Gênes que passaient presque toutes les marchandises de la Lombardie qui n'allaient pas à Venise. Milan en avait l'entrepôt, et les marchands génois les exportaient sur leurs navires dans les pays d'outre-mer, surtout au Levant;

(1) Chinazzo, loc. cit.
(2) Heeren, Essai sur l'influence des croisades.

elles consistaient en drap de moyenne qualité, en toile, en futaine, en fer ouvré, en acier et en cottes de mailles[1]. Sans doute Gênes pourvoyait, de son côté, la Lombardie, comme d'autres états, des denrées que ses navires apportaient en quantité.

Il paraît que ces denrées donnaient lieu, à la bourse de la ville, à des spéculations de hausse et de baisse. Comme les prix des épices variaient selon la quantité d'arrivages, les spéculateurs concluaient des marchés d'après lesquels ils s'engageaient à payer, à un terme éloigné et à des prix plus hauts, les épices, par exemple le poivre et la cannelle, qu'ils achetaient au prix courant. Nous avons une décrétale du pape Alexandre III qui, répondant à une consultation de l'archevêque de Gênes, n'approuve pas ce genre de marché, sans toutefois le condamner[2].

Les Génois avaient fait avec les princes maures de l'Espagne des arrangemens pour commercer librement sur les côtes, et dans les ports dominés par les musulmans. Au milieu du douzième siècle, le roi maure de Valence leur avait accordé des fondes ou loges à Valence et à Denia, et les avait affranchies de tout impôt. Il fut stipulé dans cette convention que les

(1) Uzzano, Prattica della Mercatura, chap. LXXXI.

(2) Laporte du Theil, Mémoire sur Robert de Courçon, dans le tome VI des Notices et Extraits des manuscrits de la Bibliothèque du Roi.

Génois établis à Alméria et à Tortose ne feraient aucun tort aux sujets du roi maure[1] : d'où l'on voit qu'alors les Génois avaient déjà des établissemens de commerce le long de la côte orientale et méridionale de l'Espagne. Ils ne s'entendirent pas moins bien avec les Maures des îles Baléares et avec les rois de Grenade, qui leur permettaient d'exporter les riches productions du sol de l'Andalousie[2].

Chez les peuples chrétiens de la Méditerranée, les Génois ne firent pas moins d'affaires que dans l'Orient et chez les musulmans. Déjà, en 1127, lorsque Barcelone était encore gouvernée par des comtes particuliers, Gênes s'était assuré par un traité la liberté de la navigation et du trafic sur la côte de la Catalogne[3]. Quand les rois d'Aragon se furent rendus maîtres de l'île de Mayorque, ils cédèrent un terrain aux Génois, qui obtinrent du pape la permission d'y bâtir une église[4]. Voilà donc un établissemement tout disposé pour le commerce. Dans le treizième siècle, ils se firent accorder par le roi de Castille plusieurs actes constatant le droit d'avoir à Séville, où ils faisaient un grand commerce d'huile et d'autres denrées, un alfon-

(1) Pièces des archives de Gênes citées par M. Silv. de Sacy, Rapport sur les recherches faites dans ces archives.

(2) Ibid.

(3) Capmany, Mem. hist. sobre la marina de Barcelona, t. IV.

(4) Pièces des archives de Gênes citées par M. Silv. de Sacy.

diga, ou loge du commerce, une église, des magasins et des consuls de leur nation[1]. Au quatorzième siècle, la marine catalane que les Génois rencontraient dans toutes les mers, et qui troublait souvent leur commerce, leur inspira la plus grande animosité contre les Catalans, quoiqu'il semble que leur haine contre Venise ne dût laisser place chez eux à aucun autre sentiment aussi vif. Les annales de Gênes et de Catalogne, pour cette époque, sont remplies du récit d'actes d'hostilité entre les marins des deux nations, et plusieurs des ordonnances des rois d'Aragon et de Sicile règlent l'armement en course contre les navires génois[2]. Vers 1332, l'escadre de Gênes, commandée par Grimaldi, brûla plusieurs navires dans les parages de l'île de Mayorque, et s'empara, auprès de la Corse, d'une galère catalane : l'équipage de ce bâtiment fut sans pitié passé au fil de l'épée. Deux ans après, une escadre catalane ne traita pas mieux les marins génois. Le commerce de Péra étant intercepté, Gênes arma une escadre de sept galères, qui poursuivit les bâtimens catalans sur la côte d'Asie, en brûla quelques-uns, en attaqua d'autres sur la côte d'Égypte, et les brûla aussi, après trois jours de combat.

(1) Fr. de Navarrete, Coleccion de los viages, descubrimientos, &c.; Madrid, 1825, tome II, charte de l'an 1251.—Pièces des archives de Gênes citées par M. Silv. de Sacy.

(2) Voyez Capmany, Memor. histor., &c., tom. I, part. I, liv. II.

Une autre escadre, commandée par Doria, intercepta le commerce de la Catalogne en Barbarie, et brûla deux gros bâtimens dans le port de Palerme. Après le grand combat naval dans le Bosphore, les Génois en eurent un autre à livrer aux Vénitiens et aux Catalans, et ne sauvèrent que dix-neuf galères sur les soixante-dix que Grimaldi avait commandées. Cet échec prépara la décadence de la marine génoise. Les Catalans attaquèrent encore l'île de Chio, où Gênes possédait de florissans établissemens. Ils furent poursuivis par la marine de l'île jusqu'au port d'Alexandrie, et obligés de se battre pendant quinze jours de suite. On pourrait citer beaucoup d'autres combats entre les marins des deux nations.

En Italie, Gênes avait étendu sa domination au-delà de Nice, sur la côte de Provence. Aussi avait-elle des rapports continuels avec Marseille. Elle avait enlevé aux Pisans, à la fin du treizième siècle, l'île de Corse, dont elle s'était fait céder long-temps auparavant une partie par le souverain pontife [1]. Les Génois furent toujours des maîtres durs et tyranniques pour les Corses; cependant quelques ports de cette île participèrent au commerce florissant de Gênes, tandis que le reste de la Corse était fréquemment troublé et désolé par les insurrections. Peut-

(1) Filippini, Istoria di Corsica, tome I; Pise, 1827, in-4°.

être les conquêtes de la république génoise se seraient-
elles portées plus loin, si elle n'avait pas été distraite
de ses projets, et affaiblie dans sa puissance, par les
factions des Guelphes et des Gibelins, de l'aristocratie et de la démocratie, qui déchiraient l'état et
divisaient les citoyens. Aussi, malgré la victoire rem-
portée en 1298, sur les côtes de la Dalmatie, par
Lambra Doria; malgré la destruction de la flotte vénitienne auprès de Constantinople, en 1352, enfin
malgré la victoire que Lucien Doria remporta, en
1379, dans les eaux de Chiozza, Gênes n'atteignit
jamais au même degré de splendeur et de puissance
que Venise, et après une lutte de quelques siècles,
elle succomba aux coups portés sans cesse par sa
rivale. Au commencement du quinzième siècle, on
fonda, ou plutôt on consolida la banque de Saint-
Georges, un des plus beaux établissemens financiers
du moyen âge, auquel s'adressèrent, dans leurs spéculations et leurs entreprises, les rois, les peuples et
les particuliers. Quand Charles VIII, roi de France,
voulut porter la guerre en Italie, ce fut à la république
de Gênes qu'il emprunta les sommes nécessaires.

Aucune république d'Italie n'a eu des marins plus
intrépides, et n'a montré sur mer autant d'audace. Ses
corsaires et ses pirates firent souvent des exploits
comme on en raconte des flibustiers et boucaniers.
Gênes les désavouait ou les soutenait, selon ses vues

politiques. Il arrivait à cet égard d'étranges aventures.

Sous l'empire de Michel Paléologue, qu'ils avaient rétabli sur le trône de Constantinople, ils passèrent avec leurs navires fièrement devant cette capitale, et pénétrèrent par le détroit dans la mer Noire, sans amarrer au palais de Blaquernes, comme l'exigeait la suprématie des souverains de Bysance. On les fit poursuivre, on mit des troupes sur les bords du détroit, pour lancer des projectiles sur les pirates. Ceux-ci raillèrent et insultèrent les Grecs, pillèrent leurs bâtimens de commerce, et repassèrent par le détroit. A la fin ils tombèrent au pouvoir de Michel Paléologue, qui leur fit crever les yeux, et imposa une forte amende sur les Génois dans sa capitale [1].

Les parages de Chypre furent souvent infestés par les pirates génois, et les insulaires eurent fréquemment à gémir de la faiblesse de leur gouvernement à l'égard de ces insultes. Marebot, fameux corsaire génois, aborda en 1313 à Baffa, l'ancienne Paphos, mit en fuite le gouverneur, prit le château-fort, saccagea la ville, et se rembarqua ensuite avec un riche butin. Au milieu de ses excès, ce corsaire garda pourtant quelque ordre; car il fit pendre sur ses galères

(1) George Pachymère, Histor. Mich. Palæolog., tome I, liv. V, chap. xxx.

quelques-uns de ses gens, qui avaient violé les réglemens [1].

Vers l'an 1380, un soufflet donné leur procura des
priviléges de commerce dans la mer Noire. Ce soufflet,
appliqué par un mignon d'Alexis, empereur grec de
Trébizonde, sur la joue d'un noble de Gênes, nommé
Megollo Lescari, qui jouait aux échecs dans le palais
impérial, fit du Génois offensé un ennemi impla-
cable de l'empire de Trébizonde. N'ayant pu obtenir satisfaction de l'empereur, il retourna en toute
hâte dans sa patrie, y arma deux galères, recruta
de jeunes volontaires pour les monter, mit à la
voile pour la mer Noire, infesta les côtes de Trébizonde, brûla les villages, pilla les habitans, leur
coupa le nez et les oreilles, et envoya ces horribles
trophées à l'empereur. Il répandit une si grande
terreur à la cour de Trébizonde, qu'Alexis crut devoir sacrifier son favori. Megollo Lescari le renvoya
avec mépris, en déclarant qu'il ne voulait pas se venger sur une femme. Il exigea que l'empereur s'enga-
geât par un traité à accorder des priviléges aux marchands génois dans sa capitale, et à leur céder un
édifice pour leur demeure, ce qui fut fait [2]. Si le pirate

(1) Jauna, Histoire générale des royaumes de Chypre, de Jérusalem, &c., tome II, liv. XV, chap. VII.

(2) Ub. Foglietta, Historia genuensis, liv. VIII.— Petr. Bizari,
Senatûs populique gen. Hist. atque Annal.; Anvers, 1579, liv. VII.

génois Zacaria, qui, vers la fin du même siècle, jeta des secours dans la place de Tripoli, assiégée par les Sarrasins, et qui alla ensuite ravager les côtes d'Égypte, avait eu les mêmes succès que Megollo Lescari, Gênes en aurait probablement profité aussi ; mais il compromettait inutilement le commerce de cette république : aussi se hâta-t-elle de renier ce pirate par une députation envoyée au soudan, et dont il sera question plus tard.

Quelquefois les capitaines génois se mettaient à la solde des puissances qui avaient besoin de galères pour fortifier leur marine. C'est ainsi que Philippe-le-Bel, pour porter la guerre en Flandre, l'an 1304, réunit à sa flotte de Calais onze galères nolisées à Gênes, et commandées par un Grimaldi, qui contribua beaucoup au succès de la campagne [1]. Colomb même, avant de découvrir pour l'Espagne un nouveau monde, fut, dit-on, à la solde de René, comte de Provence, et protégea la marine marseillaise. L'état de corsaire ne lui déplut pas, et on lui attribue des exploits dignes des marins les plus téméraires de sa nation.

Une république aussi exercée dans la marine aurait pu être long-temps encore forte au-dehors, si les dissentions intestines ne l'avaient affaiblie.

(1) Legrand d'Aussi, Mémoire sur la marine française au commencement du quatorzième siècle, dans le tome V des Mémoires de l'Institut national, Sciences morales et politiques.

Le peuple génois avait exilé, en 1339, les principales familles nobles, dont la rivalité et les prétentions funestes irritaient la bourgeoisie. Depuis lors
l'état, gouverné par un doge et par un sénat, reprit
du calme, et put se livrer avec plus de sûreté au
commerce et aux expéditions maritimes; cependant
d'autres familles finirent par abuser de l'ascendant
qu'elles avaient obtenu sous le nouveau régime. Ce
sont ces familles que l'on accuse d'avoir vendu l'état
au duc de Milan et au roi de France, qui, en effet,
furent pendant quelque temps maîtres de la république turbulente. En 1528 enfin, une révolution fit
retomber le pouvoir dans les mains de l'ancienne aristocratie. Le gouvernement prit plus de consistance et
de solidité; mais à cette époque, l'esprit public s'était
éteint, et le commerce avait éprouvé des chocs trop
rudes pour pouvoir se relever.

Il existe dans les grandes bibliothèques quelques
cartes géographiques qui furent dressées dans le temps
de la splendeur maritime de cette république, et que
réclamaient les besoins commerciaux d'une navigation très-étendue. Telle est la carte de Pareto, dont
j'ai fait mention plus haut; telles sont encore celles de
Pierre Visconti et de Bedrasco, dont la première est de
l'an 1318, et la seconde de l'an 1436[1]; elles prouvent

____

(1) Andrès, Explication d'une carte géographique de l'an 1455,
dans le tome I des Memor. della Accad. ercolanense.

que les Génois ont eu de bonne heure quelques notions assez justes, au moins sur les côtes de la mer où
croisaient leur navires de guerre et de commerce.

Gênes ne négligeait pas l'industrie manufacturière
pour le commerce maritime : elle avait des filatures
de coton, d'or et d'argent, des fabriques de draps et
d'autres étoffes de laine, ainsi que de maroquins, de
mégisserie, &c. Ses ateliers tissaient les cotons de
Chypre, d'Alexandrie et de Malte, et les laines de Catalogne, de Barbarie, de Provence et des îles Baléares ;
mais il paraît que le goût des spéculations sur mer fut
toujours plus vif chez les Génois que celui des arts et
métiers.

Un autre port, celui de Pise, avait jadis joué un
rôle brillant dans la Méditerranée par sa marine marchande. Au douzième siècle, un poète vantait Pise
pour ses richesses, et pour le concours des négocians
de diverses nations, chrétiens, juifs et musulmans [1].
Son commerce maritime s'étendait jusqu'en Afrique [2].
Cette ville renfermait, suivant le calcul des auteurs
italiens, deux cent mille habitans : quelques beaux

(1) Qui pergit Pisas, videt illùc monstra marina ;
    Hæc urbs paganis, Turchis, lybicis quoque Parthis,
    . . . .,
    Sordida Chaldæi sua lustrant littora tetri.
                    (Donnizo monach., Vita Mathildæ comitissæ.)
(2) Voyez Muratori, Antiquitates italicæ, tom. II, dissert. 30e.

monumens attestent encore sa splendeur passée.
Après les Vénitiens et les Génois, il n'y avait pas de
peuple italien qui eût autant de relations avec les
pays d'outre-mer, surtout avec le Levant, que les
habitans de Pise. La nécessité ou l'envie de combattre
les Arabes dans la Méditerranée, soit sur les côtes de
la Sicile, de la Sardaigne et de la Corse, soit sur
celles de l'Afrique, avait exercé et aguerri sa marine.
Outre les diverses espèces de bâtimens de commerce,
tels que coques, galères, fustes, corrales, &c., les
Pisans construisaient des bâtimens de guerre avec des
tours de bois, et des machines d'attaque qu'ils dirigeaient avec une habileté redoutée de leurs ennemis[1].
Leur expédition contre les Maures des îles Baléares,
leurs conquêtes en Corse et en Sardaigne, leur donnèrent une réputation militaire; ils tirèrent d'excel-
lens matelots de ces îles, et accrurent ainsi la force
de leur marine.

Ils disputèrent la prééminence aux Génois, et ils
furent souvent des rivaux très-incommodes, même pour
la puissante Venise, quand, par politique, ils s'alliaient
avec Gênes. Au onzième siècle, les Pisans trafiquaient
avec les Grecs; l'empereur Alexis ne les traita pas avec
beaucoup d'égards, peut-être parce qu'ils ne lui pa-
rurent pas fort redoutables. Pour se venger, ils firent

____

(1) Fanucci, Storia di Venezia, Genova e Pisa.

son fils prisonnier. L'empereur ne put obtenir sa liberté qu'en leur accordant dans ses états des avantages commerciaux semblables à ceux des peuples favorisés, c'est-à-dire le droit d'avoir une fonde, une église, des magasins, et de vivre dans ces factoreries sous leurs lois nationales [1]. Peu d'années après, le prince Boémond leur accorda aussi un établissement à Antioche; ils s'en firent céder à Tyr, à Tripoli, à Saint-Jean-d'Acre. Il existe une foule d'actes qui constatent leur commerce et leurs priviléges dans les ports de la Syrie; à Tyr, le négoce fut pendant quelque temps entre les mains d'une de ces compagnies moitié laïques, moitié monastiques, comme il en existait plusieurs en Italie : c'était ce qu'on appelait la confrérie des *Humbles*. Nous la retrouverons tout-à-l'heure à Florence; cependant la société établie à Tyr paraît avoir eu un caractère plus mondain : au reste, on ignore son origine [2].

En 1171, Venise offensa l'empereur Manuel; les Pisans profitèrent de la mésintelligence : ils obtinrent à Constantinople les mêmes priviléges dont Venise avait joui. Les Vénitiens jugèrent qu'il était prudent de s'arranger avec les Pisans. L'altière cité des lagunes de l'Adriatique consentit à laisser trafiquer des mar-

(1) Voyez plus bas, chap. VIII.
(2) Voyez Tiraboschi, Monumenta vet. ordin. Humil.; Milan, 1766, tome I, in-4º.

chands de la petite ville de Pise dans tout le Levant, même dans ses propres possessions de l'Archipel, à condition que les marchands y·paieraient un quart des droits ordinaires imposés aux marchandises [1]. Ce fut à la suite des Génois qu'ils rentrèrent, en 1261, avec les Paléologues, à Constantinople, et pénétrèrent dans la mer Noire, où Gênes voulut bien leur laisser faire quelque commerce.

Pise ne fut pas moins vigilante pour obtenir des avantages dans les ports d'Afrique. Un des plus anciens traités connus qui aient été conclus entre les chrétiens et les états barbaresques est celui que Pise fit en 1230 avec le roi ou soudan de Tunis, et dont il sera question dans le chapitre des Traités de commerce [2].

Pendant les croisades, la flotte de Pise, au nombre de cent vingt navires, contribua à la conquête de la Palestine [3]. Ses bâtimens transportèrent, comme ceux de Venise et de Gênes, les croisés de l'Europe à la côte de Syrie, et ces transports contribuèrent beaucoup à la prospérité de Pise. De bonne heure la ville se donna des statuts : vers la fin du treizième siècle, ce petit état [4] nous présente un gouvernement bien

(1) Dandolo, Chronica venez. — Marin, Storia del commercio.
(2) Voyez plus bas, chap. IX.
(3) Tronci, Annali di Pisa.
(4) Voyez Masi, della Navigazione e del Commercio della republica pisana.

I.   15

organisé, et toutes les institutions propres à maintenir l'ordre, et à fomenter l'esprit public. Nous y voyons un podestat, un conseil d'anciens du peuple, des capitaines de quartiers, des consuls de marchands, des consuls de mer, enfin des consuls d'arts et métiers. Il commerçait avec les Sarrasins de Naples et de Sicile [1]; il correspondait avec les états chrétiens de la Méditerranée; il recevait la laine du midi de la France pour ses fabriques; il exploitait les salines de la côte d'Espagne; il avait des manufactures de tissus de laine et de soie qui alimentaient son commerce avec le dehors. Mais la rivalité qui existait entre cette ville et Gênes lui fut à la longue très-funeste. En 1167, les Génois avaient réussi à faire exclure les navires pisans de tous les ports aragonais, depuis Feliu jusqu'à Nice. Heureusement, neuf ans après, les Génois se brouillèrent avec l'Aragon, et à cette occasion les Pisans furent admis de nouveau dans les ports appartenant à cette puissance [2].

En vain Pise disputa aux Génois la domination de la Sardaigne et de la Corse, en vain voulut-elle lutter à-la-fois contre Gênes et contre d'autres villes d'Italie : étant la plus faible, elle succomba enfin, malgré son

(1) Gaufred. Malaterra, Histor. sicul., livre II, chap. xxxiv; et livre IV, chap. iii.

(2) Capmany, Memor. histor. sobre la marina de Barcelona, tom. I et III.

courage et son énergie; les Génois détruisirent sa flotte, au commencement du quinzième siècle.

Pendant les entreprises et les guerres maritimes de Pise, une ville voisine, celle de Florence, avait grandi, pour ainsi dire, dans l'ombre : elle devint une rivale redoutable pour ce port. On ne sait par quelles circonstances particulières les Florentins s'étaient adonnés aux arts industriels. On les voit, au moyen âge, divisés en un grand nombre de tribus, je dirai presque de castes, dont chacune pratiquait un art ou une profession particulière. On distinguait les sept grands arts; c'étaient les tribus principales et dominantes : quatorze ou quinze petites tribus leur obéissaient, en pratiquant obscurément leurs métiers peu lucratifs. Aux arts majeurs appartenaient les fabricans et apprêteurs de tissus de laine, les banquiers, les médecins et apothicaires-droguistes [1].

Un ordre religieux, celui des Frères Humbles, qui s'adonnait tout entier au tissage des laines, et qui avait acquis dans son métier cette habileté qu'on obtient en pratiquant sans cesse les mêmes procédés, avait beaucoup contribué, par son établissement à Florence, à répandre et à entretenir le goût de son travail manuel [2]. Une colonie n'aurait pas été une acqui-

(1) Pagnini, della Decima e delle altre gravezze, vol. II, section I, chap. V.

(2) Tiraboschi, Monumenta Fratr. Humil.

sition plus précieuse pour Florence que cette communauté de tisserands religieux, qui montraient aux ouvriers à tisser, à teindre et à apprêter la laine. La draperie devint la principale branche d'industrie sur les bords de l'Arno.

Depuis long-temps l'Angleterre, la Flandre et la France fournissaient des laines aux villes industrieuses de l'Italie. C'est là aussi que se pourvoyaient les Florentins ; cependant ils n'avaient ni ports, ni navires, pour exporter leurs marchandises. Dans l'origine, ils avaient conclu des traités avec les villes voisines, situées sur les grandes routes de l'Italie [1]. Ils obtinrent aussi des Pisans qu'ils pussent mettre leurs marchandises en dépôt dans leur port, et les expédier librement. Pendant quelque temps, la plus grande concorde régna entre les deux villes. Pise promit de laisser passer les marchandises de Florence sans lever de taxes ; et quand les Pisans partirent pour une expédition contre les îles Baléares, ce fut aux Florentins qu'ils confièrent la garde de leurs femmes et de leurs enfans pendant leur absence. Malheureusement cet accord ne dura pas toujours. Pise se repentit des concessions faites à ses industrieux voisins, et les restreignit ; les Florentins retirèrent leurs comptoirs, et s'adressèrent aux habi-

---

(1) Voyez les documens n⁰ˢ 1 et 2, dans le tome II de Pagnini, della Decima e delle altre gravezze.

tans de Sienne, qui leur accordèrent un entrepôt dans
leur port de Talamon. Ce port était peu fréquenté, et
la route qui y conduisait incommode. Florence pré-
féra traiter de nouveau avec Pise, dont la fortune
baissait. Enhardie par ses succès, elle osa même mé-
diter la conquête de ce port. Une première tentative
échoua ; Gênes voulut se réserver à elle-même la jouis-
sance d'humilier la puissance des Pisans : elle combla
leur port à l'embouchure de l'Arno. Cependant il fallait absolument un port aux Florentins. La discorde
régnait à Gênes ; cette république, menacée par le
duc de Milan, avait besoin d'argent pour lui faire la
guerre ; elle vendit, en 1421, aux Florentins le port
de Livourne, que ceux-ci convoitaient depuis long-
temps [1].

Cette acquisition agrandit les vues de Florence :
devenue une des plus riches villes de l'Italie, elle
voulut avoir sa marine, trafiquer avec les musulmans,
et relever les comptoirs que Pise avait autrefois fondés
en Orient. Dans l'année même où Florence obtint le
port de Livourne, cette république institua une ma-
gistrature pour les affaires maritimes, fit construire
ses premières galères, et envoya deux agens, avec
d'amples instructions, en Égypte, pour obtenir, en
qualité d'héritière des Pisans, les mêmes avantages

____

[1] Scip. Amirato, Storia di Firenze, liv. XVIII.

dont le commerce de Pise avait joui chez les musulmans[1].

Le soudan ayant accueilli favorablement la demande des Florentins, comme on le verra par le traité
qui sera cité dans un autre chapitre, ce fut une fête
pour Florence d'envoyer à Alexandrie la première
galère de commerce. On fit des processions et des
feux de joie comme à la Saint-Jean; douze jeunes
gens des principales familles s'embarquèrent sur ce
navire, pour se former au commerce du Levant. On
frappa des florins d'or de la même valeur que ceux de
Venise, afin de leur donner cours dans les comptoirs
d'outre-mer : on les appela *florins de galères*[2].
Florence obtint des concessions mercantiles non-seulement en Égypte, mais aussi en Syrie, à Constantinople et en Morée. Il est déplorable qu'elle ait flétri
dans la suite la gloire de cette prospérité, due à son
industrie, par son alliance avec les Turcs contre Venise, sa rivale et son ennemie, comme nous le verrons dans un des derniers chapitres de cet ouvrage.
Elle eut aussi des comptoirs dans l'île de Chypre et en
Arménie. Dès-lors elle prohiba l'entrée des étoffes de
soie, excepté les voiles de femme, et de plusieurs

----

(1) Les instructions données aux ambassadeurs ont été publiées
par Leibnitz, Mantissa Codic. juris gent. diplomat.; Wolfen-
büttel, 1747, in-folio.

(2) Pagnini, della Decima e delle altre gravezze, vol. II, sect. II.

espèces de draps; l'exportation des armes et du fer, par les galères du Levant, fut défendue, ainsi que le commerce des esclaves : heureux fruit de la civilisation, qui suivait les progrès du commerce! La marine de Florence avait commencé avec deux galères; quelques années après, elle fut portée à onze grosses galères et à quinze petites; elle ne s'est jamais beaucoup élevée au-delà de ce nombre. A l'exemple de Venise, Florence régla, du moins en petit, l'ordre des expéditions d'outre-mer. Celles d'Orient comprenaient Constantinople et les ports de la mer Noire, surtout Caffa et Trébizonde; elles pouvaient s'étendre aussi jusqu'à Alexandrie et la haute Barbarie, c'est-à-dire jusqu'à Tunis et Tripoli. Les expéditions d'Occident embrassaient la Barbarie inférieure ou Bona, ainsi que Mayorque et Minorque, puis la Flandre et l'Angleterre. A leur retour, elles devaient entrer au port de Pise [1]. Ces deux espèces d'expéditions ne devaient jamais être confondues; il fut défendu aux marchands d'expédier par une autre marine que celle de Florence les marchandises destinées pour les places où se rendaient les galères, sous peine d'une amende de huit pour cent de la valeur des marchandises. Tout ce qui concernait l'armement et l'équipement des galères, ainsi que les tarifs des nolis, était réglé par la république;

____

(1) Pagnini, della Decima, &c., sect. II et III, vol. II.

un amiral en avait le commandement. Les galères du Levant partaient au mois de février, celles de l'Occident en septembre ; les patrons ou conducteurs des premières étaient obligés de transporter les ambassadeurs et les jeunes gens qui allaient apprendre le commerce dans les échelles du Levant. A leur retour, ces patrons devaient chacun à la seigneurie de Florence un tapis de la valeur de quinze florins d'or au moins. On abandonnait ordinairement les galères de l'état, pour les expéditions d'outre-mer, au plus offrant ; mais faute de concurrence, on les cédait gratuitement aux spéculateurs. C'est ainsi que, en 1429, le consulat maritime mit une galère à la disposition de Dominique Delfini, sous la condition qu'il ferait au moins deux voyages par an à Raguse, et qu'il chargerait mille pièces de draps, dont les deux tiers devaient être de fabrique florentine. La république se lassa enfin de tenir des galères à la disposition des citoyens, et, en 1480, elle abandonna les expéditions d'outre-mer à leurs spéculations[1].

Pendant long-temps les Florentins avaient conservé, avec le goût de l'industrie, la vie sobre et grossière de leurs ancêtres. Ils s'étaient enrichis par le travail, sans cesser de vivre comme de simples ouvriers. Le Dante et les chroniques vantent le temps où ils vendaient aux

____

(1) Pagnini, della Decima &c., vol. II, sect. II.

étrangers les draps fins de leurs fabriques, tout en portant eux-mêmes des vêtemens de grosses étoffes; où leurs femmes n'avaient pour parure que les serges de Provins et de Caen[1]; où les banquiers faisaient leur métier assis à l'entrée de leurs maisons, derrière une petite table, sur laquelle on. ne voyait que leur livre de compte et une bourse. Plus tard, quand l'argent afflua dans la ville, le goût du luxe suivit la richesse. En vain essaya-t-on d'interdire aux deux sexes l'or, l'argent, les fourrures, les soies : des négocians et banquiers opulens ne pouvaient vivre comme des artisans. Florence devint le siége du luxe, des beaux-arts et du bon goût, en dépit de toutes les lois somptuaires[2]. Pour assurer l'arrivage des laines, qui alimentaient les fabriques, il avait fallu établir des comptoirs en Angleterre, en Flandre et en France. Plusieurs maisons de commerce, à Florence, avaient des facteurs dans cinq ou six villes du continent. On cite la maison Alberti qui, au milieu du quatorzième siècle, possédait des établissemens à Bruges, Avignon, Naples, Barletta, Venise et ailleurs. En achetant le port de Livourne, Florence avait été obligée de souscrire à une condition préjudiciable à sa marine : c'était d'abandonner à la marine génoise le transport de toutes les cargaisons de laines qui devaient être

(1) Villani, Storie &c., liv. VI, chap. LXXI.
(2) Scip. Amirato, livre XX.

débarquées sur la côte génoise. Beaucoup de ces transports traversaient aussi la France; Bruxelles, Paris,
Avignon, puis Marseille ou Aigues-Mortes, étaient
les lieux par lesquels ils passaient, pour être embarqués ensuite, ou pour continuer la route continentale
à travers la Lombardie. C'est aussi à Aigues-Mortes
qu'on embarquait les laines venues de Londres à Bordeaux, et expédiées de là par la Gascogne et le Languedoc jusqu'à ce port. Un aussi long et pénible transport, garanti par des compagnies d'assurances, augmentait de douze à quinze pour cent le prix des laines [1].
Ces matières premières n'étaient pourtant pas de la
première qualité : pour la draperie fine, on tirait les
laines de l'Espagne.

L'apprêt des draps de France constituait une industrie particulière. Beaucoup de négocians faisaient fabriquer pour leur compte en France et en Flandre, ou ils
achetaient dans ces pays les draps déjà fabriqués; et
quand ces tissus étaient arrivés à Florence, on les teignait, et on leur donnait divers apprêts, suivant le
goût des nations étrangères que l'on voulait servir [2]. L'art
de ces apprêts avait un nom singulier, celui de *kalimala;*
il occupait une classe ou tribu particulière, qui devint
riche et puissante. On tirait de l'étranger environ dix
mille pièces de drap par an. Florence excellait dans la

---

(1) Uzzano, Prattica della Mercatura, chap. XXI.
(2) Della Decima e delle altre gravezze, vol. II, sect. IV, ch. VII.

teinture par le kermès, l'indigo, la garance et l'or-
seille, importée, dit-on, de l'Orient par les Ruccellaï;
nulle part on ne faisait des draps écarlates comme à
Florence; nulle part on ne variait les nuances des tissus
comme dans les fabriques de cette ville[1]. Vers 1338,
on comptait plus de deux cents de ces fabriques;
elles fournissaient soixante-dix à quatre-vingt mille
pièces de drap par an[2]. Cette quantité d'ateliers aug-
menta encore dans la suite. La fabrication des soieries
n'occupa ses fabriques qu'à la fin de l'époque qui fait
le sujet de cet ouvrage.

Il semblait que l'esprit commercial fût inné chez les
Florentins : déjà aux douzième et treizième siècles, on
les voit tenir des banques et prêter de l'argent aux
princes. Ils ouvrirent partout des maisons de prêt,
marchèrent de pair avec les Lombards, et, il faut le
dire, ils furent souvent maudits, comme ceux-ci, par
leurs débiteurs à cause de leur rapacité. Vingt pour
cent par an était le taux ordinaire des prêteurs florentins; et il n'était pas rare qu'ils en prissent trente
à quarante[3]. Est-il étonnant qu'une grande partie du
numéraire qui circulait alors fût entre leurs mains,

(1) Voyez le document ancien contenant les noms et les prix des
tissus du moyen âge, inséré par Pagnini dans le tome II de son
ouvrage : della Decima e delle altre gravezze, sect. V, chap. IV.

(2) Villani, Storia &c.

(3) Della Decima e delle altre gravezze, vol. II, sect. VI.

et que leurs banques fussent les premières en Europe? Des spéculations hardies et heureuses vinrent ajouter encore à leur richesse; quelques-unes de leurs maisons firent plus d'affaires d'argent que tout le reste de leurs concitoyens, et eurent assez de considération à l'étranger pour être les protecteurs du commerce florentin. C'est ainsi que les maisons de banque des Peruzzi et des Bardi, qui faisaient de grandes affaires, non-seulement en Europe, mais aussi au Levant, obtinrent des priviléges de commerce en Chypre et en Arménie, et en firent jouir leurs concitoyens[1]. Les Peruzzi prêtèrent des sommes considérables à l'ordre de Saint-Jean de Jérusalem ; les Bardi eurent de très-fortes créances sur le roi d'Angleterre. Ces deux maisons, trop engagées dans leurs prêts, furent embarrassées, et firent des faillites éclatantes, entraînant dans leur chute beaucoup d'autres maisons de Florence, telles que les Corsini, les Uzzano, les Bonacorsi. La maison des Médicis, qui s'éleva comme celles-ci en spéculant sur les laines et sur les épiceries, fit une fortune plus solide : le gouvernail de l'état et la gloire de la patrie lui furent confiés.

Il est à remarquer que deux négocians de Florence de deux siècles différens, Balducci Pegoletti et Uzzano, que j'ai souvent eu occasion de citer, ont laissé des

---

(1) Bald. Pegoletti, Prattica della Mercatura, chap. vii et xi.

traités de commerce remplis de renseignemens précieux sur les places commerciales, les marchandises, les monnaies et les changes du temps. Les Vénitiens mêmes, dans leurs spéculations au Levant, se servaient souvent des banquiers de Florence : c'étaient des gens qui expédiaient promptement les affaires d'argent. On criait contre leur avidité; mais on ne laissait pas de recourir à leurs banques. On ne peut lire sans sourire d'une colère aussi patriotique la sortie violente qu'un auteur florentin du quinzième siècle, Benedetto Deï, fait, dans sa Chronique, contre les Vénitiens, qui avaient parlé avec dédain des marchands de Florence [1]. « Sachez, s'écrie-t-il, que nous » avons à Florence deux corporations plus respectables » et plus nobles que celles de votre ville de Venise; ce » sont celles des fabricans de lainages et de draperies : » on le sait à la cour de Rome, à celle de Naples, en » Sicile, à Constantinople, à Péra, à Scio, à Bursa, » à Gallipoli, à Salonique, à Andrinople et ailleurs, où » les Florentins envoient leurs draps, et où ils ont des » banques, des fondes, des factoreries, et des consu- » lats : quant aux soieries et aux brocards d'or et d'ar- » gent, nous en faisons et en ferons toujours plus que » votre Venise, Gênes et Lucques ensemble. Deman- » dez-le à vos marchands qui fréquentent Marseille,

(1) Voyez l'extrait de sa Chronique, parmi les documens, n° 7, du volume II de Pagnini : Della Decima e delle altre gravezze.

» Avignon, Lyon, Genève, Bruges, Anvers et
» Londres ; partout ils trouvent de fortes banques,
» des bourses magnifiques, des négocians respectables,
» des fondes, des églises et des consulats appartenant
» aux Florentins. Informez-vous des banques des Mé-
» dicis, des Pazzi, des Capponi, des Buondelmonti,
» des Corsini, des Falconieri, des Portinari, et de tant
» d'autres maisons dont les noms rempliraient cent
» pages. Dans ces établissemens, ce n'est pas de mer-
» ceries, de quincaillerie, de fil à coudre, de franges,
» de chapelets, de verroterie, que l'on fait trafic : on
» y débite des ducats, des brocards et de la drape-
» rie. Quand vous autres Vénitiens allez chercher des
» épices, des cotons et de la cire, à Alexandrie, vous
» êtes obligés de les acheter à ducats comptant. Les
» Florentins donnent leurs draps et autres tissus en
» échange de ces marchandises, qu'ils tirent plus faci-
» lement encore de Bursa, &c. »

Voilà comme chaque grande ville d'Italie récla-
mait pour elle l'admiration du monde et les honneurs
de la suprématie : heureuse l'Italie, si la rivalité, contente de redoubler d'efforts en industrie, n'eût pas
provoqué la ruine du commerce, en favorisant les progrès des barbares qui envahirent l'Orient !

. Une petite ville napolitaine, Amalfi, avait devancé
toutes ces républiques dans le commerce du Levant.
Selon Guillaume de Tyr, ses habitans avaient été le

premier peuple européen qui eût apporté en Syrie et
Égypte des marchandises étrangères inconnues dans
ces pays[1]. Les marchands amalfitains jouissaient de priviléges à Constantinople avant les Vénitiens[2]. Dans
les magasins d'Amalfi, on voyait étalés, dès le douzième siècle, des draps de laines françaises, des soieries, &c. On y faisait des affaires en denrées de
l'Inde, de l'Arabie et de l'Afrique[3]. La ville était
riche, et peuplée de commerçans. On a attribué aux
Amalfitains la découverte de la boussole; dans les
écoles de droit, on prétend qu'ils découvrirent les
Pandectes au Levant, et les apportèrent par la voie
du commerce à Amalfi. On vante aussi leurs anciens
statuts sur la navigation, qui sont maintenant perdus.
Cependant ce petit état fut, pour ainsi dire, étouffé
avant d'avoir pris son développement. Une flotte,
armée par les Pisans, et envoyée par l'empereur Lo-

---

(1) « Hujus regionis habitatores primi merces peregrinas, et
quas Oriens non noverat, ad suprà nominatas partes lucri faciendi
causâ inferre tentaverunt. » Histor. sacr., liv. XVIII.

(2) Voyez Muratori, Antiquit. italicæ, tome II, dissert. 30e. —
Heeren, Essai sur l'influence des croisades, 2e partie.

(3)   Hùc et Alexandri diversa feruntur ab urbe
      Regis et Antiochi: hæc freta plurima transit;
      Hic Arabes, Indi, Siculi noscuntur et Afri :
      Hæc gens est totum propè nobilita (*sic*) per orbem,
      Et mercanda ferens, et amans mercata referre.
      Guillaume de la Pouille, De Rebus Normannorum, lib. III.

thaire, s'empara d'Amalfi, en l'an 1137, et cette place de commerce perdit, avec son indépendance, tout son lustre et toute sa considération. Son rôle était joué à l'époque des dernières croisades. Aussi ne peut-elle plus occuper aucune place dans ce tableau des états commerçans de l'Italie.

Une autre ville, Ancône, conserva plus long-temps ses relations avec le Levant, et son commerce avec les autres états de la Méditerranée. On trouve sa marine marchande mêlée, quoique d'une manière obscure, à celle des grandes puissances maritimes, en Syrie et en Grèce. J'aurai occasion de parler, dans un autre chapitre, de son consulat à Saint-Jean-d'Acre. Les navires d'Ancône transportaient en Chypre des draps florentins et français, du savon, des vins, et rapportaient de cette île du coton brut, des épices, du sucre et de l'alun [1].

Naples et la Sicile fournissaient au commerce une grande quantité de grains, d'huiles, de coton, de sucre et de vins, que l'on désignait sous le nom de *vins latins*, par opposition aux vins grecs venus du Levant [2].

Les puissances maritimes dont il a été question dans ce chapitre et dans le précédent expédiaient les

---

(1) Bald. Pegoletti, Prattica della Mercatura, chap. XXXIV.
(2) Ibid., loc. cit., chap. XXI, XXXIX, XL, &c.

denrées du Levant par diverses routes dans l'intérieur de l'Italie. Muratori[1] a donné des extraits des registres municipaux et des pactes de commerce de quelques villes d'Italie des douzième, treizième et quatorzième siècles, d'où l'on voit que les transports de ces marchandises étaient toujours réglés par des tarifs de douane. Dans un concordat commercial entre Bologne et Ferrare, de l'an 1193, on spécifie les droits que les Bolonais doivent payer à Modène pour l'importation des soieries, du sucre, de la graine de teinture, des pelleteries, entre autres du vaire et du gris-gris, de l'indigo, de l'encens, du poivre et autres épices, &c. Dans un pacte entre Modène et Lucques, de l'an 1281, on désigne la soie, la laine de Tunis et de Bugie, et encore la graine de teinture ; enfin les registres municipaux de Modène spécifient, dans un tarif de l'an 1306, la soie brute et ouvrée, le safran, le brésil, les draps de Milan, de Côme, de Brixe, de Florence, de Bologne, de Mantoue, de Vérone ; la laine de Tunis et de Bugie, les peaux d'agneaux teintes, c'est-à-dire les maroquins, &c. [2].

Dans les grands ports de l'Italie, l'arrivée des navires chargés des richesses de l'Asie ne faisait peut-être plus beaucoup de sensation ; mais les petites villes contemplaient avec une grande surprise les produc-

(1) Antiquitates italicæ , tom. **II**, dissert. 30ᵉ.
(2) Ibid.

I.   16

tions inconnues que les Francs apportaient de l'Orient. A Incisa, dans le Monferrat, deux écuyers qui, de retour de la Palestine, enseignèrent aux habitans la culture du maïs, furent accueillis comme des bienfaiteurs, et comme de nouveaux Triptolème[1].

Le grand développement du commerce italien avait donné lieu à des affaires de banque considérables; dans ce genre, les Italiens avaient de la supériorité sur les autres nations : aussi les vit-on se répandre en France, en Angleterre et ailleurs, sous le nom de Lombards, pour se charger des finances et des changes. Dans le Piémont, des villes entières exploitaient ce genre d'industrie[2]. Ces banquiers s'enrichissaient dans l'étranger, mais quelquefois ils se faisaient haïr, et s'attiraient des persécutions à cause de leur esprit usurier.

(1) Voyez l'Acte du vote de remercîment dressé par le corps municipal d'Incisa, dans la Storia d'Incisa; Asti; 1810, et dans le tome III de Michaud, Histoire des Croisades, 4ᵉ édition; Paris, 1826, pièce n° 8.

(2) Voyez Cibrario, Storie di Chieri; Turin, tome I.

CHAPITRE V.

BARCELONE.

Relations des Catalans avec l'Égypte et la Syrie. — Bourse de
Barcelone ; son Consulat. — Commerce aux foires de Cham-
pagne. — Ordonnances des rois d'Aragon sur le commerce du
Levant. — Présens envoyés au soudan d'Égypte. — Maisons
de négocians étrangers à Barcelone. — Factoreries à Séville. —
Relations des Maures d'Espagne avec le Levant ; leurs fabriques.

UNE seule ville d'Espagne, Barcelone, rivalisait
avec les états maritimes de l'Italie pour le commerce
du Levant. D'abord siége de comtes particuliers, puis
servant de séjour aux rois d'Aragon, ayant un excellent régime municipal, et une sorte de liberté républicaine, tout en obéissant à des rois, cette cité
déploya au moyen âge un esprit commercial et industriel et une puissance maritime qui portèrent au
loin le nom et la gloire des Catalans, et qui présentent
un spectacle bien satisfaisant dans l'histoire calami-
teuse de la péninsule. Ce n'est pas que Barcelone eût
un port très-sûr ; mais les Catalans avaient le goût des

16.

entreprises maritimes. La position de leurs côtes favorisait les communications avec l'Afrique; ils trouvaient dans leurs forêts le bois nécessaire pour la construction des galères; leurs rois étaient entreprenans : le voisinage des Maures les stimulait. Voilà quelques-unes des causes qui hâtèrent le mouvement mercantile de la Catalogne. Nous y trouvons, pendant le moyen âge, toutes les institutions qui caractérisent une ville de commerce maritime du premier ordre : un port défendu par des travaux importans, et bien fréquenté par les navires étrangers, des chantiers de construction, de vastes magasins, une douane, une bourse, un consulat, une banque, une municipalité, des fabriques, des dépôts de marchandises étrangères, enfin un magnifique arsenal, construit au quatorzième siècle, aux frais de la ville, à laquelle Jean I, pour l'indemniser, céda ses droits sur l'entrée et la sortie des navires chargés pour l'Égypte et la Syrie[1]. Les juifs et les Lombards y tenaient des maisons de banque et des comptoirs de change. Dans la suite, des maisons de commerce françaises, italiennes et allemandes s'y établirent. Des archives bien tenues, et riches en documens, prouvent que l'ordre régnait dans cette cité industrieuse. Aussi est-ce une des villes dont

(1) Concordia ajustada entre el rey D. Juan y la ciudad de Barcelona, &c., de l'an 1390. (Capmany, Memor. histor., tome II, charte 112e.)

on connaît le mieux l'histoire, grâce aux éclaircissemens que ses actes publics et municipaux ont fourni
à l'historien Capmany, qui a pu remplir quatre volumes in-4° de détails intéressans sur le commerce et
la marine des Barcelonais [1].

Obligés de combattre les Maures, qui infestaient
leurs côtes, les Catalans, naturellement braves, s'é-
taient habitués aux périls de la mer. Plus tard, le
trafic avec les Maures des îles Baléares et de l'Afrique
les rendit encore plus habiles dans la navigation. Les
rois d'Aragon auxquels Barcelone fut soumise, sans
perdre toute sa liberté, régnèrent à Mayorque, en
Languedoc, en Roussillon, en Sicile, en Sardaigne.
Ce fut à Barcelone que se firent les armemens militaires
des galères. La marine devint l'occupation favorite des
Catalans; ils furent à-la-fois d'intrépides marins, de
laborieux marchands et d'habiles constructeurs; leurs
navires à deux et à trois ponts, leurs galères, galéasses, coques et autres bâtimens, dont les noms
changèrent avec le temps, étaient estimés pour leur
légèreté [2]; les étrangers prenaient à leur solde des
bâtimens et des marins de Catalogne. Des spéculateurs

(1) Memorias historicas sobre la marina, comercio y artes de
Barcelona, vol. I-IV.

(2) « Erant enim Catalanorum naves levissimæ, et mirâ cele-
ritate ferebantur. » Ant. Gallo, dans Muratori, Script. rer. ital.,
tome XXIII.

du dehors empruntaient leurs grosses *galies,* qui faisaient habituellement le voyage d'Alexandrie, de la Grèce ou de la Flandre[1]. Quelquefois les marchands de France venaient à Barcelone fréter des navires pour l'Orient[2]. Les nobles mêmes ne dédaignaient pas d'être armateurs. En Catalogne, la noblesse n'était pas, comme ailleurs, un obstacle à la profession de négociant. La seule chose qui faisait remarquer les nobles parmi cette foule de commerçans, livrés aux entreprises maritimes, était le titre de *mossen,* qui précédait leur nom. A Barcelone le peuple n'était point sous le joug de l'aristocratie ou de l'oligarchie : le commerce maintenait une sorte d'égalité parmi les citoyens; c'est par le travail que l'on s'enrichissait, et que l'on pouvait se distinguer. Un conseil de cent bourgeois administrait les affaires municipales; le corps des marchands envoyait trente-deux membres à cette assemblée; c'est aussi parmi les marchands patentés que l'on prenait les fonctionnaires du consulat, de la bourse, de la ville, et de ce qu'on appelait la députation, c'est-à-dire les représentans de Barcelone aux cortès de la province.

Dès l'an 1339 on voit la ville s'occuper de la construction d'une bourse; toutefois ce ne fut que quarante ans après que le roi accorda à la ville la faculté

(1) Capmany, Memor. hist., tome I, partie I.
(2) Voyez plus bas, chap. VIII.

de bâtir sur la place des changes un édifice où se réuniraient les consuls marchands et marins, et où siégerait le tribunal consulaire [1].

Cette bourse, dans le siècle suivant, prêta plusieurs fois des sommes d'argent au roi d'Aragon, entre autres dix mille florins d'or à D. Juan II pour aller au secours de Naples, et pour les frais de deux messagers que le consulat envoyait au duc de Bourgogne pour affaires commerciales. Soixante ans auparavant, en 1401, les syndics des consulats de Barcelone, de Valence, de Mayorque et de Perpignan s'étaient réunis pour traiter des secours que leurs bourses pourraient prêter au roi D. Martin pendant la guerre de Sardaigne : chaque bourse renonça en faveur du roi, pour trois ans, aux revenus d'un des impôts [2].

La liberté du commerce de Barcelone était garantie par les priviléges des rois d'Aragon. Ses navires pouvaient entrer et trafiquer dans tous les ports; ils étaient affranchis du paiement des taxes établies par les tarifs des villes maritimes du royaume. D'après la constitution du pays, il était défendu d'arrêter pour dettes ou pour délit un marin déjà embarqué, pourvu qu'il fournît caution jusqu'à son retour [3].

Le consulat joue un rôle important dans l'histoire

(1) Capmany, Memor. histor., tome I, partie II, livre II.
(2) Ibidem, tome IV, Colecc. diplomat., charte 105°.
(3) Ibid., tome I, partie II, liv. II, chap. v.

commerciale de Barcelone ; j'en parlerai ailleurs : il suffira de dire que cette ville eut, depuis 1279, une junte municipale, composée d'experts, qui devait juger à l'amiable les contestations au sujet de la navigation maritime ; et en 1347, une cédule royale créa formellement le tribunal consulaire, quoique déjà, au commencement de ce siècle, Barcelone élût chaque année deux bourgeois, sous le titre de consuls de mer, qui prêtaient serment entre les mains des magistrats municipaux [1]. Nous verrons dans un des chapitres suivans qu'elle eut également de bonne heure des consuls à l'étranger : c'était un besoin de son commerce actif et étendu. Un événement important pour la Catalogne fut la soumission de la Sicile par les rois d'Aragon, en 1282. Barcelone y obtint de grands priviléges, établit des facteurs dans les principales villes de l'île, et se livra depuis lors à un commerce très-considérable de grains et d'autres denrées, ce qui donna une nouvelle impulsion à sa marine, et stimula les corsaires génois à piller les navires catalans qui avaient été chargés en Sicile pour l'Espagne ou pour d'autres pays. En échange des grains et de la soie, les Catalans apportaient en Sicile les denrées du Levant, de la draperie, et du safran de leur sol.

En général les marchands catalans allèrent s'établir

____

(1) Capmany, Memor. hist., tome I, part. II, livre II, chap. 1.

dans tous les pays soumis ou alliés à leurs rois, pour élever des factoreries et des comptoirs. En 1321, D. Jayme II accorda à la ville de Barcelone exemption des droits et franchise des personnes et biens en Corse et en Sardaigne[1]. Dès l'an 1147, les comtes de Barcelone avaient fait un traité avec Gênes pour la navigation et le trafic respectif de la marine marchande des deux villes[2]. D'autres traités renouvelèrent les anciennes conventions; mais en 1394, les Génois et les Pisans ayant commis des dégâts à l'égard des propriétés des marchands de Barcelone, les magistrats municipaux de cette ville obtinrent la permission d'user de représailles, et d'armer en course quatre galères.

Vers le milieu du treizième siècle, les marchands de Barcelone, de Valence, de Lérida, fréquentaient les foires de Pézénas, de Beaucaire, et celles de Champagne. A Troyes, ils occupaient un quartier spécial, avec les marchands de Montpellier; ils y tenaient surtout les maroquins[3], qu'ils recevaient soit des Maures d'Espagne, soit des Sarrasins d'Afrique. Le commerce de Barcelone ayant éprouvé des dommages à Collioure et à Montpellier, à cause des infractions

____

(1) Capmany, Memor. hist., tome IV, charte n° 35.

(2) Ibid., charte n° 1.

(3) Cedula del rey D. Jayme I de Aragon, de l'an 1259; ibid., tome IV, Colecc. diplom., charte 2ᵉ.

aux us et coutumes du tarif et du transport des marchandises, la municipalité de Barcelone pria le roi
D. Jayme II d'écrire pour cet objet à D. Sanche, roi
de Mayorque, qui était en même temps seigneur du
Roussillon, de la Sardaigne et de Montpellier [1]. Peu
de temps auparavant elle avait réclamé auprès du séné-
chal de Beaucaire, en faveur d'un marchand barcelonais, les franchises dont devaient jouir les Catalans
en Provence [2].

En 1373, trois navires mayorquins, chargés de
grains pour la Flandre, aux frais de marchands de
Barcelone et de Mayorque, furent pillés par les Anglais. Aux cortès de Monzon, en 1389, la ville de
Barcelone et l'ile de Mayorque demandèrent une
licence afin d'armer quatre galéasses pour la protection
du commerce de Flandre, qui probablement se faisait,
pour plus grande sûreté, par convois périodiques,
comme à Venise et en Toscane. Les cortès demandèrent de plus qu'il fût arrêté, pour l'avenir, que trois
mois avant le départ des galéasses, et un mois et demi
après le départ, aucun marchand ne pût expédier des
ports d'Aragon, pour la Flandre, des cargaisons de
sucre en pain ou en poudre, de safran, de bois de
teinture, de laque, d'anis, d'encens, de coton filé, de

(1) Capmany, Memor. hist., tom. IV, charte 29ᵉ, de l'an 1314. ·
(2) Ibid., tome II, charte 252ᵉ, de l'an 1301.

dattes, de cumin, &c. [1], sans doute parce que, les frais du chargement et de l'armement des galéasses étant très-considérables, il fallait aux armateurs et aux marchands de denrées lévantines une sorte de privilége ou de monopole temporaire, pour qu'ils y pussent trouver du bénéfice. On peut remarquer que les marchandises désignées dans la requête des cortès consistent toutes en denrées de cette espèce.

Pendant tout le quinzième siècle, Barcelone fit en effet un commerce considérable de ces denrées, que ses navires allaient chercher en Barbarie, en Égypte et en Syrie, et qu'ils exportaient eux-mêmes pour d'autres pays, ou qui se répandaient dans la péninsule, ou que les étrangers venaient prendre dans les magasins de Barcelone. On avait réglé par les lois de marine la capacité des navires destinés pour le voyage d'Alexandrie [2]. Dès la première moitié du treizième siècle, les tarifs des douanes de Catalogne font mention des épices, des arômes, des drogues médicinales du Levant [3]. Les lois du consulat de mer de Barcelone spécifient en outre, parmi les marchandises de

(1) Capmany, Memor. hist., tome III.

(2) Voyez ces dispositions, à la suite des quarante-trois premiers chapitres du livre appelé Consulat de mer.

(3) Reglamento sobre las tarifas, &c., de l'an 1221 ; Capmany, Memor. hist., tome II, charte 3ᵉ, et le Reglamento sobre las leudas o señoreage de mar, du port de Tamarit, de l'an 1243 ; ibidem, charte 7ᵉ.

l'Égypte, le coton brut et filé, l'ivoire et la porcelaine [1].

Une ordonnance municipale sur le courtage, de l'an 1271, nomme aussi deux espèces d'indigo, le kermès, l'adragante, la rhubarbe, le bois précieux d'aloës, le corail et les perles [2]. Des lois sévères prévenaient les abus des droguistes; elles punissaient les falsificateurs de la perte du poing; les drogues venues du Levant dans un état falsifié devaient être sur-le-champ réexportées [3]. Nous voyons par les actes publics que le commerce catalan dans les ports de Barbarie, d'Égypte et de Syrie était protégé par l'établissement des consulats.

Une quantité de documens du temps atteste les spéculations mercantiles des Barcelonais dans le Levant et les relations qui existaient entre les rois d'Aragon et les princes orientaux [4]. Dès l'an 1227, le roi D. Jayme I, pour favoriser ce commerce, fit défense à tous les étrangers d'embarquer dans le port de Barcelone des cargaisons à la destination de la Syrie, de l'Égypte et de la Barbarie, toutes les fois qu'il y au-

(1) Libro del Consulado del mar, chap. XLIV.

(2) Ordenanzas de los corredores de lonja, &c.; dans Capmany, Memor. hist., tome II, Append., note 25.

(3) Vando de los magistrados municip. de Barcelona, &c.; ibid., charte 260e, de l'an 1372.

(4) Capmany, Memor. hist., tome I, partie II, livre I.

rait quelque bâtiment national disposé pour le transport de ces cargaisons[1].

Dans l'île de Chypre, le commerce des Catalans était protégé par les priviléges des Lusignan ; mais plusieurs fois leurs navires furent enlevés ou pillés par les Génois ; à son tour la marine catalane secourut plusieurs fois, au quatorzième et au quinzième siècles, les rois de Chypre contre les attaques des flottes de Gênes. Plusieurs marchands de la Catalogne étaient établis dans cette île ; la famille des Ferrers y possédait, au quinzième siècle, tout Coloso, place de mer avec un petit port[2]. On trouve aux archives de Barcelone des lettres ou passe-ports expédiés, au moyen âge, par les magistrats municipaux, en langue catalane, pour les navires qui se rendaient en Chypre. Un de ces passe-ports, de l'an 1340, concerne une coque ou coche baïonnaise, dont les patrons étaient deux bourgeois de Barcelone[3].

L'île de Rhodes, pendant qu'elle était le siége de l'ordre de Saint-Jean, était également fréquentée par les navires de la Catalogne, qui y trouvaient aussi des marchands de leur nation établis dans le port. Il en

(1) Capmany, Mem. hist., tome II : Colecc. diplom., charte 4ᶜ.

(2) Mar. Sanuto, Vitæ ducum venet.; dans Muratori, Script. rer. ital., tome XXII.

(3) Passaporte y carte de recomendacion, &c.; dans Capmany, Memor. hist., tome II, charte 65ᵉ.

était de même de l'île de Candie, où Barcelone avait des loges de commerce.

Les Catalans devaient bien connaître l'empire grec, puisqu'ils s'y établirent à main armée. Barcelone y envoyait des consuls depuis le treizième siècle. En 1385, les Pisans s'emparèrent de plusieurs navires siciliens et catalans, qui revenaient de la Romanie; mais ceux-ci se rachetèrent[1]. Les traités faits avec les empereurs grecs souffraient quelquefois des atteintes de la part d'un fisc trop empressé de remplir les coffres impériaux : c'est ainsi qu'au quatorzième siècle, la douane grecque exigeait, non pas une fois, mais chaque fois qu'un navire catalan entrait dans un port de l'empire, le droit de deux pour cent stipulé par les traités pour l'importation des marchandises; aussi, en 1320, au départ d'un navire de la maison Carbonell, à Barcelone, pour la Grèce, le magistrat de la ville supplia le roi d'intercéder auprès de l'empereur Andronique, pour l'exécution des conventions anciennes, qui furent en effet renouvelées peu de temps après[2]. Les vexations du fisc impérial recommencèrent pourtant dans la suite. Au lieu de deux pour cent, les douaniers grecs exigèrent le double, et en 1448, les marchands catalans, pour se soustraire à leurs exigences, se retirèrent au faubourg de

(1) Jean Villani, Cronic. unrvers., livre VII, chap. cvi.
(2) Capmany, Memor. hist., tome II, charte 48e, de l'an 1320.

Péra, sous la protection génoise. Plein de sollicitude pour les intérêts du commerce, le corps municipal de Barcelone se hâta d'écrire à l'empereur pour lui rappeler ses anciennes promesses [1].

Au port de Modon, dans la Morée, où dominaient les Vénitiens, les Catalans étaient toujours bien accueillis; ils y faisaient même quelquefois la contrebande pour le compte des Génois, qui n'osaient y paraître sous leur propre pavillon, et plusieurs navires furent confisqués à cause de cette infraction aux lois du commerce [2]. Il ne paraît pas que la marine catalane ait jamais fréquenté la mer Noire; en 1352, Gênes, profitant de son ascendant sur les empereurs grecs, voulut même la faire exclure de tous les ports de l'empire.

Les Catalans eurent des facteurs à Raguse; en 1446, le sénat de cette petite république demanda que les Ragusains fussent traités, dans le port de Barcelone, avec la même faveur dont les Catalans jouissaient à Raguse [3]. Ce port avait quelque importance à cause du voisinage des états du roi de Hongrie. Assez souvent les navires catalans allaient chercher de l'épicerie et de la droguerie dans les ports de la côte de Syrie; le Livre du Consulat de mer, qui,

(1) Capmany, Memor. hist., charte 180ª.
(2) Ibid., tome I, partie II, livre I, chap. III.
(3) Ibid., charte 178ª.

dans un de ses chapitres, règle le frêt des navires destinés pour Saint-Jean-d'Acre, pour l'Arménie et pour l'Égypte, prouve que ces spéculations étaient ordinaires. Toutefois les loges catalanes en Syrie ne purent égaler en importance celles que possédaient les Marseillais, les Vénitiens et les Génois.

En 1395, les magistrats municipaux de Barcelone, desirant réparer les dommages et les risques des personnes et des biens de ceux qui naviguaient avec des marchandises dans les parages de Baruth, en Syrie, obtinrent en faveur de ce commerce, du roi D. Juan I, la permission d'armer trois grosses galères ou galéasses. Il fut stipulé que ces bâtimens ne pourraient être requis pour aucun service public, pas même pour la flotte royale, à moins que le roi ne s'y embarquât en personne; que la nomination du capitaine, des patrons et autres officiers de mer appartiendrait à la ville; que les patrons auraient la juridiction et les prérogatives des patrons de galères royales; qu'il ne serait rien payé au fisc pour les cargaisons, et que tous les marchands qui s'y embarqueraient, tant nationaux qu'étrangers, auraient également droit à la sauve-garde et à la protection accordées par les rois d'Aragon à ceux qui faisaient le trafic d'outre-mer[1].

La ville de Barcelone avait conclu auparavant

____

(1) Capmany, Memor. hist., tome IV, Colecc. dipl., charte 94e.

avec **D.** Pedro IV une convention au sujet des droits payables par les navires qui se rendraient au-delà de la mer. Entre autres stipulations, il avait été convenu que si le navire, après avoir acquitté les droits, ne déchargeait point dans les parages d'outre-mer, les expéditeurs pourraient dépêcher un autre navire semblable, sans être assujettis au paiement de nouveaux droits ; et comme il y eut contestation au sujet du mot *semblable*, le roi D. Juan I, à la demande du corps municipal, déclara, en 1395, que la ressemblance s'entendait seulement de la quantité des marchandises[1]. En 1493, le consulat de mer, à Barcelone, se plaignit à son roi du procureur royal à Mayorque, qui, par infraction aux anciens priviléges, exigeait un certain droit, appelé *quirat*, des navires barcelonais, tant de ceux que le commerce de cette ville frètait pour son propre compte, que de ceux qu'il nolisait pour les autres. On assujettissait au paiement de ce droit tous les navires à la destination de l'Égypte ou de la Syrie qui touchaient à l'un des ports de l'île. Il existait pourtant en Catalogne un impôt semblable, appelé *atarazana;* le fisc le levait sur tout navire destiné pour l'Égypte ; mais le roi l'avait cédé au corps municipal de Barcelone[2]. C'est peut-être parce que les navires payaient en Catalogne, que le roi crut

____

(1) Capmany, Memor. hist., tome IV, chartes 93ᶜ et 126ᶜ.
(2) Ibid., tome III, partie II, chap. VII.

I.   17

devoir faire droit aux plaintes des commerçans; il ordonna la restitution des sommes déjà perçues en vertu du quirat, et il décida qu'à l'avenir tout navire expédié pour le Levant par des marchands barcelonais, qui toucherait à Mayorque, serait exempt du droit, soit qu'il chargeât dans cette ile, soit qu'il eût été chargé à Barcelone[1]. L'atarazana finit par devenir aussi un fardeau pour le commerce, et il fut aboli, en 1424, à la demande de la ville et de son consulat.

Depuis le milieu du treizième siècle, il y eut des relations de commerce presque continuelles entre l'Aragon et l'Égypte, malgré les obstacles qui venaient des bulles des papes, et dont il sera parlé dans la suite. Déjà en 1250, le roi d'Aragon envoya en Égypte deux négocians de Barcelone qui avaient l'habitude de parcourir les mers du Levant avec leurs galères; ils devaient traiter avec le soudan pour les intérêts du commerce[2]. Nous verrons que les négociations et les traités furent souvent renouvelés. Après la malencontreuse expédition du roi de Chypre contre Alexandrie, lorsque tous les Francs en Égypte eurent été arrêtés, et leurs biens saisis, l'Aragon vit tout-à-coup son commerce interrompu. Aussi on se hâta d'envoyer auprès du soudan une ambassade, sans

(1) Capmany, Memor. hist., tome IV, charte 144ᶜ.

(2) Gomez Miedez, De Vitâ et gestis Jacobi I regis, livre XVI, chap. IV; cité par Capmany. Memor. histor., t. I, part. II, liv. I.

doute avec des présens, pour apaiser sa juste colère[1]. Toutes les licences pour les armemens en course contre les musulmans furent révoquées, quant aux sujets du soudan, et le roi recommanda aux capi-taines et patrons des navires d'éviter avec soin tout ce qui pourrait troubler la paix[2]. Le commerce reprit enfin sa marche ordinaire.

La ville de Barcelone correspondit assez souvent avec le soudan au sujet du consulat d'Alexandrie, et pour d'autres affaires de commerce; et lorsque des circonstances imprévues troublaient et suspendaient de nouveau les communications avec l'Égypte, Barcelone s'empressait de recommander au roi, dans son langage naïf, la paix et le rétablissement des anciennes relations. Elle représentait au souverain combien les bour-geois s'étaient enrichis auparavant, en allant chercher à Alexandrie, et dans les autres ports du soudan d'Égypte, les épices, les drogues et d'autres articles précieux, et en les vendant soit dans les états du roi, soit dans les contrées éloignées; elle ajoutait que la paix est une douce chose, et que les fruits qui en proviennent sont encore plus doux[3].

En 1453, la bourse de Barcelone, ayant prêté de |

(1) Zurita, Añales de Aragon, livre IV, chap. LXIV.
(2) Carta orden del rey D. Pedro IV, de l'an 1379, dans Cap-many, Memor. hist., tome II, charte 267ᶜ.
(3) Chartes des années 1437 et 1448; ibid., nᵒˢ 148 et 182.

17.

l'argent au roi D. Alphonse V, insista sur la paix avec le soudan d'Égypte, et sur l'envoi d'un conseil à Alexandrie; « car, disait-elle, la guerre nous em- » pêche de faire librement dans ce pays un commerce » nécessaire à la nation catalane, et qui est le prin- » cipe et la clef du commerce en général. En effet, » une fois les relations avec le Levant troublées, » tout autre commerce s'en ressent plus ou moins [1]. » Le roi répondit qu'il ferait tout ce qui serait compa- tible avec son honneur. Peu d'années après, un na- vire partit pour Alexandrie, chargé de grains; il em- menait beaucoup de marchands [2]. Depuis cette époque jusqu'au milieu du seizième siècle, la Catalogne en- tretint avec Alexandrie de nombreuses relations mer- cantiles. Les arrivages d'Égypte sont marqués dans les listes du port de Barcelone [3] : il y en avait presque chaque année.

Les rois d'Aragon eurent de fréquens rapports avec les états barbaresques et avec l'empire de Maroc, tant pour le commerce que pour les alliances politiques.

______

(1) « Per raho de la guerra, lo exercici marcativol en las dites partes libertament nos' pot exercir, à lo dit exercici sia molt né- cessari à nostra natió, com sia un foment, cape principi de tot lo negoci, è perturbats los afers de Levant, en gran part son desvints tots los altres. » Capmany, Memor. hist., tome IV, charte 124e, de l'an 1453.

(2) Ibid., tome IV, charte 126e.

(3) Ibid., tome III, partie II, chap. vii.

contre leurs ennemis communs. En réunissant la Sicile à leurs états, les rois d'Aragon étaient d'ailleurs entrés en possession des titres de suzeraineté que les princes siciliens, depuis Roger II, maintenaient sur les côtes d'Afrique; et dans les momens de pénurie, qui revenaient souvent, les rois d'Aragon réclamaient avec beaucoup d'instance le tribut arriéré. Il est curieux de les voir recommander, dans leurs instructions à leurs ambassadeurs, de tâcher de tirer des rois africains le plus d'argent qu'ils pourront. Au reste, les rapports entre l'Aragon et les états barbaresques furent toujours plus intimes qu'on ne le présumerait : chrétiens et musulmans s'accordaient mutuellement les mêmes avantages dans leurs conventions mercantiles[1].

Les Tunisiens, par exemple, commerçaient aussi librement à Barcelone que les Catalans à Tunis, et les corsaires des deux nations trouvaient sûreté dans les ports de l'un et l'autre pays. Le roi de Tunis s'engagea même à donner la préférence aux Catalans sur les autres étrangers pour la ferme des gabelles dans ses ports. Probablement on confiait à ces étrangers la perception des taxes et des droits dans les ports de mer, parce qu'ils pouvaient mieux s'entendre que les indigènes avec les marchands et marins du dehors. Au quinzième siècle, un Barcelonais avait à Tunis la

____

(1) Capmany, Memor. histor., tome III. — Antiguos Tratados de pazes y alianzas.

ferme de la pêche du corail, à laquelle les marins catalans et les Sardes venaient se livrer concurremment
avec les pêcheurs d'Afrique [1].

Ce qui prouve surtout l'intimité des relations entre
les Aragonais et les musulmans de la Barbarie, c'est
l'envoi fait par les rois chrétiens de troupes auxiliaires
qu'ils laissaient à la solde des rois mécréans, malgré
l'aversion qui existait au moyen âge, chez les chrétiens,
pour les sectateurs de Mahomet [2]. C'est ainsi qu'ils
fournirent des troupes pour soumettre la place de
Ceuta an roi de Maroc, et pour tenir garnison dans
les villes du royaume de Tunis qui avaient voulu se-
couer le joug du roi Abou-Haps [3]. Indépendamment
de la solde de leurs troupes, les rois d'Aragon tiraient
encore de ces expéditions de grands avantages mercantiles : le commerce se faisait avec plus de sûreté
sous la protection des armes aragonaises.

Les Catalans apportaient dans la Barbarie les
marchandises des Européens, et en rapportaient
probablement les denrées que l'on y va chercher encore aujourd'hui, surtout les grains. Quand le blé
manquait en Europe, on allait en chercher dans la Bar-

(1) Lettre du magistrat de Caller, en Sardaigne, à celui de Barcelone, de l'an 1446 ; dans Capmany, Memor. histor., tome II,
charte 174e.

(2) Capmany, Memor. hist., tome III, partie II, chap. v.

(3) Ibid. — Antiguos Tratados de pazes y alianzas.

barie et à Maroc, où il était livré aux marchands
barcelonais au taux stipulé dans les traités[1] : précau-
tion sage qui, dans ces temps peu favorables à l'agri-
culture, prévenait les famines, et qu'on n'aurait jamais
dû abandonner en Europe.

Dans les tarifs du treizième, du quatorzième et
du quinzième siècles, on trouve cités aussi les cotons
et les laines de Barbarie, les peaux et cuirs de Tunis
et d'Alger[2]. Les ordonnances municipales font mention de l'alun de Bugie, et Pegoletti cite les sels et
la cire parmi les marchandises que, au quatorzième
siècle, on exportait de la Barbarie[3].

Ces relations intimes des Catalans avec les musulmans s'expliquent facilement par l'habitude que les
premiers avaient de vivre avec les Maures. Les rois
d'Aragon avaient repris Valence, l'île de Mayorque
et d'autres possessions sur les Maures d'Afrique; beaucoup de ces musulmans étaient restés dans le pays;
leurs compatriotes occupèrent encore long-temps le
royaume de Grenade, et demeurèrent voisins et
presque amis des Aragonais. Dans cet état de choses,
il n'est pas étonnant qu'il ait toujours subsisté des
relations amicales entre les chrétiens d'Aragon et les

(1) Capmany, Memor. histor., tome II, charte 352e.

(2) Ibid., tome IV, Apend., n° 4, Estado de los nombres y clases
de varias mercaderias estrangeras.

(3) Prattica della Mercatura.

Maures, tant d'Espagne que d'Afrique. Le plus grand
fléau de ce commerce était la piraterie, comme il l'est
de nos jours; et de plus, les révolutions fréquentes
dans les sérails des rois maures forçaient de recom-
mencer souvent les négociations, afin d'obtenir sûreté
et protection pour les marchands. Lorsqu'en 1314 le
roi d'Aragon se fut rendu maître de l'île de Gerbe,
sur la côte d'Afrique, il eut le projet d'en faire une
échelle pour le commerce avec la Barbarie[1]. Les Aragonais y trouvaient une retraite sûre, et le fort de
l'île pouvait contenir les pirates; mais il ne posséda
pas assez long-temps ce poste important, qui malheu-
sement retomba dans les mains des Barbares.

Barcelone ne fut jamais célèbre par ses fabriques: ce
n'est pas que cette ville commerçante n'eût beaucoup
d'artisans et d'ouvriers; les corporations d'arts et métiers y étaient nombreuses, et elles s'y sont formées
plus tôt que dans d'autres grandes villes d'Europe.
C'est ainsi que la corporation des charpentiers date
de l'an 1257; celle des peintres-sculpteurs, de
1291, &c.[2]; mais ces corporations, gênées par des
réglemens minutieux, et faisant peu de progrès dans
l'industrie, travaillaient principalement pour le pays,
et il ne paraît pas que leurs travaux aient donné lieu
à un grand commerce d'exportation, si l'on excepte

(1) Capmany, Memor. hist., tome II, charte 4ᵉ.
(2) Ibid., tome III.

les tissus communs, la verrerie, qui imitait celle de
Venise; la maroquinerie et la pelleterie [1]. Les batteurs
d'or, à Barcelone, passaient pour très-habiles. Pour
tout le reste, Barcelone fut beaucoup au-dessous de
Venise, de Gênes et de Florence, où le commerce et
l'industrie se développèrent presque avec le même éclat.
Barcelone fut, pendant le moyen âge, plutôt l'entrepôt
des marchandises étrangères; les Européens y trouvaient les denrées du Levant; on en exportait pour
l'Orient les denrées et marchandises de l'Europe. La
Catalogne n'y joignait que peu d'articles de sa fabrique,
parmi lesquels il faut citer les draps de Bañols; on
connaissait aussi ceux de Lérida et de Valls. Vers le
milieu du quinzième siècle, on exporta de plus les
draps de Valence et de Sarragosse [2]; cependant une
preuve de l'infériorité des draps du royaume d'Aragon, c'est qu'à la douane de Castille l'aune de drap
de Valence n'était taxée qu'à quarante-cinq maravédis,
tandis que le drap de Châlons était porté à soixante-dix
maravédis; celui de Bruges à cent quarante, et celui
de Florence, à cent soixante-sept. Aussi, pour les
présens que les rois d'Aragon destinaient aux soudans
d'Égypte, ils choisissaient, non pas des draps d'Espagne, mais des tissus de France, tels que draps
écarlates de Douai, verts et blancs de Châlons, toiles

(1) Capmany, Memor. hist., tome I, partie III
(2) Ibid., tomes I et III.

fines de Reims, &c. Ce ne fut qu'au seizième siècle que les draps d'Espagne figurèrent pour des sommes considérables dans la valeur des exportations de la Catalogne. Les draps dont on faisait le commerce à Barcelone venaient de la Flandre, de la France et de l'Italie. Depuis le quinzième siècle, les Anglais envoyèrent aussi dans la Méditerranée les tissus de laine de leurs fabriques. La mercerie arrivait en grande partie de Gênes; la quincaillerie, de France, de Flandre et d'Allemagne; la toilerie était également fournie par ces trois pays. Au quinzième siècle, on s'occupa de faire fleurir les fabriques catalanes. A cet effet, les cortès de Barcelone, de l'an 1481, taxèrent à six deniers l'arrobe de laine en suint, et à douze deniers l'arrobe de laine lavée qui sortirait d'Aragon, ou de Castille, par Tortose; l'impôt fut quadruple dans les autres ports et villes de la Catalogne[1].

Les denrées et autres objets que l'on exportait le plus communément, outre les laines, étaient les sels des Alfaques de Tortose et de Sampol (les Italiens, surtout les Pisans, et d'autres étrangers, en chargeaient beaucoup dans leurs navires); le bois de construction, dont l'exportation fut pourtant prohibée par Alphonse IV, l'an 1334, à moins d'avoir une permission expresse du roi; le safran, dont au quinzième siècle

______

(1) Capmany, Memor. hist., tome III.

les Allemands et les Savoisiens enlevaient quelques milliers de livres par an (on le tirait d'Orta, de Cervera et de Balaguer); les coraux, dont les mêmes peuples venaient chercher quelques centaines de livres; le fer, le vin, les mulets, et quelques autres objets [1].

Sur les côtes de Catalogne, le malheur des naufragés était respecté : les marchands étrangers pouvaient tout importer, en payant les droits fixés par les tarifs. Les cortès de Barcelone accordèrent, en 1481, la liberté de décharger dans le port de cette ville toutes les marchandises apportées par des galéasses napolitaines, florentines et vénitiennes, pourvu qu'on payàt les droits d'entrée pour ce qui serait vendu. On accordait huit jours aux marchands pour embarquer le reste, sans frais de douanes. En 1420, le roi avait réglé les droits exigibles par le fisc, des Allemands et des Savoisiens. On comptait à cette époque, dans la ville de Barcelone, quinze maisons allemandes et treize de la Savoie, qui tiraient du dehors la mercerie, la quincaillerie, la pelleterie et la droguerie, et qui expédiaient pour le Nord le corail, le safran, les peaux, le soufre, et les fruits secs de la Catalogne [2]. Les achats de laine se faisaient en été, et les achats de safran en automne. Aussi à ces deux époques l'argent était rare à

(1) Capmany, Memor. hist., tome III, partie II, chap. VII.
(2) Ibid., chap. VI.

Barcelone[1]. D. Juan II fit, en 1485, une ordonnance en faveur des marchands français dans ses états[2]. Les Lombards avaient établi des banques à Barcelone depuis le treizième siècle; mais déjà en 1265 on leur défendit, ainsi qu'aux Florentins, aux Siennois et aux Lucquois, de s'établir dans la ville pour y exercer le commerce[3]. Les Barcelonais devinrent eux-mêmes de fort habiles banquiers, et ils allèrent en cette qualité s'établir en Italie, en France, en Castille, en Flandre. Dans la Gascogne, beaucoup de banques étaient tenues par des Catalans; ce furent des banquiers de cette nation qui prêtèrent au pape Clément VII une somme de cinq cents florins d'or sur sa thiare : elle resta en gage entre leurs mains profanes jusqu'au pontificat de son successeur[4]. Aussi le change occupait-il beaucoup de négocians. Au quinzième siècle, Barcelone était au nombre des principales places de banque de l'Europe; elle faisait le change avec Paris, Pise, Montpellier, Gênes, Avignon, Valence, Bruges, Venise, Florence, Bologne et Londres[5]. A cette époque, les assurances maritimes étaient déjà en usage

(1) Balducci Pegoletti, Divisamenti di paesi, &c.

(2) Lettres patentes de Jean II, de l'an 1485, dans le Corps de droit diplomatique de Dumont, tome III.

(3) Capmany, Memor. histor., tome II, charte 12e; comparez l'édit de D. Jayme II; ibid., charte 51e.

(4) Ibid., tome I, partie II, livre VIII.

(5) Bald Pegoletti, Divisamenti di paesi, &c.

en Catalogne; du moins Capmany cite un réglement consulaire ou municipal de Barcelone, de l'an 1435, où il est parlé de la police d'assurance [1].

Quoique ennemis des Génois, qu'ils poursuivaient dans tous les parages de la Méditerranée, et qui, à leur tour, faisaient à la marine barcelonaise tout le mal qu'ils pouvaient, les Catalans les imitaient dans leur goût pour les aventures de mer, et pour la vie de corsaires. N'est-ce pas un fait extraordinaire de voir des hommes appelés pour combattre les ennemis des Grecs persister à vouloir rester en Grèce malgré l'empereur et les habitans, s'installer dans une province belle et fertile, et donner des ducs à la ville d'Athènes? De toutes les vicissitudes auxquelles la ville de Minerve avait été exposée dans le cours des siècles, c'était peut-être la plus singulière.

La mer n'était pas moins infestée par les aventuriers de Catalogne que par ceux de Gênes. Les côtes d'Espagne, de France, d'Italie gémissaient souvent de leurs ravages : c'étaient surtout les navires lévantins qui excitaient leur cupidité; les îles de la Grèce leur offraient des repaires pour cacher leurs rapines. L'histoire a conservé le nom d'un fameux corsaire catalan, Pedro Santon, qui, au quinzième siècle, infestait les parages du Levant, et guétait surtout les

____

(1) Capmany, Memor. hist., tome II, partie II, chap. ix, De la Police publique de l'ancien commerce de Barcelone.

navires vénitiens, chargés d'épiceries, de coton, &c. Ce corsaire ou pirate avait à bord de son navire cinq cents hommes d'équipage. En 1416, le grand maître de Rhodes même traita avec lui, en lui payant quinze mille ducats de rançon pour les prises faites par lui aux Vénitiens, sur la côte d'Acre [1].

Les armemens en course étaient réglés, en Catalogne, par des lois, depuis le treizième siècle : dans ces temps de désordre, des corsaires servaient un peu à éloigner des côtes la marine des puissances ennemies, ou des pirates qui faisaient la guerre pour leur propre compte; cependant ce triste remède contribuait à désoler davantage le commerce.

La Castille ne fut pas, à beaucoup près, aussi commerçante, et n'eut pas autant de relations avec les contrées orientales. Avant la conquête de l'Andalousie sur les Maures, elle ne peut même être comptée au rang des puissances maritimes qui alors dominaient dans la Méditerranée. A la vérité, elle fit des efforts pour s'élever : une taxe qu'imposa le roi saint Ferdinand par le fuero de Zarauz, en 1237, sur chaque baleine que l'on pêcherait dans l'Océan, et un autre ordre du même roi, adressé aux habitans de Pontevedra et de Noya, au sujet de la pêche des sardines, prouvent que les pêches dans la mer Atlantique se faisaient

____

(1) Mar. Sanuto, Vita de' duchi di Venezia.

déjà en grand, de la part des Galiciens et Biscayens[1]. Une charte octroyée par ce roi, en 1246, à la ville de Carthagène, règle les armemens en course. Le même prince, lorsqu'il voulut conquérir Séville, fit armer dans les ports de la Biscaye une flotte de treize navires et galères[2]. Ce fut surtout après la conquête de cette ville que le commerce maritime de la Castille prit de l'importance. Le roi, pour ne pas laisser déchoir une place que les Maures avaient rendue si florissante, ayant d'ailleurs à récompenser les diverses classes de ses sujets et les étrangers qui l'avaient secondé dans cette conquête, accorda de grands priviléges aux marchands et aux marins. Bientôt on y vit arriver les navires génois, pisans, catalans, et même ceux des Barbaresques et d'Alexandrie[3]. Les Génois surtout obtinrent, en 1251, des franchises qui leur donnèrent d'abord l'avantage sur les autres nations, et qui sont spécifiées dans une charte publiée par M. de Navarrete[4]. On leur accorda le droit de tenir une fonde, avec église, bain et four; celui d'y

----

(1) Voyez Navarrete, Colecc. de los viages y descubrimientos que hicieron por mar los Españoles; Madrid, 1825, tome I, Introd., page 12, et éclairc. 2ª.

(2) Memorias para la vida di santo Fernando, partie III.

(3) Cronica general de España, partie IV.

(4) Colecc. de los viages y descubrimientos &c., t. II, Apend. — Capmany, Memor. hist., tome II, Colecc. dipl., chartes nᵒˢ 20, 24 et 25.

vendre leurs marchandises, moyennant l'acquittement des droits imposés, d'avoir des consuls de leur nation, et de n'être jugés que par eux, dans les cas de contestations entre Génois, &c. Dans la suite, les Catalans réclamèrent et obtinrent des franchises semblables.

Les Maures, pendant qu'ils avaient possédé Séville, avaient entretenu des relations suivies avec l'Orient. On cite plusieurs d'entre eux qui, aux huitième, neuvième et dixième siècles, explorèrent l'Égypte, la Perse et l'Inde[1]. Un voyageur de Grenade, Aben-Isa-el-Gasani, après avoir visité l'Orient par ordre du roi de Grenade Al-Haken, présenta, lors de son retour, sa Géographie à ce prince[2]. On conserve encore, dit-on, la relation d'un Voyage fait par un marchand arabe depuis le golfe Persique jusqu'à l'Inde, l'an 851 de l'ère chrétienne, et commenté par un autre Arabe, qui avait visité l'Orient[3]. Combien ne devaient pas être intimes les relations commerciales des Maures et Arabes d'Espagne avec la Barbarie et avec l'Égypte, où l'on parlait la même langue, où l'on professait le même culte, et où les musulmans allaient s'instruire! Sous le roi ou calife Abdérame, au dixième siècle, un de ses généraux, Amed-Ben-Saïd, revint victorieux

(1) Conde, Historia de los Arabes de España, tome I, p. 231, 268, 286, &c.

(2) Navarrete, Colecc. de los viages &c., Introd.

(3) Conde, Historia &c., tome I.

d'une expédition, avec un butin dans lequel il y avait
de l'or en lingots, de l'aloës, de l'ambre, du camphre,
des tissus d'or et de soie, des fourrures de martres du
Korasan, des housses d'or et de soie de Bagdad, des
tapis de Perse, des armures de fer poli, des chevaux
arabes[1], &c.

Le même roi avait fait construire à Séville un
navire pour transporter en Égypte et en Syrie les
productions et marchandises de l'Espagne, et pour
rapporter celles de l'Orient. Ce vaisseau faisait probablement le commerce pour le compte du roi;
d'autres sans doute le faisaient pour le compte des
particuliers. Alméria fut, sous le règne des Maures, le
port d'où partaient et où arrivaient les navires le-
vantins.

Les Maures d'Espagne cultivèrent de bonne heure
quelques-unes des branches d'industrie qui florissaient
dans le Levant. La culture de la soie fut connue en
Espagne, suivant un auteur arabe de Séville, avant
le douzième siècle[2]. Aussi, après la perte de Séville, le roi de Grenade encouragea cette culture
chez ses sujets; et l'on dit que les Maures d'Andalousie réussirent à fabriquer de la soie égale à celle
de Syrie; ils en exportaient pour l'Égypte et pour

(1) Conde, Historia de los Arabes de España, tome I.
(2) Abu-Zacaria-Jahia, Libro de agricultura, traduc. en castell.
por D. Jose Ant. Banqueri; Madrid, 1802, t I, ch. vii.

I.   18

Constantinople, et pour la Syrie même[1]. Grenade avait des fabriques renommées dans l'Orient. Les Maures cultivaient en Espagne la canne à sucre, le riz et le coton. Ils fabriquaient de belles tapisseries historiées[2], des maroquins, des draps et des armes; ils avaient une quantité de productions à porter aux bazars du Levant, et ils avaient besoin à leur tour des belles marchandises de la Perse, des épices de l'Inde et des parfums de l'Arabie. Malaga et Alméria ne florissaient pas moins par leur commerce de soieries que Grenade; Xativa était renommée pour ses beaux papiers[3].

Le goût du luxe était répandu à Séville, lorsque les Castillans en expulsèrent les Maures; il s'y maintint, et gagna même les chrétiens. Déjà huit ans après la conquête on crut devoir le réprimer par des ordonnances. Les vêtemens de tissus d'or et d'argent, la soie, les hermines, les plumes servaient de parures aux femmes[4]. Quand Alphonse, surnommé le Sage, maria sa sœur Léonore au prince Édouard d'Angleterre; quand il reçut l'ambassade du soudan d'Égypte; quand une

(1) Conde, Historia de los Arabes de España, tomes I et III, chap. VI.

(2) Ἰσπανία καὶ Ἡράκλειαι σήλαι ἰσουργοῦσαι τῶν ἐπίπλων τα καλλιστα. Voyez la notice de M. Hase sur trois dialogues grecs, dans le tome IX des Not. et Extr. des manusc. de la Bibl. du Roi.

(3) Ebn-al-Ouardi, Perle des merveilles. (M. de Sacy, Notices et Extraits, &c., tom. II.) — Casiri; Bibl. arab. hispan., tome II.

(4) Sempere, Historia del lujo, partie I, chap. VII.

autre ambassade vint lui offrir l'empire d'Allemagne, on vit étaler à sa cour un luxe qui fait supposer des relations suivies avec l'Orient, puisque ce pays seul pouvait procurer alors tant d'objets précieux[1].

Lorsque le roi de Grenade Abu-Saïd alla trouver le roi Pierre-le-Cruel, à Séville, les émeraudes et les perles, les costumes de tissus d'or et de soie et d'autres riches étoffes, dont lui et sa suite étaient parés, éblouirent la cour du roi de Castille, et tentèrent la cupidité de ce prince, au point de lui inspirer le projet criminel de s'emparer de ces richesses orientales. Le même roi de Castille laissa à sa mort des pierres fines et des perles d'un haut prix[2]. Peut-être était-ce la dépouille du prince de Grenade, mis à mort par ses ordres

Séville, Tolède, et d'autres villes, se distinguèrent par leurs fabriques d'armes, d'une bonne trempe, par leur draperie, leur orfévrerie, &c. On prétend que les laines d'Espagne acquirent de la valeur depuis l'an 1388, lorsque la fille du duc de Lancastre, en venant épouser Henri III de Castille, apporta dans sa dot un troupeau de moutons d'Angleterre; cependant les Arabes avaient déjà travaillé à l'amélioration des laines[3], en faisant tous les ans transhumer les trou-

____

(1) Voyez Memor. histor. de D. Alonso el Sabio, livre II, chap. XXIX, et livre III, chap. VII.

(2) Cronica del rey D. Pedro, chap. III à VI.

(3) Conde, Histor. de los Arabes de España, t. I, ch. XCII.

peaux de l'Andalousie. Mais il est vrai que ce ne fut qu'à l'époque du règne de Henri III que les draps d'Espagne commencèrent à former un article considérable d'exportation. Aussi voulut-on plus tard défendre en Castille la sortie des laines indigènes, tandis qu'on greva de droits l'entrée des draps étrangers[1]. La Castille cherchait à se faire des amis dans l'Orient: Henri III envoya des ambassades au soudan d'Égypte, au prince turc Bajazet, au prétendu prêtre Jean, dans l'Inde, à Tamerlan, qui résidait alors à Samarcande; et on croit que ce fut sous le règne du même prince que la Castille fit ses premières découvertes sur la côte occidentale de l'Afrique, comme je le dirai plus tard. Les cortès de Castille ordonnèrent, en 1422, la construction et l'armement de nouveaux navires et de galères pour la protection du commerce et des côtes. Dans la suite on imita, en quelque sorte, la république de Venise, en ordonnant que, pour le transport des marchandises en Flandre et en France, les navires partiraient toujours au nombre de trois au moins, afin de se prêter un secours mutuel en cas d'attaques de la part des Anglais[2]. Dans d'autres cortès, on promit sûreté et liberté aux marchands; on s'engagea à ne jamais saisir leurs marchandises, qu'en cas de dettes

(1) Actes des cortès de 1438, cités par D. de Navarrete, Colecc. de los viages, &c., Introd., n.º 22.

(2) Ibidem.

bien constatées. Pour les temps de guerre, on leur accordait un délai de trois mois, afin de partir avec leurs marchandises [1].

A l'égard des frets, les navires nationaux devaient avoir la préférence sur les étrangers; ceux-ci étaient obligés d'exporter des productions espagnoles équivalant aux marchandises qu'ils avaient introduites [2]. Vers la fin du quinzième siècle, la Castille, réunie à l'Aragon, avait des consulats dans les principales places maritimes de l'Europe, et se livrait à un commerce étendu, tant en marchandises du dehors qu'en productions du pays.

L'Espagne connaissait parfaitement les côtes de l'Afrique, depuis l'Égypte jusqu'au cap Bojador, qui se trouve déjà sur ses cartes marines du milieu du quatorzième siècle. L'atlas catalan de Ferrer, que l'on conserve en manuscrit à la Bibliothèque du Roi, à Paris, et qui porte la date de 1346, est un monument curieux des connaissances géographiques des Espagnols à cette époque. Non-seulement tout le littoral de la Méditerranée leur était connu, mais ils avaient des notions assez justes, quoique sommaires, des trois parties du monde, jusqu'à Drontheim, au nord, Tombouctou, au sud, et Pékin, à l'orient.

(1) Actes des cortès de 1457 et 1465, cités par D. de Navarete, Introd., n.º 23.

(2) Actes des cortès de 1419; le même, ibid., n.º 22.

CHAPITRE VI.

FRANCE, PAYS-BAS ET ANGLETERRE.

Commerce maritime de Marseille. — Envois en Syrie. — Juifs.
— Transports de pélerins. — Épiceries, soie, pelleterie. —
Commerce d'Aigues-Mortes et d'Avignon. — Fabriques de
draps en Languedoc et en Roussillon. — Débit de ces draps en
Orient. — Drogueries de Montpellier. — Foires de Champagne.
— Draperies du nord de la France. — Transit des laines d'Angleterre. — Commerce de La Rochelle. — Grand commerce
manufacturier en Flandre, à Bruges, à Gand, &c. — Ligue
anséatique. — Foires du midi de l'Allemagne. — Commerce
maritime de l'Angleterre.

Tournons actuellement notre attention vers la
France. Marseille, fille de la Grèce, n'avait jamais cessé
d'avoir des relations intimes avec le Levant. Ce fut
une ville florissante par son commerce maritime sous
l'empire romain, comme du temps où elle se gouverna en république. Elle ne cessa point de recevoir
les marchandises d'Égypte lorsque la Gaule eut été
envahie par les Francs. On voit par les historiens
du temps qu'on tirait de l'Égypte du papier, des épi-

ceries, du lin fin, et même des légumes[1]. Il abordait à la côte de France des Syriens pour y faire le commerce ou pour se livrer à l'étude[2]. Marseille avait probablement des communications avec la côte de la Syrie, à cause des pélerinages qui se faisaient à la Terre-Sainte, et plusieurs auteurs présument avec raison que les hospices fondés en Orient pour les pélerins furent les premiers entrepôts du commerce de l'Europe chrétienne avec les Sarrasins[3]. Jacques de Vitry dit qu'on se rendait à Jérusalem tantôt par spéculation, tantôt par dévotion[4]. Plus d'une fois les deux motifs, qui en effet ne s'excluaient pas l'un l'autre, auront été unis. Marseille était favorablement située pour le commerce avec le Levant, et pour l'embarquement des pélerins et des marchands qui se rendaient en Égypte et en Syrie. Dès que les croisades commencent, on voit les Marseillais s'y intéresser et y participer. Ils transportent les croisés et les pélerins; ils approvisionnent les armées françaises en

(1) Voyez Agatias, Hist. &c. — P. de Lumina, Histoire de Lyon. — Ruffi, Histoire de Marseille.

(2) Grégoire de Tours, liv. IV, chap. xxxviii; liv. V, chap. ii; liv. vi, chap. II; liv. VII, ch. xxix. — Voyez aussi de Guignes, Mémoire sur le Commerce des Français dans le Levant.

(3) De Guignes, loc. cit. — Pouqueville, Voyage dans la Grece.

(4) « Alii causâ negotiationis tracti, alii causâ devotionis et peregrinationis »

Orient; les nobles de Marseille se croisent, la ville prête de l'argent, ou fait des dons aux seigneurs francs qui obtinrent des principautés orientales. On voit des relations intimes exister pendant toute la durée de la domination des Francs en Syrie entre ceux-ci et la cité de Marseille. En 1163, Rodolphe, évêque de Bethléem, ayant emprunté aux Marseillais deux mille deux cent huit besans sarrasins, leur remit pour gage le château de Romadet et les maisons que lui et son chapitre possédaient auprès du Temple de la ville d'Acre[1]. En 1190, ils aidèrent à assiéger la même ville, et obtinrent, pour prix de leurs services, des avantages commerciaux dont il sera question plus bas. ·

Quelques années après, ayant prêté dix-huit cents besans au roi de Chypre, ils reçurent encore des franchises dans les états de ce prince, qui leur fit même présent d'un château[2], peut-être fortifié. Les seigneurs de Tyr et de Bérite, à qui ils avaient rendu des services du même genre, les récompensèrent pareillement, en accordant des facilités à leur commerce dans les échelles du Levant. En 1279, ils envoyèrent des grains au grand-maître de l'ordre de Jérusalem : aussi confirma-t-on leurs franchises mercantiles en

____

(1) Pièces des archives de l'hôtel-de-ville, citées par Ruffi, His-toire de Marseille.

(2) Ibid.

Palestine[1]; et après la conquête de l'île de Mayorque, le roi d'Aragon, à qui les Marseillais avaient fourni des secours, leur céda dans cette île trois cents maisons, une ancienne mosquée, trente-neuf fabriques, des prés et d'autres terres[2]. L'histoire de Marseille cite plusieurs services de la même espèce, que cette ville rendit aux princes, et dont le prix fut presque toujours quelque franchise commerciale, ou la confirmation d'anciens priviléges.

Les vicomtes de Marseille avaient permis à la marine des ordres du Temple et de Saint-Jean de Jérusalem, en Syrie, de fréquenter le port de Marseille. Lorsque la commune de Marseille se fut affranchie de la juridiction des vicomtes, elle refusa de reconnaître la franchise de la marine des ordres militaires, et leva sur elle des impôts vexatoires. Les deux ordres s'en plaignirent au connétable du royaume de Jérusalem, et on allait saisir les navires et les effets marseillais dans le port d'Acre, en Syrie; mais une négociation entamée à Marseille prévint heureusement la rupture En 1234, les bourgeois, convoqués au son de la cloche et de la trompe à l'hôtel-de-ville de Marseille, permirent par un acte solennel, dressé par un notaire, aux deux ordres du Temple et de l'Hôpital de Saint-Jean de Jérusalem d'envoyer chacun deux navires par

(1) Pièces des archives de l'hôtel-de-ville.
(2) Ibid.

an dans leur port [1], savoir à Pâques et à la Saint-Jean, pour y charger et décharger les objets qu'ils voudraient, en se soumettant aux droits de coutume [2]. Chaque bâtiment pouvait prendre à bord tant de marchands qu'il s'en présentait pour faire le trajet, et quinze cents pélerins. Si les Templiers et Hospitaliers avaient besoin de plus de navires pour transporter des cargaisons appartenant à leurs couvens, il leur était permis de les envoyer; mais ces navires supplémentaires ne pouvaient prendre à bord ni marchands, ni pélerins.

Puisqu'on accordait par exception à la marine des ordres religieux et militaires la faculté de transporter six mille pélerins par an, il fallait qu'il y eût à Marseille une quantité prodigieuse de ces pieux voyageurs, empressés de faire le trajet de la Méditerranée. Ordinairement il partait deux grands convois par an, l'un au printemps, l'autre en été. A ces deux époques, la ville devait être pleine d'étrangers, riches et pauvres, qui attendaient le départ des convois. Dans le temps de la grande ferveur religieuse, la concurrence des

(1) Concordia stabilita tra i fratri Templarj e Ospedalieri e i cittadini di Marsiglia, &c. Charte n.º 116 du Codice diplomat. del S. mil. ord. Gerosolimit., del P. Seb. Pauli.

(2) Ibid. « Et in unaquaque navi recipere usque ad M. et D. peregrinos tantùm, et de mercatoribus quantùm voluerint, salvo jure dreituræ et usatico commun. Massiliæ. »

patrons de navires était telle qu'il fallut assigner, par
le tirage au sort, à chaque bâtiment, son tour pour
le chargement et le départ[1]. Pour chaque passager, la
commune percevait douze deniers. Les ordres religieux de l'Hôpital et du Temple étaient exempts de
ce droit. Marseille pouvait bien faire quelques concessions à des corporations monacales et militaires qui
possédaient en Syrie de riches établissemens, y jouissaient d'une grande autorité, et qui pouvaient rendre
aux Marseillais beaucoup de services dans ces contrées lointaines.

Les navires des deux ordres religieux étaient
exempts aussi d'une obligation que la ville de Marseille imposait à tous les bâtimens qui venaient d'outre-
mer, celle de fournir à son arsenal un arc qu'on appelait baliste ; cependant si les navires des Templiers et
frères Hospitaliers transportaient des marchands,
ceux-ci étaient tenus à fournir la baliste[2]. La ville
d'Arles, qui se chargeait aussi du transport des pélerins, exigeait également une baliste pour son petit
arsenal[3].

(1) Statuts de Marseille de l'an 1228, chap. : De sortibus navium.

(2) Statuta civitatis Massiliæ, liv. I, chap. XLVI. On voit par un
pacte conclu avec le duc d'Anjou que l'obligation imposée aux
marchands de fournir un arc à l'arsenal fut abolie en 1262, et
restreinte aux étrangers.

(3) Statuts de la ville d'Arles, manuscrit de la Bibliothèque du
Roi, n° 4768 A.

Avant leur départ, les navires marseillais qui transportaient des pélerins devaient être visités par des prud'hommes désignés par le commerce. Les patrons s'engageaient par serment à prendre soin des pélerins, en santé et en maladie, à la vie et à la mort. S'il en décédait pendant le trajet, le patron devait recueillir leurs effets, et les déposer, à son arrivée à Saint-Jean-d'Acre ou à Marseille, dans une maison religieuse, avec l'assentiment du recteur ou du consul, jusqu'à ce qu'ils fussent réclamés par leur famille[1]. Chaque pélerin pouvait prétendre, dans le navire, à un espace de deux palmes et demi de haut, sur six et demi à sept de long, pour se coucher[2]. Des patrons avides, au mépris de ces précautions, entassaient pélerins et ballots dans des bâtimens mal conditionnés : aussi la commune ordonna-t-elle un sévère examen des navires qui devaient faire le trajet d'outre-mer[3]. Les matelots avaient quinze sous par mois de paie : on ne pouvait recevoir par bâtiment plus de quatre marins étrangers[4]. Chaque navire devait être muni d'armes pour pouvoir repousser une attaque.

Tous ceux qui s'embarquaient sur des navires de Marseille, à l'exception des pélerins, contractaient

(1) Statuta civitatis Massiliæ, liv. IV, ch. xxiv, xxviii et xxx.
(2) Ibid., liv. IV, chap. xxv.
(3) Ibid.; Comp. les Statuts de l'an 1288.
(4) Ibid., liv. IV, chap. xv et xviii.

l'obligation de défendre les Marseillais et leurs propriétés partout où le navire irait, et de se soumettre à leur juridiction consulaire, dans le port où l'on aborderait; de leur côté, les Marseillais avaient le devoir de protéger les étrangers embarqués sous leur pavillon [1], qui, muni de la croix, devait toujours flotter sur les bâtimens de la ville [2]. Dans ses statuts municipaux, code fort remarquable pour le temps où il a été rédigé, c'est-à-dire le milieu du treizième siècle [3], mais dont plusieurs dispositions sont plus anciennes, Marseille établit en principe que, lors même que l'on est en guerre contre une ville ou un état, il faut respecter les propriétés particulières des sujets de cette ville ou de cet état [4]; principe qui honore la cité où il a été proclamé. Il est vrai que la loi avoue que c'est à cause du profit que l'on retire des relations avec les étrangers; cependant il faut encore louer les Marseil-

(1) Statuta civitatis Massiliæ, liv. IV, chap. xii. « Statuentes similiter quod homines Massiliæ et consules in terrâ illâ constituti teneantur jurare, et jurent manutenere, salvare et defendere bonâ fide omnes navigantes cum eis, tanquam homines Massiliæ. »

(2) Ibid., liv. IV, chap. xiv.

(3) Statuts municipaux et coutumes de la ville de Marseille, publiés par François d'Aix, in-folio. — Je me suis servi du manuscrit de la Bibliothèque du Roi : Statuta civitatis Massiliæ, in-folio, nº 4660 B, qui contient aussi les statuts faits postérieurement à la rédaction du corps des statuts, c'est-à-dire après l'an 1255.

(4) Ibid., liv. V, chap. xxxiii et xxxiv « Quod propter illam

lais du moyen âge d'avoir senti que la justice est d'une bonne politique. Cette vérité n'était pas bien comprise alors. D'autres villes du midi imitaient un exemple aussi louable : Avignon avait déclaré inviolables les propriétés des étrangers, tant en paix qu'en guerre.[1]

La différence des religions ne nuisait point à la liberté du commerce avec l'étranger. Par un accord fait entre l'évêque et la commune, il avait été stipulé que chrétiens, juifs et sarrasins, auraient tous le droit de venir librement à Marseille avec leurs marchandises, de décharger leurs navires, de vendre et d'acheter à volonté[2]. Un bureau appelé la *Table de mer* percevait les droits sur l'entrée et sur la sortie des marchandises; trois officiers municipaux, ayant le titre de *Clavaires,* avaient la gestion de cette caisse de douanes. Un denier pour livre était le droit habituel

guerram nihilominus res prædictæ sint salvæ forestaneis dictis, cum utilius sit civibus Massiliæ res et pecuniam forestaneorum possidere, et cum eisdem lucrum facere, quam prædictis rebus carere. »

(1) « Salvæ remaneant eis res illæ tempore pacis et guerræ... neque à curiâ neque ab alio capiantur. » Statuts de la ville d'Avignon.

(2) Stat. civ. Massil., manuscr. cit. : Pacta episcopi Massil., de 1290. « Cives et homines supradicti, sive sint Christiani, Sarraceni vel Judæi, possint liberè et secure intrare et manere et exire in civitate viceecomitali, et negociari, et suas merces et avera vendere et emere, &c. »

qu'on levait sur ce que les étrangers introduisaient dans le port[1]. Les bourgeois de Marseille en étaient affranchis; toutefois il paraît que les navires du Levant étaient mis dans une catégorie différente; car on exigeait pour les marchandises de la Syrie deux besans et demi par livre[2]; pour celles d'Alexandrie, un besan et demi, et pour celles de l'île de Gerbe, sur la côte d'Afrique, trois et demi.

Quant aux étrangers, ils payaient, pour les marchandises d'Alexandrie, outre le droit de claverie ou de douane, c'est-à-dire outre le denier par livre, un droit d'entrée dû à la commune, et se montant à six deniers par besan de la valeur des importations. Si un navire étranger, dans le port de Marseille, prenait à bord des pélerins ou des cargaisons pour le Levant, il était astreint à payer à la commune le tiers du noli[3]. Ainsi Marseille savait, aussi bien que les républiques d'Italie, réserver à sa propre marine le bénéfice du commerce du Levant.

Marseille tirait d'Alexandrie, des ports de la Syrie, et peut-être plus encore de Venise, les épiceries dont on avait besoin en Provence.

Nous avons vu plus haut que les bâtimens de

(1) Statuts de Marseille de 1228.

(2) Ibid. Les marchandises importées de la Sicile étaient taxées à une once par trois livres.

(3) Ibid., De tertiariâ peregrinorum.

Venise fréquentaient assez les côtes de Provence et de Languedoc pour avoir donné lieu à un réglement relatif à ces voyages[1]. Il existe un tarif des douanes de Marseille de l'an 1228 : toutes les épices et drogues, les principaux draps de France, les autres tissus, enfin les marchandises qui avaient cours dans le commerce du temps, y sont spécifiées. Le sac de poivre ou de gingembre, la charge de bois de brésil ou de teinture, la caisse de corail, la balle de draperie, y sont taxées à quatre deniers; la caisse de sucre ou le sac de coton, à trois deniers; la livre de safran ou de clous de girofle, ou de noix muscade, et le quintal de soufre ou d'alun, à un denier[2].

La ville délivrait gratuitement aux communautés religieuses une quantité de poivre et autres épices, prises ou achetées sans doute dans les magasins de la douane[3]. Une grande partie du commerce des épiceries, en Provence, était probablement d'abord entre les mains des juifs, qui avaient des communautés dans la plupart des villes de cette province. Aussi les redevances annuelles auxquelles on les assujettissait consistaient souvent en épices. Les juiveries d'Aix, de Saint-Maximien, de Lambesc, &c., payaient tous les

____

(1) Decreto del maggior consiglio, de l'an 1272, cité par Marin, Storia del commercio de' Veneziani, tome V.

(2) Statuts de l'an 1228, manuscr.

(3) Statuta civitatis Massiliæ, liv. I, chap. LXIV.

ans une à deux livres de poivre à l'archevêque d'Aix[1];
celles de quelques villages n'en payaient qu'une demi-
livre. La juiverie du village de Malaucène était taxée
à un cens annuel consistant en une livre de poivre,
une de gingembre et une de cire, pour le droit
d'avoir un cimetière particulier et une école hé-
braïque; car les juifs payaient pour tous les objets,
et à leur tour ils faisaient payer cher toutes les transactions auxquelles les spéculateurs israélites étaient
appelés. En 1385, le roi de Provence imposa à toute
la nation juive de ses états un tribut consistant en
soixante livres de poivre[2].

Il est fâcheux que nous ne possédions pas plus de
renseignemens sur le commerce que les juifs faisaient
en épiceries. Probablement ils les recevaient de leurs
co-religionnaires d'Italie, qui correspondaient peut-
être avec les juifs de l'Orient. En Provence, on ne
les empêchait pas de vendre leurs marchandises;
mais on mettait des entraves à leurs relations directes
avec le Levant[3]. C'est ainsi qu'on leur permettait de

(1) « Judæi de Aquis pro oratorio cum rotulo et lampade et ce-
meterio in festo Paschatis persolvant duo lib. piperis subtilis, &c. »
Charte de l'an 1283, insérée dans les Annales de l'église d'Aix,
par Pitton. Voyez P. Bougerel, Mémoire sur les juifs de Provence,
dans le tome II de la continuation des Mémoires de littérature et
d'histoire, de Salengre; Paris, 1726.
(2) P. Bougerel, loc. cit.
(3) Statuta civitatis Massiliæ, liv. IV, chap. XXII.

I.   19

s'embarquer pour tous les ports, excepté celui d'Alexandrie, ce qui était à-peu-près leur interdire le commerce direct avec l'Égypte. On leur défendait de s'embarquer plus de quatre sur le même bâtiment; en sorte que leurs expéditions mercantiles se trouvaient nécessairement à la discrétion des chrétiens. Comme cette nation se livrait beaucoup à l'étude de la médecine, le commerce de la droguerie du Levant entrait probablement dans ses spéculations, ainsi que la composition des médicamens, quoique plusieurs fois on leur eût interdit la médecine et la pharmacie. Elle vendait aussi de la cire, que l'on tirait en partie de l'Italie, et que l'on apprêtait en Provence à l'usage des églises. La même nation partageait avec les chrétiens le commerce des draps et autres étoffes de laine.

C'est de Marseille que la cour papale d'Avignon et les dauphins du Viennois tiraient leurs provisions en sucre, du moins en partie. On essaya en Provence la culture des cannes[1]; mais elles n'y réussirent point, à cause du vent mistral. Long-temps après la découverte de la route de l'Inde par le Cap, et après la transplantation de la canne dans les îles de l'Amérique, Marseille continua de faire venir son sucre du Levant, quoiqu'il dût être plus cher que celui que les

---

(1) Fauris de Saint-Vincent, Mémoire sur l'état du commerce en Provence dans le moyen âge; dans le tome VI des Annales encyclopédiques de Millin, 1818.

Portugais apportaient directement de l'Inde ou de leurs colonies ; pour ne pas renoncer à la routine, on se persuadait qu'il était meilleur.

A l'égard de la propagation des vers à soie, la Provence avait été un peu plus heureuse que pour la canne à sucre. Les vers s'acclimatèrent, et la soie devint la parure des classes riches. C'était un article de luxe dont on chercha en vain de restreindre l'usage par des lois somptuaires : la mode l'emporta sur les défenses. Il en fut de même pour les fourrures de l'Orient, surtout de l'Arménie, dont se paraient les deux sexes, dans les hautes classes. Les autres se contentaient de vairs de Bretagne et du pays, qui livrait au commerce des peaux d'agneaux et des fourrures de renards[1].

L'industrie n'était pas aussi florissante en Provence que le commerce : on ne savait guère l'encourager autrement que par des restrictions. A cet égard, les statuts de Marseille, d'ailleurs si sages, et remplis de vues généreuses, laissent percer souvent les préjugés et les erreurs du temps ; ils donnent des préceptes minutieux sur les arts et métiers, et gênent dans leurs dépenses les riches, qui pourtant font vivre les artisans. D'après ces statuts, rédigés à la vérité dans un temps où il existait encore une simplicité gros-

_____

(1) « Agnelline di Nerboua, di Provenza. » Tarif des douanes de Pise, publié par Uzzano, Prattica della Mercatura. — « Volpe provenzalescha. » B. Pegoletti, Prattica della Mercatura, ch. XLVII.

19.

sière, les parens ne pouvaient donner à leur fille, pour son mariage , que deux vêtemens en laine; et pour la noce, on ne pouvait inviter que trente personnes au plus[1]. Il avait été défendu à toutes femmes de porter à leur coiffure pour plus de cinq sous d'ornemens, et de se parer d'or et de perles[2] : interdiction qu'il fallut révoquer dans la suite[3]. On défendait aux tailleurs de prendre plus de douze deniers pour la confection d'une mantille, et les prix de la couture pour chaque pièce de vêtement étaient tarifés[4] par les mêmes magistrats qui fondaient des consulats en Syrie, en Égypte et en Barbarie. La longueur des pierres que l'on vendait pour la bâtisse, la pesanteur des sacs de blé que l'on portait au moulin, la forme des tonneaux, tout était réglé par les statuts. Ne croyant jamais assez prévenir les infractions aux devoirs, la commune exigeait des sermens de probité de presque toutes les classes de la société; elle faisait jurer les officiers de la Table de mer qu'ils n'enlèveraient pas la caisse; et les tailleurs, qu'ils ne rogneraient pas le drap[5]; elle prescrivait aux tisserands en toiles de faire leur serge en *chanvre femelle*, et aux

(1) Statuta civitatis Massiliæ, liv. II, chap. XLI.
(2) Ibid.
(3) Ibid., Statut de l'an 1287.
(4) Ibid.; liv. II, chap. XXXVIII, et Statut de l'an 1287.
(5) Ibid., liv. I, chap. II, et liv. II, chap. XXXVIII. — Comp. les Statuts de la ville d'Avignon.

tisserands en coton, de ne pas mêler le coton commun et celui d'outre-mer [1].

La commune était très-vigilante pour le maintien de la liberté civile de ses citoyens : elle leur défendait de reconnaître aucune juridiction étrangère, et de se soumettre à aucune charge féodale. Quant à la liberté industrielle, on la génait, tout en croyant la favoriser.

Une des branches d'industrie les plus lucratives était la draperie; il y avait des fabriques de draps à Marseille, Arles, Grasse, &c. On teignait la laine en kermès, en garance et en bois de brésil [2]. On tirait beaucoup de kermès de la Romanie, de l'Espagne et de Narbonne [3]. La Provence même en fournissait et en exportait. La laine venait en partie de la Barbarie; la Provence en produisait d'une très-bonne qualité. Sans être d'une grande finesse, les draps de Provence étaient pourtant recherchés par les étrangers, surtout

(1) Ibid., l. III, ch. LXVIII. « Corderii omnes de Massiliâ teneantur speciali sacramento se non facturos per se vel per alios *guincvas* vel *amaños*, vel *ostas*, nisi de cannabo femello et filo subtili.» — Ibid., Statut de l'an 1293. « Nulla personna privata vel extranea immisceat vel faciat immisceri cotonum simplicem, vel filatum, cum cotono simplici, vel filato ultramarino, vel Siciliæ, vel Calabriæ. »

(2) « Faix de brésil. » Statuts de l'an 1228. « Tinctuirius qui tinget de granâ, vel de brezilio, vel de royâ. » Statuts de l'an 1287.

(3) Statuts de l'an 1287.

par les Génois, et on jugea à propos d'empêcher ces Italiens de charger de draps leurs navires sur les côtes de Provence, quand il y avait des navires marseillais et autres bâtimens provençaux disposés à charger[1].

On tissait des *bombasines* en coton du Levant et en chanvre de Bourgogne[2], et diverses espèces de serges en fil de chanvre. On répandait dans les marchés d'Espagne et d'Italie les cuirs de Marseille, qui s'apprêtaient dans un quartier particulier, appelé la *Cuiraterie*. La corporation des tanneurs était considérée; la commune y prenait constamment des consuls, des échevins et conseillers municipaux[3]. Dès le treizième siècle, on fit à Marseille du papier de coton : c'est sur ce papier que sont écrits, en langue vulgaire, les registres de la ville[4], et probablement aussi une partie des actes judiciaires du temps[5]. Marseille et le reste de la Provence fournissaient d'ailleurs peu d'as-

---

(1) Pièces des archives de l'Hôtel-de-ville de Marseille, citées par Ruffi, Histoire de cette ville.

, (2) Statuta civitatis Ma. Xiæ, Statut de l'an 1293. « Quælibet *bambazaina* sit de cotono ultramarino filato equisciso decem librarum, et sex de filo canapi de Borgondiâ; et quælibet pecia ponderet sexdecim libras. »

(3) Fauris Saint-Vincent, Mémoire sur le Commerce en Provence, &c. — L'Ami du bien, journal de Marseille, août 1826.

(4) L'Ami du bien, journ. de Mars., 1826, no 1.

(5) Les Statuts de Fréjus de l'an 1235, chapitre : De Officio tabellionis, fixent le taux d'une expédition, par feuille de papier, à six deniers, et par feuille de parchemin, à huit deniers. Statuta

sortimens de marchandises pour le commerce d'outre-mer, et ce n'est pas sous le rapport des exportations des objets fabriqués que cette province pouvait se comparer aux villes maritimes de l'Italie. Marseille laissait entrer, moyennant des droits modiques, la draperie de France, la toilerie de Bourgogne, les maroquins, les savons, les soies, la pelleterie, les ouvrages en fer, et d'autres produits des fabriques étrangères.

C'est au milieu du treizième siècle que le commerce de Marseille avec le Levant fut dans sa plus grande prospérité. Tant que la commune eut un établissement à Saint-Jean-d'Acre, son commerce trouva un appui solide. Aussi lorsque, obligée de renoncer à son régime républicain, elle se soumit au comte d'Anjou, et reçut un lieutenant de ce prince dans ses murs pour la gouverner suivant ses statuts communaux; elle stipula qu'elle aurait le droit de faire des traités de commerce avec les Sarrasins, et le comte d'Anjou promit d'employer tous ses efforts pour rétablir les Marseillais dans leurs droits et prérogatives à Saint-Jean-d'Acre, en Chypre et dans d'autres places de la Syrie, et de favoriser leur commerce dans ces parages[1].

bajul. forojul., manuscrit de la Bibliothèque du Roi, n° 4768, petit in-folio.

(1) Statuta civitatis Massiliæ : Traité avec le comte d'Anjou, de l'an 1257.

Cependant les croisades ayant cessé, et Saint-Jean-d'Acre étant retombé au pouvoir des Sarrasins, les convois qui partaient auparavant de Marseille cessèrent aussi; la ville se dédommagea par le commerce qu'elle put faire en Sicile, sous la protection de la maison d'Anjou, quoique troublée quelquefois par les ennemis de cette famille. Quand l'ambassade envoyée par le duc d'Anjou au roi de Castille, en 1378, revint par mer en France, le patron du navire qui la portait s'engagea énergiquement à la ramener saine et sauve dans le port de Marseille, où tout le monde, disait-il, était dévoué aux ordres du duc d'Anjou[1]. Cette dynastie se fit en effet aimer en Provence; cependant on cite d'elle peu de dispositions favorables au commerce. Heureusement l'esprit municipal de Marseille, d'Arles, d'Aix, &c., suppléait à l'insouciance de leurs maîtres, sans pouvoir toutefois empêcher la décadence du commerce. Les capitaux devinrent si rares, que Louis II, au quinzième siècle, dut permettre aux prêteurs de prendre dix pour cent d'intérêt de leurs fonds[2].

Des guerres achevèrent d'affaiblir l'antique colonie des Phocéens, au point qu'elle ne put soutenir la

(1) Ambassade du duc d'Anjou auprès du roi de Castille, en —1378, tome I des Notices et Extraits des manuscrits de la Bibliothèque du Roi.

(2) Ruffi, Histoire de Marseille. — Les Statuts de cette ville, livre II, chap. xviii, avaient permis aux prêteurs de prendre trois deniers pour livre par mois

concurrence avec les autres places commerçantes de la Méditerranée. Prise, en 1423, et pillée pendant quinze jours par les troupes du roi d'Aragon, elle fut appauvrie pour long-temps. Aussi le roi René accorda en 1472 un sauf-conduit pour un an « à toutes les nations chrétiennes et infidèles » qui voudraient venir commercer à Marseille; c'était presque proclamer la détresse du commerce de ce port : circonstance avouée en effet dans le préambule de l'édit où René déclare que les Marseillais sont déchus de leur florissant état, moins par leur faute que par les caprices de la fortune [1]. Ce même roi avait pourtant fait un traité de commerce avec la ville de Bonne, sur la côte d'Afrique, et établi des verreries en Provence; mais il aurait fallu y relever en même temps la marine, et ranimer ou provoquer l'esprit manufacturier.

Aigues-Mortes partageait avec Marseille les affaires maritimes de la Provence. C'est à ce port qu'aboutissait la route commerciale par laquelle les rois de France faisaient passer les toiles, les laines et les draperies destinées à l'exportation; les épices, drogues et autres denrées du Levant, qui devaient être envoyées dans l'intérieur du royaume, étaient mises en entrepôt à Aigues-Mortes à l'époque où Marseille n'appartenait pas encore à la France.

(1) M. de Villeneuve, Histoire de René d'Anjou; Paris, 1825, vol. III.

Les navires provençaux y apportaient de Chypre des cargaisons de coton, de sucre, de bois de teinture, d'alun [1], &c.

La *claverie,* ou douane de ce port, levait un denier pour cent sur toutes les marchandises importées par les Italiens, même sur celles qu'ils introduisaient dans les galères armées, sans les décharger. Ils pouvaient transporter de là les marchandises à Nîmes, où ils payaient encore deux deniers par livre pour tout ce qu'ils vendaient. Ils ne pouvaient exporter du port d'Aigues-Mortes sans une licence le kermès, la laque, l'indigo, l'alun, et d'autres matières employées à la teinturerie; il leur fallait également une licence pour recevoir par ce port les peaux d'agneaux d'Angleterre et de Bourgogne [2].

Pour diriger les marchandises du nord et du centre de la France sur Aigues-Mortes, les Italiens avaient des facteurs et des comptoirs à Avignon, où depuis la translation de la cour de Rome s'étaient établis en outre beaucoup de banquiers de Florence et d'autres parties de l'Italie. Aussi l'usage des lettres de change y était déjà général au treizième siècle [3]. Les comptoirs étran-

(1) Bald. Pegoletti, Prattica della Mercatura, chap. XVIII.

(2) Bald. Pegoletti, loc. cit., chap. LII et LIV.

(3) Voyez les Statuts d'Avignon, manuscrit petit in-fº, nº 4657, de la Bibliothèque du Roi, Statut : De litteris cambii. Ce Statut est d'une écriture moins ancienne que le reste du manuscrit.

gers tenaient dans Avignon des dépôts pour les draps qui devaient être expédiés par Aigues-Mortes, et dont une partie venait de Bruxelles et de Paris. Ces comptoirs, ou d'autres, se chargeaient aussi de fournir à la France les belles étoffes de soie et les velours dont l'Italie pourvoyait alors l'Europe. On tissait aux environs beaucoup de toiles, et la ville tenait en outre des dépôts de toileries de Bourgogne, de Besançon et d'autres provinces. Ces toiles s'exportaient par mer, et les magasins de la ville recevaient, en échange, de l'épicerie, des sucres et des papiers[1].

Une industrie importante enrichissait le Languedoc. Je ne parle pas de l'exportation des productions indigènes, qui étaient à-peu-près les mêmes que celles de la Provence; mais ce que le Languedoc avait de plus, c'étaient de grandes manufactures de draps fins, dont les produits passaient en Europe et au Levant, y étant transportés par les peuples qui commerçaient avec les Sarrasins, c'est-à-dire par les Catalans, les Vénitiens et les Génois. Narbonne, qui déjà du temps des Romains s'était distinguée pour ses teintures de pourpre, Béziers, Carcassonne, fabriquaient des draps estimés dans les marchés, ainsi que Perpignan et Toulouse. Ces villes étaient les plus renommées; mais bien d'autres participaient à cette branche d'industrie.

(1) Uzzano, Prattica della Mercatura, chap. LXI.

Uzzano, auteur commercial du quinzième siècle, nomme de plus Signac, Castelnaudari, Montréal, Limon, &c., en tout une vingtaine de villes et bourgs qui fabriquaient de la draperie [1]. Les draps s'embarquaient au port de Cette; il y en avait d'incarnats, de bleus d'azur, de roses; en général, le Languedoc fournissait des draps de toutes les teintes [2]. Des marchands italiens les portaient à Constantinople. Selon Bald. Pegoletti, une partie de ces étoffes se débitait aussi sur la côte de Syrie. Satalie demandait tous les ans deux cents pièces de drap de Narbonne et de Perpignan, vingt de Châlons, et quarante de draps lombards [3]. Altolocco payait les draps de Narbonne à raison de quatorze florins d'or la pièce [4]. Les draps de Languedoc destinés pour la Syrie étaient de couleurs vives et tranchantes : c'étaient probablement des draps fins et légers comme les ont toujours préférés les Orientaux.

La teinture par le kermès était réglée par des statuts, ce qui prouve l'importance qu'on y attachait. A Montpellier, on ne permettait pas de se servir d'autre couleur pour le rouge fin, et on ne souffrait pas que

----

(1) Uzzano, loc. cit., chap. LXIII : Valuta di panni de lingua d'oca.

(2) Ibid.

(3) Divisamenti di paesi e di misure, &c., chap. x.

(4) Ibid., chap. IX.

des étrangers vinssent y teindre en kermès des draps blancs apportés du dehors [1].

L'île de Chypre recevait également beaucoup de draps languedociens : il s'en exportait sans doute par les Catalans pour Alexandrie, où s'expédiait de plus le miel de Narbonne; cette denrée allait aussi en Candie.

Beaucaire, Fréjus, Montpellier, tenaient des foires, fréquentées surtout par les peuples du midi; le débit des draps y était considérable. Les Florentins avaient un motif particulier de fréquenter les foires du midi de la France. C'est par ce pays qu'ils se procuraient les laines anglaises nécessaires à leurs manufactures de draps. Ces laines, arrivées par mer jusqu'à Bordeaux, ou jusqu'à Libourne, remontaient la Garonne; elles passaient par Montpellier, et c'est à Aigues-Mortes qu'on les embarquait pour l'Italie. Balducci Pegoletti, qui vit ce commerce au quatorzième siècle, ajoute que chaque balle de laine, pesant quatre quintaux de Provence, coûtait en fret et en droits jusqu'à Aigues-Mortes neuf florins d'or [2]. Pour l'assurance, depuis Londres jusqu'en Italie, on payait en outre douze à quinze florins, suivant les périls du transport [3], dont la

---

(1) Statuts de la ville de Montpellier. « Nullus extraneus homo aliquos pannos leucos in Montepess. potest tingere in granâ vel aliquo colore. » — Comp. les Statuts de la ville de Marseille.

(2) Divisamenti di paesi e di misure , &c., chap. ix.

(3) Uzzano , Prattica della Mercatura, chap. xxi.

France gagnait probablement la moitié. La laine ne coûtait pas à la France aussi cher qu'aux Italiens, et elle pouvait fournir la draperie à meilleur marché; mais les Italiens possédaient plus de moyens d'échange et plus de débouchés.

Avant qu'Aigues-Mortes fût fréquentée par les navires de la Méditerranée, la ville de Montpellier, centre du commerce du Languedoc, du Vivarais et de quelques provinces voisines, expédiait et recevait des marchandises par le port de Lates, pratiqué à l'embouchure de la rivière de Lez, et qui communiquait à Montpellier par un chemin pavé. La surveillance de ce port était une des principales obligations des consuls de mer que nommait cette ville chaque année; ils se rendaient quelquefois en grande cérémonie à Lates, pour proclamer la protection accordée par la ville au commerce maritime dans ce port[1]. C'est par Lates que les négocians de Montpellier faisaient leurs envois à Marseille, Gênes, Pise, la Sicile, Venise, Barcelone, aux îles de Mayorque, Chypre et Rhodes, à Constantinople, sur les côtes de Syrie, et jusqu'en Arménie. Des actes du treizième siècle, conservés dans les archives de Montpellier[2], font foi des traités par lesquels la ville avait su s'assurer des avan-

(1) D'Aigrefeuille, Histoire de la ville de Montpellier; Montpellier, 1737, in-folio.

(2) Ibid.

tages dans plusieurs contrées de l'Orient. J'indiquerai dans un autre chapitre les dates de quelques-uns de ces traités de commerce.

La monnaie d'argent frappée à Montpellier sous le règne de Jacques Ier, roi d'Aragon, avait cours à Alexandrie et dans les états barbaresques [1], et l'aloi des monnaies de Montpellier, ainsi que celui de son orfévrerie, servait d'étalon aux monnayeurs et orfévres de tout le midi de la France [2].

Le doge de Venise avait promis sûreté et protection aux marchands de Montpellier dans tous les états vénitiens. Hubert Palavicin, podestat de Crémone, Plaisance et Pavie, invita les habitans de Montpellier à venir trafiquer dans les ports et villes d'Italie; à Barcelone, leurs consuls représentaient toute la nation française [3]. Ils soutinrent contre Marseille, à main armée, les droits qu'ils avaient acquis en Syrie, et que les Marseillais voulaient subordonner aux leurs; et les Francs, en Syrie, virent les bâtimens des deux villes de l'Aquitaine se poursuivre avec beaucoup d'animosité.

Tant que les rois de France ne possédèrent pas la

____

(1) Capmany, Codigo de las costumbres maritimas de Barcelona, pag. 350.

(2) Consultez les Statuts de la ville d'Avignon de l'an 1251, et ceux de la ville de Marseille de l'an 1255.

(3) D'Aigrefeuille, Histoire de la ville de Montpellier.

Provence, leur intérêt exigea de favoriser beaucoup le commerce maritime de Montpellier et de Narbonne. C'est au port de Lates qu'entraient, chargées de marchandises du Levant, les galères du riche négociant Jacques Cœur; il pouvait les voir arriver du haut de la plate-forme de la loge, ou bourse des marchands, qu'il avait fait construire à Montpellier, où il tenait ses comptoirs. Cette loge existe encore, comme un monument de l'opulence du plus grand négociant que la France ait eu au moyen âge. Dix à douze galères lui appartenaient; ce fut sur sa marine particulière qu'une ambassade française s'embarqua, en 1446, pour l'Italie; et ce simple bourgeois avait su donner un tel crédit au commerce français dans les échelles du Levant qu'il excitait l'envie des marchands italiens[1]. Lorsque les intrigues de cour eurent causé sa ruine, la ville de Montpellier, gratifiée de la belle loge de Jacques Cœur par Charles VII, et autorisée à effacer ses armes et ses emblêmes, les conserva néanmoins, sans doute par un mouvement de reconnaissance pour les services rendus par sa maison à cette ville commerçante.

Montpellier avait le dépôt de l'épicerie et de la droguerie, que le commerce du Levant faisait arriver

---

(1) Voyez Bouamy, Mémoire sur les dernières années de la vie de Jacques Cœur, dans le tome XX des Mémoires de l'Académie des inscriptions.

à Lates. On conserve encore une note de la maison du roi d'Angleterre Henri III, à Bordeaux, qui, en 1232, commanda à Montpellier, non - seulement vingt pièces d'étoffes de soie et quatre de drap écarlate, mais encore trois gourdes de gingembre confit[1]. Il y avait dans la ville une corporation, ou plutôt une confrérie de marchands de poivre, que l'on appelait la *caridad,* ou la *charité des poivriers.* Était-il de cette confrérie le cardinal Talleyrand de Périgord, qui faisait au quatorzième siècle le commerce des denrées de l'Orient, et qui légua, en mourant, à son neveu toute la provision de poivre qu'il avait à Montpellier, ainsi que dix mille florins d'or, dus par un marchand de cette ville[2]? Ceux qui faisaient le commerce en gros n'étaient probablement pas confrères des marchands détaillans.

On préparait dans cette ville, à l'aide des herbes de l'Orient, des épices, baumes, etc., les électuaires, conserves, et d'autres substances servant, soit à la médecine, soit au rafinement du goût et à la gourmandise. Peut-être avait-on appris dans le Levant le secret de

(1) « Rogavit dominus rex Gailardum Colam quod emi faciat ad opus domini regis apud Montepessulanum viginti pannos sericos et quatuor pannos de scarlettâ et tres curdas de gyngibracco. » Rôles français de la Tour de Londres extraits par Bréquigny.

(2) Voyez ce testament dans l'Histoire des cardinaux français, par François Duchesne, tome II.

I.   20

quelques-unes de ces compositions; peut-être ces secrets avaient-ils été enseignés par les médecins juifs ou arabes, dont les écrits instruisaient la célèbre école de médecine de la même ville. Des marchands ambulans débitaient dans l'intérieur du royaume ces conserves et électuaires sortis des laboratoires de Montpellier, témoin ce passage de la vieille *Bible de Guiot,* où l'on se plaint de la cherté excessive des débitans :

> S'ils reviennent de Montpellier,
> Lor lectuaires sont moult chier;
> Lor dient-ils, ce m'est avis,
> Qu'ils ont *jingembre* et *pliris,*
> Et *diadragant* et *rosat,*
> Et *pénidium* et *violat.*

Il s'agit, dans ce passage, de gingembre confit, d'une sorte d'épice préparée au sucre, et appelée *pliris,* de la gomme adragant, d'un onguent-miel au sirop rosat, d'un autre violet ou apprêté aux violettes, enfin du sucre à l'orge, que l'on appelait *pénides* ou *pénidium*[1]. On était habitué en France à voir débiter les drogues et les épices de l'Orient par les mêmes marchands; pendant long-temps il y eut des apothicaires-épiciers, et même au dix-huitième siècle encore, les apothicaires et les épiciers ne formaient qu'une seule corporation[2].

[1] Voyez Notices et Extraits des manuscrits de la Bibliothèque du Roi, tome IV, notes, page 506.

[2] Arrêt du conseil, du 8 décembre 1703, portant que les apothicaires seront et demeureront unis au corps des épiciers.

C'est que l'art de la médecine opérait, au moyen âge,
essentiellement par les épices; c'était dans des mé-
langes de poivre, gingembre, cannelle, sucre, clous
de girofle, et surtout de muscades, que l'on cherchait des remèdes contre les maux de tête, de poi-
trine, d'estomac; les électuaires contre la peste
n'étaient que des extraits d'épices[1]. On aromatisait
les vins, les mets étaient épicés; en un mot, la médecine, comme l'art culinaire, s'appuyait sur l'épicerie.
Aussi les lois défendaient-elles l'association des épiciers
et des médecins, comme des complots contre les ma-
lades.

Quand la Provence fut réunie à la couronne, en
1480, Marseille devint bientôt le principal port des
côtes du royaume sur la Méditerranée; Aigues-Mortes,
favorisée par des priviléges aux dépens d'autres petits
ports, conserva pourtant une partie du commerce du
Levant; mais le port de Lates fut négligé et abandonné:
bientôt les *graux*, par lesquels les navires avaient
pénétrés, s'ensablèrent et ne purent plus servir; enfin
Montpellier cessa d'avoir une marine marchande.

Narbonne aussi avait commercé avec le Levant;

(1) Livre de médecine de Benoît Olaï, 1578, et Traité sur la
peste par Siméon Berchett, 1589, cités par Flintenberg, Notes
sur les épices employées en Suède au seizième siècle; dans le
tome VIII de Kongl. Vitterhets, Historie och Antiquitets Acad.
Handlingar.

cette ville avait obtenu des empereurs grecs quelques avantages pour son commerce à Constantinople[1]; les grands maîtres de l'ordre de Saint-Jean-de-Jérusalem avaient aussi accordé aux Narbonnais un établissement à Rhodes[2]; on assure même qu'il y en eut un à Alexandrie; nous avons vu qu'au quinzième siècle encore, une de leurs galères visita les ports de l'Égypte et de la Syrie. En Chypre ils étaient favorisés autant que les Pisans et les Catalans, n'étant assujétis qu'au paiement de deux pour cent de leurs marchandises[3]. Ils avaient des alliances étroites avec Messine, Gènes et Pise, surtout avec la dernière de ces villes, où s'étaient établis beaucoup de marchands de Narbonne[4]. Ces alliances furent troublées quelquefois par des hostilités; mais l'un et l'autre partis eurent toujours intéî êt à rétablir le bon accord.

Le Italiens, surtout les Florentins[5], exerçaient à Narbonne, Montpellier, Nîmes, Lyon, et dans d'autres villes du midi, l'état de banquiers et de chan-

(1) Voyez plus bas, chap. VIII.

(2) D. Vaissette, Histoire générale du Languedoc, tome IV, page 517.

(3) Bald. Pegoletti, Prattica della Mercatura, chap. xvii.

(4) Actes de la ville de Narbonne cités par D. Vaissette, Hist. génér. du Languedoc, tome IV.

(5) Voyez la liste des négocians florentins établis en France vers 1469, dans le tome II de Pagnini, della Decima &c., Documens, n° 13.

geurs; ils apportaient des capitaux de l'argent ils
savaient faire une marchandise : aucun autre peuple
n'en tirait aussi bon parti. Souvent, abusant de leur
habileté, ils portaient trop loin leurs avides spéculations; aussi les mots de *Lombards* et de *Cahursins*,
sous lesquels on les désignait, finirent par être
regardés comme synonymes d'usuriers. Une ordonnance du roi les menaça, en 1274, de les chasser
du Languedoc s'ils ne renonçaient à leurs rapines.
Quatre ans après, le roi leur accorda néanmoins, à
Nîmes, la même protection qu'aux bourgeois de Paris,
afin de les attirer, dit-on, de Montpellier, ville qui
appartenait alors aux rois d'Aragon [1]. Cependant, ayant
encore commis des exactions sur le peuple du Languedoc, ils déterminèrent le gouvernement à les
condamner, en 1289, à de fortes amendes [2]. Ce sont
apparemment les Italiens qui ont introduit l'usage
des lettres de changes; elles paraissent avoir été
en usage dans le commerce du midi de la France dès
le milieu du treizième siècle [3].

Quelque fertile que fût le Languedoc, la disette
n'affligeait que trop souvent cette province, à cause
de la mauvaise culture et du peu de sûreté qui ré-

(1) Trésor des chartes de Nîmes, cité par D. Vaissette, loc. cit.
(2) Ibidem.
(3) Voyez le Statut : De Litteris cambii, parmi les Statuts de la
ville d'Avignon, manuscrit déjà cité dans ce chapitre.

gnait dans les campagnes. Dans ces cas de détresse, c'était en Italie et dans le Levant que les navires des ports du Languedoc allaient chercher des grains, et voilà un motif puissant pour les habitans d'entretenir des relations avec les pays d'outre-mer. Leurs convois tentaient l'avidité des corsaires; la plupart des puissances maritimes de la Méditerranée avaient alors de ces écumeurs de mer, qui troublaient les expéditions paisibles des marchands. Des Génois, des Aragonais et des Mayorquins, enlevèrent, en 1334, les cargaisons de grains que les marchands de Montpellier, de Narbonne, et d'autres villes du Languedoc, avaient fait venir d'outre-mer[1]. Les plaintes faisaient peu d'effet; on ne pouvait qu'user de représailles sur les corsaires, chose peu facile pour une province qui ne possédait qu'une faible marine. Dans les années d'abondance, l'exportation des grains contribuait à la prospérité du Languedoc; aussi, en 1488, cette province se fit-elle assurer la liberté de la traite des grains par Charles VIII, le même roi qui, peu d'années auparavant, lui avait confirmé la liberté du commerce et de la navigation, surtout pour les épiceries et pour la droguerie apportées du Levant[2].

Le Roussillon qui, pendant le moyen âge, était

<hr>

(1) Pièces de l'Hôtel-de-ville de Nîmes citées par D. Vaissette.
(2) Histoire générale du Languedoc, tome V, page 69.

soumis aux rois d'Aragon, participait de l'esprit industriel qui vivifiait le Languedoc. Perpignan florissait par ses manufactures de draps, surtout de cadis[1], et faisait beaucoup d'affaires de banque. On prétend que dans la première moitié du quatorzième siècle près de trois cent cinquante maîtres et chefs de famille y exerçaient l'état de tisserands en laine[2]. Ils travaillaient en partie pour des négocians de Florence, qui faisaient des expéditions au Levant. On embarquait ces draps au petit port de Collioure, qui était connu déjà au milieu du treizième siècle, pour les arrivages de la Syrie; son tarif de douanes, redigé en catalan, spécifiait la plupart des épices et drogues du commerce levantin[3].

C'était en général, et principalement, par les draperies que la France payait ses achats de denrées du Levant. Châlons rivalisait avec les villes du Languedoc; Provins était renommé pour ses couvertures[4], Reims pour ses toiles et serges: Paris et Saint-Denis

----

(1) Uzzano, Prattica della Mercatura, chap. XXV : Condizioni di panni di Perpignano. Uzzano indique les prix des principaux fabricans de draps de Perpignan, et les frais de transport de leurs marchandises.

(2) Capmany, Memor. histor., tome I, partie III.

(3) Traslado de la tarifa de las leudas, &c. de l'an 1252; Capmany, l. c., tome II, charte 8e. Compar. charte 12e.

(4) Au quatorzième siècle, Provins avait jusqu'à trois mille deux cents métiers de draperie. Voyez le Réglement de Charles VI, de

avaient leurs fabriques et leurs dépôts de draperie,
dont les assortimens entraient également dans les cargaisons pour les pays d'outre-mer; Paris recevait
beaucoup de draps de Bruxelles[1], et les expédiait au dehors avec les siens et ceux de Saint-Denis. On connaissait, dans le commerce, les bouracans de Beauvais
et de Rouen, les sayes de Caen, les cordats de Chartres
et d'Étampes, les draps de Louviers, la grosse draperie du Berry et de Montreuil[2]. En Picardie, et surtout en Flandre, les fabriques de draps abondaient :
Lille était remplie de tisserands, surtout de *sayetiers*
et de *bourgetiers*, de teinturiers, de tondeurs, de
peigneurs et de cardeurs de draps. Ces fabriques
étaient renommées pour la saye blanche, le bourrat
vert, rouge, ou d'autres couleurs; les *changeants,*
étoffe qui probablement avait tiré son nom du reflet
de son lustre; les *gros-grains,* autre étoffe imitée   .

l'an 1399, dans le tome VIII des Ordonnances des rois de France.
Les marchands italiens appelaient les étoffes de Provins *coperture
di Prò.*   .

(1) Une ordonnance rendue en 1375, par Charles VI, sur la
plainte des drapiers de Bruxelles, défendit aux marchands parisiens
de faire passer d'autres draps que ceux de Bruxelles sous le nom de
cette ville. Voyez l'extrait de cette ordonnance dans le chapitre ii de
la Notice de Verhoeven sur le commerce des Pays-Bas.

(2) Bald. Pegoletti, Prattica della Mercatura, chap. LXX. Les
tarifs de douanes de Marseille, de l'an 1228, nomment « les estan-
fortz de Saint-Omer et d'Arras, les cordats de Stampas et de Chartres,
les baracans de Belvez et de Rhoam, et les draps de Loiers. »

d'un tissu levantin ; les *trippes,* sorte de velours ou de pluche : elles fabriquaient même des soieries.

Philippe IV chercha d'attirer à Lille l'entrepôt de laines anglaises qui existait en Flandre[1]. Cette ville faisait, en outre, des opérations de banque, et correspondait, d'une part, avec tout le Nord, et de l'autre, avec la France, l'Italie et l'Espagne. A la fête magnifique du *Faisan-d'or,* en l'an 1454, les bourgeois de Lille étalèrent, à l'envi, de superbes parures en étoffes de soie brochées d'or et d'argent, en velours, draps d'or, fourrures de martre, vaisselle d'or et d'argent, cristaux, &c. Tous les chevaliers qui servaient au banquet du duc de Bourgogne étaient vêtus de costumes en damas, et les écuyers et simples gentils-hommes étaient habillés en satin[2]. C'était la fête de l'industrie florissante d'une ville rivale d'Amsterdam et d'Anvers. Les petites villes d'alentour imitaient ce mouvement industriel qui enrichissait toute la Flandre. A Cambrai, on fabriquait du camelot ou camelin[3], ainsi que des draps, comme à Saint-Omer, Douai, Valenciennes et Arras. Les fabriques de cette dernière

(1) Lettres de Philippe IV à Édouard II, Pièces de la Tour de Londres.

(2) Voyez Godefroi, Histoire de Charles VI, chap. VII.

(3)   « De vert de Gand ne de Douay,
             » Ne de camelin de Cambray. »

Poëme manuscrit cité par Ducange, Gloss., au mot *camelinum.*

ville exécutaient des tentures magnifiques pour les palais des rois; on en envoyait jusque dans le Levant[1]. Armentières fournissait des draps et des étamines; en temps de paix, cette petite ville exportait jusqu'à vingt-cinq mille pièces de drap par an, et ses tissus, appelés des *quatre-couleurs*, étaient recherchés en Italie, et même à Constantinople[2]. Abbeville devait son état florissant à la même branche d'industrie dont, suivant les termes d'une ordonnance royale, « la plus grant » et saine partie de tout le commun bourgeois et habitans d'icelle se vivent et entremettent, et que » plusieurs marchands estrangers ont accoustumé » d'acheter et mener en estranges pays[3]. »

On spéculait sur les laines anglaises, dont on avait besoin dans tous les pays manufacturiers. Les rois de France même ne dédaignaient pas quelquefois de réclamer en faveur des bourgeois de France, qui, se livrant à ce commerce, avaient été spoliés par des corsaires ou tourmentés par le fisc ou les douanes[4].

Les foires de Champagne furent pendant long-

(1) Lors de la captivité du comte de Nivernais chez les Turcs, on envoya à Bajazet une tenture d'Arras, représentant les batailles d'Alexandre.

(2) Guichardin, Description des Pays-Bas.

(3) Réglement de Charles VI pour la draperie d'Abbeville, de l'an 1399, dans le tome VIII des Ordonnances des rois de France.

(4) Voyez les lettres du roi Philippe et du comte d'Alençon au roi d'Angleterre, de l'an 1279. « Cum ex parte Alfonsi de Borgis

temps des points de réunion pour les marchands d'Italie, d'Espagne et de France. On voit par les sauf-conduits français accordés aux marchands italiens, que le commerce au-delà des Alpes prenait beaucoup de part à ces foires, alors un des grands moyens d'échange et de trafic, entre le Nord et le Sud. C'est probablement là que les marchands du Midi choisissaient les draps de France, pour les assortimens destinés au Levant, et apportaient à-la-fois les productions du midi de l'Europe, et les marchandises et denrées des contrées orientales. Il y avait à Troie les halles d'Ypres, de Douai, de Provins et de Châlons[1]. La Bourgogne envoyait à ces foires ses toiles, et la Catalogne ses maroquins[2]; les Florentins, les Génois, les Vénitiens, y apportaient des soieries; les épices qu'ils vendaient s'expédiaient de là à dos de mulets ou par chariots, dans l'intérieur de la France, ou passaient à l'étranger. Les foires commençaient par la vente de la draperie et des autres marchandises; ensuite les Lombards ouvraient leurs comptoirs pour les affaires de banque et de change[3].

civis nostri Senonensis nobis datum sit intelligi quod lanæ et quædam aliæ merces suæ per gentes vestras in Angliâ sine causâ rationabili detinentur arrestatæ, &c. » Pièces de la Tour de Londres.

(1) Courtalon-Delaistre, Topographie historique de la ville et du diocèse de Troyes, vol. II; Troyes, 1783.

(2) Voyez plus haut, au chapitre précédent.

(3) Balducci Pegoletti, Piattica della Mercatura, chap. LV.

Pendant tout le moyen âge il paraît y avoir eu peu de communications par mer entre les ports français de la Méditerranée et ceux de l'Océan. Si la marine avait été habituée au passage d'une mer à l'autre, comment aurait-on vanté, comme une entreprise nouvelle et hardie, la tentative faite sous le règne de Louis XII, en 1513, de faire passer quatre galères de Marseille à Brest[1]?

Les ports français de l'Océan ne se signalèrent point, au moyen âge, par leur commerce avec l'Asie, et il ne paraît pas qu'ils aient été beaucoup fréquentés par la marine étrangère. Par un reste de l'ancienne barbarie, les lois, ou plutôt les coutumes, y maintenaient la spoliation des naufragés[2]; malheur au navire qui se brisait en vue des côtes de France! L'équipage avait-il gagné la grève, il y restait nu et délaissé; car d'avides habitans, forts de la vieille coutume, ou le seigneur, en vertu de ses prérogatives féodales, s'emparaient des débris de cargaisons que la mer rejetait sur le sable. D'ailleurs les guerres entre les Anglais et les Français désolaient fréquemment ces rivages, habités par un peuple plutôt pauvre que riche. Le mar-

---

(1) Legrand d'Aussy, Mémoire sur la marine française au commencement du quatorzième siècle, dans le tome V des Mémoires de l'Institut national : Sciences morales et politiques.

(2) Voyez Pardessus, Collection d'anciennes lois maritimes, tome I, chap. VII, pag. 315 et suivantes.

chand étranger devait éviter des contrées inhospitalières, et infestées en outre par les corsaires, et
préférer de porter sa marchandise en Flandre, où il
pouvait compter sur un meilleur accueil et sur une
plus grande sûreté.

Cependant toute la côte n'était pas aussi délaissée :
Bordeaux appartint long-temps aux Anglais, et c'est
là qu'arrivèrent, comme nous l'avons vu plus haut,
les laines de l'Angleterre, pour être distribuées dans
le midi de la France, et pour être embarquées dans
les ports de la Méditerranée pour d'autres destinations.
Vraisemblablement Bordeaux fut pour les Anglais un
entrepôt des denrées du Levant consignées pour la
Grande-Bretagne. Les vins de Bordeaux étaient un
article d'exportation considérable. Édouard Ier en favorisa, l'an 1302, l'introduction en Angleterre, en ne
demandant qu'un droit d'entrée de deux sous par bar-
rique[1]; la Ligue anséatique, malgré le peu de sûreté
qui régnait sur la côte, desirait fonder à Bordeaux
une factorerie; mais elle ne put réussir.

Un autre port de l'Océan renommé par son grand
commerce était La Rochelle, qui recevait les épiceries du Levant et d'autres denrées, moyennant un
tarif très-modéré[2]. C'était presque un port franc :
on y embarquait pour l'étranger les vins de la Sain-

(1) Livre rouge de l'Échiquier, à la Tour de Londres.
(2) Balducci Pegoletti, Prattica della Mercatura, chap. LXIV.

tonge. Du temps des Templiers, cet ordre ayant une maison à La Rochelle s'y livrait au commerce, comme on le voit par une charte de Henri III, roi d'Angleterre et duc de Guienne, qui révoque la permission donnée aux Templiers d'exporter sur leurs navires les vins de La Rochelle[1]. Les Templiers d'Europe étaient en relation avec ceux de l'Orient, et il ne serait pas téméraire de supposer que les navires des Templiers de La Rochelle allaient gagner les côtes de la Syrie avec leurs cargaisons de vins. En Saintonge, ils paraissent avoir fait des exportations assez considérables pour exciter les plaintes des maîtres des galiotes de Baïonne et d'autres ports de la Guienne. Henri III leur notifia la révocation du privilége des Templiers, comme pour apaiser le ressentiment de ces marins laïcs. Son prédécesseur, le roi Jean, leur avait accordé, en 1213, la permission de tirer des laines de l'Angleterre pour les vendre au-delà de l'Océan[2].

Les Flamands venaient embarquer à La Rochelle peut-être plus de quarante mille pièces de vin par an[3].

---

(1) « Vobis mandamus firmiter injungentes quod.... de cetero non permittatis quod Templarii, vel homines sui, vel aliqui aliqua vina, vel res alias abducant de Rupellá, vel illúc adducant.... » Charte de l'an 1242, à la Tour de Londres.

(2) Voyez la Charte de 1213, dans le t. I de Rymer, Fœdera &c., page 115.

(3) Beancourt, Commerce de Bruges, cité par Verhoeven, Notice sur le commerce des Pays-Bas.

Dans un seul convoi flamand, revenant de La Rochelle en 1388, et attaqué par les Anglais, il se trouva neuf mille pièces de vin, si toutefois l'auteur qui rapporte ce fait n'a pas été induit en erreur. La marine des Pays-Bas apportait en échange le beurre, le suif, et probablement aussi les draps et toiles de leurs fabriques.

Harfleur était visité, au quatorzième siècle, par les Castillans, par les Portugais, et par d'autres étrangers. Dans une ordonnance royale de l'an 1398, cette place est qualifiée de « noble ville, assise sur un port de mer » où affluent et descendent de jour en jour grande » quantité de marchands étrangers qui y amènent » plusieurs et diverses marchandises pour le bien » commun du royaume [1]. » Les Portugais avaient fait, en 1341, avec la France une convention particulière pour le commerce à Harfleur [2].

Comme les Italiens cherchaient toujours à inonder l'Europe des denrées qu'ils achetaient au Levant, le gouvernement français, pour ne pas laisser perdre sa marine marchande, employée à ce commerce, et pour suivre l'exemple des autres états maritimes, défendit en 1468 l'entrée des épiceries, et autres marchandises du Levant, qui ne seraient pas importées sur des

______

[1] Lettres de Charles VI, dans le tome VIII des Ordonnances des rois de France.

[2] Charte de Jean II, de l'an 1350, au Trésor des chartes, à Paris.

bâtimens français[1]. Vingt ans après, un autre édit royal défendit d'introduire à l'avenir dans le royaume les épices, aromates et autres productions de l'Orient, avant qu'elles eussent été mises à terre à Aigues-Mortes, ou dans d'autres ports du Languedoc, pour en acquitter les droits d'entrée[2]. Cet édit priva les ports français sur l'Océan de toute participation au commerce du Levant; cependant la force des choses a fini par leur procurer une part plus belle dans les rapports maritimes des nations.

A ce grand commerce des peuples chrétiens de la Méditerranée avec l'Orient se liait intimement celui que les Pays-Bas faisaient avec eux; car c'est en partie des Pays-Bas que l'on tirait, au quatorzième et au quinzième siècles, les tissus de laine qui entraient dans les cargaisons destinées au Levant, et c'est dans les Pays-Bas que s'écoulait une bonne partie des denrées que l'on tirait de l'Asie.

Depuis que Baudouin, comte de Flandre, avait été élevé sur le trône de Constantinople, les Flamands avaient fréquenté avec leurs navires les parages de

(1) Édit de Louis XI cité par M. Pouqueville, Mémoire historique et diplomatique sur le commerce et les établissemens français au Levant, par extrait dans la Revue encyclopédique, juillet 1828, tome XXXIX.

(2) Édit de l'an 1488, au Trésor des chartes, cité par de Guigne, Mémoire sur le commerce des Français au Levant.

(3) Verhoeven, Notice historique et critique sur le commerce et

l'Orient, soit comme guerriers, soit comme marchands. Ayant observé l'industrie et le génie commercial des républiques italiennes, ils avaient imité leur
exemple : ils étaient devenus fabricans. Dans la Flandre,
ainsi que dans le Brabant, il se développa un esprit
de commune qui sut se procurer d'importantes institutions municipales; et à l'abri de leurs franchises
civiles, les habitans s'adonnèrent avec un zèle merveil-
leux à l'industrie manufacturière. Un grand nombre
de villes, très-rapprochées les unes des autres, riva-
lisèrent de travail, de goût, d'inventions; elle se peu-
plèrent, s'embellirent, et se remplirent de magasins
et de fabriques. La navigation sur l'Océan étant encore dans un état très-imparfait, les peuples du Nord
et du Midi trouvèrent commode de s'arrêter et de se
rencontrer dans les Pays-Bas, d'y déposer et d'y
échanger leurs marchandises.

Ce fut à la fin du treizième siècle, ou au commencement du quatorzième, que les Italiens commencèrent
à fréquenter les marchés des Pays-Bas[1], et que les

l'industrie des Pays-Bas, parmi les Mémoires qui ont remporté le
prix à l'Académie de Bruxelles, 1778, in-4º. — De Reiffenberg,
De l'état de la population, des fabriques et manufactures, et du
commerce dans les Pays Bas, pendant le quinzième et le seizième
siècles; Bruxelles, 1822, in-4º.

(1) En 1318, les premiers navires vénitiens apportèrent à Anvers de l'épicerie, de la droguerie et des étoffes de soie. — Guichardin, Belgii Descript.; Amsterdam, 1613, in-folio.

I.   21

villes allemandes qui dans la suite formèrent la ligue anséatique y établirent des comptoirs[1]. Bientôt les marchés de Flandre furent au nombre des mieux approvisionnés de l'Europe : chaque nation y trouvant ce qui convenait à ses goûts et à ses besoins, les denrées orientales y affluèrent, pour être répandues de là dans le nord de l'Europe; les fabriques de Flandre fournirent une grande variété de tissus pour les assortimens destinés au Levant. Toutes les nations trouvèrent sûreté et protection sous le régime des comtes de Flandre. Ceux-ci se contentaient d'impôts modiques; ils purgeaient les côtes des corsaires ennemis, autant qu'ils le pouvaient; enfin ils respectaient les biens des naufragés. Tout prospérait sur les bords de l'Escaut et de la Meuse.

Pour les approvisionnemens en laine, les Pays-Bas dépendaient de l'Angleterre : nul autre pays ne pouvait alors alimenter les fabriques de draperie. Aussi des guerres et des querelles avec l'Angleterre produisaient une stagnation subite dans l'industrie belge. Édouard III désespéra les fabricans par sa défense d'exporter la laine d'Angleterre, et il les combla de joie en permettant, en 1341, l'exportation de plus d'un millier de balles. Ainsi le sort de l'industrie dépendait tout-à-fait de circonstances fortuites, même du caprice d'un souverain étranger.

(1) Sartorius, Geschichte des Hanseatischen Bundes, t. I.

Le temps amena d'autres combinaisons, quand les ducs de Bourgogne devinrent maîtres de ces contrées industrieuses. Des soulèvemens de communes, fières de leurs richesses, et impatientes du joug ; des répressions violentes de la part des ducs ; des guerres avec l'étranger, affligèrent les Pays-Bas, et troublèrent le commerce et l'industrie. On y accueillit avec moins d'égards les marchands étrangers ; les naufrages mêmes de leurs vaisseaux cessèrent d'être un motif de compassion et de secours[1] ; les grandes manufactures tombèrent, les ouvriers s'enfuirent, les villes déchurent ; cependant telle avait été la prospérité des villes de la Flandre et du Brabant, qu'il fallut des siècles pour l'anéantir.

Dans le temps de la splendeur du commerce des Pays-Bas, Bruges et Anvers étaient les principaux entrepôts des marchandises étrangères. Bruges conclut au quatorzième siècle des traités de commerce avec l'empire germanique, l'Espagne, l'Irlande, le Portugal, l'Écosse, l'Angleterre, les villes anséatiques, et au quinzième siècle, avec Venise, Gênes et l'Aragon, sans parler des traités que la ville fit avec des provinces ou des villes de France, d'Espagne, &c. Robert, comte de Flandre, recommanda en 1314 au roi Édouard II les marchands flamands qui commerçaient en Angleterre, et promit de protéger l'étape des laines et

______

(1) Voyez Capmany, Memor. histor., tome II.

21.

d'autres marchandises des Anglais dans la ville de Bruges[1]. Les navires italiens et espagnols apportaient au port de l'Écluse les épiceries et autres denrées du Levant, ainsi que celles du midi de l'Europe; des bateaux ou des charriots conduisaient ces marchandises à Damme, qui avait de vastes magasins; et de là on les portait à Bruges. Damme servait aussi d'entrepôt pour les vins français venus de La Rochelle. Les épices fines payaient à Bruges deux deniers par livre; les soies, quatre fois autant. Cependant les Vénitiens, quand leur convoi annuel arrivait à l'Écluse, n'étaient taxés, pour les soies, qu'à la moitié du tarif[2]. Deux grandes halles servaient au débit de la draperie en gros et en détail; les étrangers pouvaient y mettre leurs draps en vente, en payant quatorze deniers par balle. A la fête du tir qui fut donnée à Tournay en 1392, et où s'assembla l'élite des bourgeois de quarante-huit cités marchandes, les bourgeois de Bruges effacèrent par leur luxe ceux de toutes les autres villes: parés de vêtemens de soie et de mousseline, avec de grosses chaines d'or, ils représentaient bien la cité la plus opulente des Pays-Bas. Il y avait dans cette place dix-sept comptoirs étrangers[3].

(1) Lettres de Robert, dans Rymer, Fœdera &c., tome III;—et Dumont, Corps diplomatique, tome I, partie II.

(2) Balducci Pegoletti, Prattica della Mercatura, chap. LVIII.

(3) « Septemdecim regnorum negociatores tùm Brugis sua certa

Jusqu'en 1485, Bruges fut la plus grande ville de commerce qu'il y eût dans le Nord ; mais dans la suite, Anvers attira presque toutes les affaires, et après la découverte du cap de Bonne-Espérance, ce fut dans ce port qu'abordèrent les vaisseaux de l'Inde avec les denrées de l'Asie et de l'Afrique. Déjà au quatorzième siècle, Anvers avait un entrepôt considérable de marchandises d'Orient et d'Occident : les marchands allemands anglais, génois et florentins y déposaient leurs marchandises, en vertu de priviléges obtenus du duc de Brabant. Chaque navire payait quatre sous à l'entrée du port ; un sac de laine, une balle de pelleterie ou de maroquin, et un quintal d'épicerie, étaient taxés à huit deniers ; une balle de drap, à un sou ; enfin une balle de soierie ou de toile peinte, à six deniers [1].

Toutes les villes qui entouraient Bruges étaient remplies de manufactures, fournissant des tissus pour le grand commerce entre le Nord et le Midi, entre l'Orient et l'Occident. Ses draps et velours étaient renommés. Des bottines de velours de Bruges passaient dans le Nord pour un présent digne des rois [2]. Gand eut jusqu'à quarante mille métiers pour le tissage des

habuere domicilia ac sedes, præter complures incognitas penè gentes quæ undique confluebant. » Mayer, Annal. Flandr., pag. 18.

(1) Bald. Pegoletti, Prattica della Mercatura, chap. LXI.

(2) Schrœder, Observat. de luxu aulæ Magni Smek, reg. Succiæ

toiles et des draps : elle fournissait des serges, des fu-
taines, des ostades, des tapisseries ; Courtray eut, au
quinzième siècle, six mille tisserands de draperie ; et
Ypres, quatre mille, qui tissaient des draps très-fins,
surtout des écarlates, dont il est fréquemment question dans les tarifs des pays méridionaux. D'après les
actes des cortès de Toro, en Espagne, de l'an 1386,
l'aune de l'écarlate d'Ypres est taxée à cent dix maravédis, et celle de l'écarlate de Gand, à cent. Une
ordonnance du roi de Castille, de l'an 1442, taxe les
étoffes superfines d'Ypres à trois mille maravédis la
pièce, et le velours superfin de Malines à quatre mille[1].
Sans doute une partie de ces riches étoffes passait dans
les cours opulentes de l'Orient. La halle aux draps de
la ville d'Ypres passait pour un des plus beaux édifices
de la Flandre.

Audenarde fournissait des tapisseries qui rivalisaient avec celles d'Arras. Poperinges fabriquait des
velours et des soies ; et Tournay, des serges[2]. Au milieu
du quatorzième siècle, Louvain occupait quatre mille
métiers de draperie ; Malines en avait trois mille quatre
cents. Bruxelles était renommée pour ses tissus de laine.

et Norveg., ex occas. veteris membranæ 1340 ; dans le tome VIII
des Nova Acta Soc. scient.; Upsal, 1821.

(1) Cronica de D. Juan II, publiée par le P. Saez ; 1787, Apend.,
fol. 107.—Capmany, Memor. histor. sobre la marina de Barcelona,
tome III, partie III, chap. II.

(2) De Reiffenberg, De l'état de la population, des fabriques &c.

Lières et Vervins fabriquaient aussi des draps[1]. Par lettres-patentes de Charles VI, roi de France, de l'an 1399, les draps de Bruxelles, de Malines et de Lières obtinrent une libre entrée au marché de Provins[2].

Dans la Hollande, les Anglais avaient un grand entrepôt de laines; celui de Middelbourg, qui attirait les marchands étrangers[3], entre autres ceux d'Italie, d'Espagne et de Portugal. Ils y spéculaient à-la-fois sur les productions du pays et sur les objets manufacturés. Depuis le treizième siècle, les Hollandais allaient chercher la laine en Angleterre, et y apportaient les marchandises de leur pays. La Zélande fournissait beaucoup de draperie; Harlem tissait une quantité extraordinaire de toile fine, des velours recherchés par les Italiens et les Espagnols, et de la draperie : dix à douze mille pièces de draps sortaient annuellement de ses fabriques. Vers le milieu du quinzième siècle, la première flotte hollandaise se rendit dans les parages de la Syrie; mais le commerce n'en fut pas l'objet[4].

Les Pays-Bas recevaient de Venise de l'épicerie,

(1) Voyez les tarifs de Florence, de Pise et de Siène, dans le tome IV de Pagnini, Della Decima &c.

(2) Ordonnances des rois de France, tome VIII, page 332.

(3) Voyez les chartes du duc Albert, des années 1382, 1383 et 1386, dans le tome III de Mieris, Groot Charterbook der Graaven van Holland. Leyde, 1775, in-folio.

(4) De Reiffenberg, De l'état de la population, &c.

de la droguerie, des parfums, du coton, des couleurs, des tissus de soie. Gênes, Florence, Ancone, Bologne, envoyaient également des soieries, des draps d'or et d'argent, des camelots, des perles, du coton et de la soie filée, de l'alun, des huiles, &c. La France expédiait pour les Pays-Bas les draps fins de Paris et de Rouen, du cramoisi de Tours, des bourats de Champagne, du fil de Lyon, et surtout des vins. Nous avons vu que les navires de Flandre venaient en prendre une quantité énorme à La Rochelle. En 1461, les villes de Brabant, de Flandre, de Zélande et de Hollande obtinrent du roi de France la faculté d'avoir des comptoirs dans ce port et dans d'autres places de commerce[1]. L'Espagne concourait avec les villes d'Italie pour l'expédition du sucre, du coton filé, du bois de teinture. Les corsaires anglais troublèrent souvent ces expéditions, mais en 1340, les villes de Gand, d'Ypres et de Bruges obtinrent d'Édouard III, roi d'Angleterre, un sauf-conduit pour la marine marchande de Catalogne, de Castille et de Mayorque. Cependant, peu d'années après, deux navires chargés de marchandises précieuses, et expédiés par des négocians de Barcelone et de Valence pour la Flandre,

---

(1) Balducci Pegoletti; — Uzzano, Prattica della Mercatura. — De Reiffenberg, De l'état de la population, des fabriques et manufactures, &c.

furent encore pris par des corsaires baïonnais, et conduits dans un port d'Angleterre [1].

L'envoi des denrées du Levant pour les Pays-Bas eut surtout une grande activité en Catalogne et à Mayorque au commencement du quinzième siècle : un consul catalan résidait alors à Bruges [2].

Pour les villes de la Méditerranée, les expéditions mercantiles vers la Flandre étaient des entreprises longues et pénibles; et il n'y avait que le grand profit qui pût les engager à s'y livrer. Pour les Catalans, le voyage, avec le retour, exigeait cinq à six mois; pour les Génois et les Pisans, six à sept; et pour les Vénitiens, huit [3]. Les négocians des Pays-Bas ne commerçaient guère dans les marchés de l'Orient; un seul d'entre eux, Floris Berthaut, est connu dans l'histoire pour être devenu millionnaire par ses grandes spéculations maritimes; il correspondait avec Alexandrie, le Caire et Damas; il avait plusieurs galères : on était ébloui de la quantité de perles et de pierres précieuses exposées dans sa maison; et on disait de lui, pour me servir des expressions de Froissart : « C'est le plus riche homme d'or et d'ar-

(1) Rymer, Fœdera et Acta publ. Angl., tome II, partie IV, pag. 148. — Capmany, Memor. histor., tome I, partie II, liv. II, chap. X.

(2) Ibid., tome III, partie III, chap. IV.

(3) Ibid., tome I, partie II, livre II, chap. X.

» gent qu'on sache en nul pays, par les grands faits
» de marchandises qu'il mène par mer et par terre[1]. »

Sous la domination des ducs de Bourgogne, les
habitans des Pays-Bas acquirent, au sujet des contrées
de l'Orient, des idées plus justes qu'ils ne pouvaient
en obtenir des marchands italiens ou catalans. Il y
avait un reste d'esprit chevaleresque chez ces princes,
que l'Église sollicitait de s'illustrer par des croisades.
En 1396, Jean, duc de Bourgogne, en combattant
les musulmans, avait été fait prisonnier avec beaucoup de nobles, devant Nicopolis; et il avait fallu une
rançon de deux cent mille ducats, fournie par les villes
de Bruges, de Gand et d'Ypres, pour faire recouvrer
à ce prince sa liberté; cependant le goût des expéditions militaires ne s'éteignit pas dans la maison de
Bourgogne. Quelques - uns de leurs gentilshommes
allèrent provisoirement reconnaître ces contrées,
qu'il s'agissait de reconquérir sur les mécréans.
Un écuyer tranchant, Bertrandon de la Brocquière,
eut le courage de s'arracher à la table de son maître,
pour jouer le rôle d'explorateur dans le cœur de la
Syrie. Ces gentilshommes bourguignons ont laissé à
la postérité des relations qui n'ont pas encore perdu
tout leur intérêt[2]. Je leur ai emprunté, dans les cha-

______

(1) Froissart, Chronique, t III. — Pontan., Hist. Geldriæ. —
Verhoeven, Notice histor. et critiq., &c., citée ci-devant.

(2) Voyez le préambule de Legrand d'Aussy pour le Voyage de

pitres précédens, plusieurs renseignemens sur les contrées orientales.

Transportées de l'Inde en Syrie ou en Égypte, de là en Italie, et puis en Flandre, les épices et les autres denrées de l'Orient n'étaient souvent pas parvenues au terme de leur voyage : quelquefois il leur restait à parcourir encore peut-être un tiers de l'espace qu'elles avaient déjà franchi. C'est pour l'Allemagne, le Danemark, la Suède, la Pologne et la Russie qu'on les achetait et les embarquait en Flandre, en les échangeant contre les pelleteries, les fourrures, les grosses toiles, le bois, le suif, les plumes, la bierre et les métaux du Nord. Devenant alors l'objet de nouvelles spéculations, elles se trouvaient sous la protection et au pouvoir d'une association singulière, dont la prospérité a été favorisée, comme celle de cinquante ou de cent peuples divers, par ces mêmes épices qu'il avait coûté si peu de recueillir sous le ciel fortuné de l'Inde, et dont le prix allait toujours en haussant, à mesure qu'elles s'éloignaient de leur source. _

Le besoin avait inspiré l'esprit d'association aux villes du Nord, qui, desirant se livrer au commerce, et n'ayant pas de protecteur, envoyaient des navires ou des marchands au-dehors ; réunies d'abord pour leurs spéculations à l'étranger, au nombre de trois ou

Bertrand. de la Brocquière, et le préambule de M. Webb pour le Voyage de Lannoy.

quatre, elles finirent par être plus de cinquante, tant de l'Allemagne que de la Hollande, du Danemark et de la Suède, et par s'organiser en une grande communauté mercantile[1]. Si elles avaient eu une prévoyance de la hauteur du rôle qu'elles jouèrent, et si elles avaient été de la même nation, elles auraient pu s'ériger en une seule république; mais ne pouvant former un tout homogène, elles se lièrent du moins assez étroitement pour se montrer à l'étranger comme un seul corps, une seule compagnie, que l'histoire commerciale signale sous le nom de *ligue anséatique*, et dont les premiers documens connus ne datent que du milieu du quatorzième siècle[2]. Antérieurement on voit des marchands allemands chercher des marchandises en Flandre et en Angleterre, et obtenir des priviléges pour leurs villes; mais ce n'était pas encore leur ligue. Cette association, quand elle se développa, prit un grand caractère : elle tendit à s'emparer du monopole, et à devenir despote, comme le sont souvent les états commerçans favorisés par la fortune.

Sur trois points de l'Europe, à Bruges en Flandre, à Bergen en Norvège et à Novogorod en Russie, elle avait établi de grands comptoirs, qui absorbaient presque tout le commerce. Elle y envoyait des commissaires,

(1) Voyez Sartorius, Geschichte des Hanseatischen Bundes; Goettingue, 1802-1803, vol. I et II, in-8°.

(2) Ibid.

des facteurs, des marchands qui dépendaient toujours de la régence centrale à Lubeck. Ils ne pouvaient entrer en communauté d'intérêts avec des étrangers, ni confier leurs marchandises à des navires autres que les anséatiques. Toujours occupée à étendre ses priviléges, et à s'emparer des affaires mercantiles, la Ligue était haïe par les étrangers, et ses comptoirs étaient fréquemment en butte aux fureurs populaires. Quand la Ligue n'obtenait pas justice des affronts qui lui étaient faits, elle fermait ses magasins, et se retirait. Plusieurs fois elle a transporté ses bureaux de Bruges à Dortrecht, en Hollande. Avec elle disparaissaient les grandes spéculations, les achats considérables et le numéraire; des villes rivales en profitaient; c'était une calamité pour les places où les comptoirs avaient été long-temps établis; elles suppliaient pour lors que la Ligue revînt; elles faisaient des concessions, offraient de nouveaux priviléges, et les comptoirs, cédant à ces prévenances, s'ouvraient de nouveau. A Bruges, où régnait l'habitude du commerce, et où l'on vivait dans une trop grande prospérité pour dépendre absolument d'une compagnie étrangère, la Ligue ne put montrer son caractère entier; elle eut besoin de ménager un pays où elle trouvait de beaux assortimens des marchandises les plus estimées alors, les denrées de l'Orient, l'orfévrerie et les soieries de l'Italie, les vins du Midi, et la draperie de Flandre;

mais dans le Nord elle fut arrogante et despotique, elle prétendit soumettre à sa sanction l'avénement des rois de Danemark au trône ; à Bergen elle poursuivait avec acharnement les étrangers qui voulaient y faire quelque commerce ; à Novogorod elle se conduisit de manière à s'attirer la colère des Russes ; elle faisait des guerres maritimes, comme une puissance d'Europe, et plus d'un roi du Nord éprouva les ravages terribles causés par la marine de la Ligue anséatique.

La pêche du hareng, dans la Baltique, était entre ses mains ; à l'aide des harengs elle pouvait acquérir des épices. Dans les chartes de priviléges qui furent accordés à la Ligue, tant par les ducs de Brabant que par les ducs de Hollande[1], sont spécifiés la plupart des articles d'épiceries recherchés alors en Europe, tels que poivre, cannelle, gingembre, muscades et cubèbes, et on y fixe les impôts auxquels la sortie et l'entrée de ces denrées étaient assujetties[2].

(1) Voyez la charte du duc Jean de Brabant, de l'an 1315, chez Lünig, Codex German. diplomat., tome II ; — et celle du duc Albert de Hollande et Zélande, de l'an 1363, dans Miéris, Groot Charterbook der Graaven van Holland, tome III.—Comparez Sartorius, Geschichte des Hanseat. Bundes; tome I, Pièces justificatives.

(2) Sur le tarif compris dans la charte du duc Jean de Brabant, on lit : « Item, pro quolibet quintallo croci, gingiberis, cinamomi, piperis, galangæ, zeduacris folii, cucubæ (cubebæ) et cujuslibet alterius speciei, confectæ vel non confectæ, octo den. tur. »

Quoique la Ligue eût aussi des comptoirs à Londres et à Anvers, c'était pourtant à Bruges que résidait sa factorerie principale, et c'est là qu'ont dû se faire la plupart des opérations pour l'achat et le transport des marchandises de l'Orient, jointes à celles de l'Italie et de la France. La Ligue avait bien quelques relations avec ce dernier royaume; mais jamais ces établissemens commerciaux n'y ont eu quelque importance.

Lorsque Bruges déchut de son haut rang parmi les villes commerçantes, la Ligue déchue elle-même, à cause du changement qu'avait éprouvé le commerce, cessa aussi de figurer avec éclat; elle se maintint encore à Anvers; mais cete ville dépérit comme Bruges.

Le midi de l'Allemagne avait d'autres voies et d'autres entrepôts pour se procurer les denrées du Levant en échange des siennes. J'ai déjà signalé les relations que Ratisbonne, Augsbourg et Nuremberg, eurent avec Venise et Gênes, ainsi que celles qui mirent l'Autriche en communication par le Danube avec l'empire grec. Enns et Ratisbonne, villes situées toutes deux sur le Danube, avaient de grandes foires, où les denrées du Levant arrivaient d'abord de la Romanie ou de l'empire grec, puis de la mer Noire, par Kiew en Russie, terme des caravanes. De là elles étaient expédiées en Allemagne par Breslau, Brünn et Prague. A la grande foire d'Enns en Autriche, qui se tenait vers la Pentecôte, on voyait venir non-seulement les marchands de la Souabe, et le grand bateau de Ratisbonne avec les marchands et les drapiers de cette ville, ayant à leur tête un *hansgraf*, espèce de consul chargé de la police, mais aussi les Bohémiens, les Hongrois, et même les marchands de Metz, Cologne et Aix-la-Chapelle. Il y a quelques motifs de croire que la France orientale recevait, par Enns, une partie des denrées du Levant et les pelleteries de la Russie, ainsi que le cuivre et le plomb[1]. Un exilé de Cornouailles avait découvert des mines d'étain en Bohême; ce fut un nouvel article de commerce pour le midi de l'Allemagne.

Cependant les croisades et les guerres civiles en Russie ralentirent beaucoup l'activité de ce commerce, et firent préférer la voie de l'Italie, pour l'expédition des denrées du Levant, à la voie du haut Danube. C'est alors que commença pour les villes d'Augsbourg et de Nuremberg une époque de prospérité qui se soutint pendant quelques siècles.

L'Angleterre ne prit pas au moyen âge beaucoup de part au commerce du Levant, et on était loin de prévoir qu'un jour elle dominerait dans l'Inde. Pendant long-temps elle ne put fournir que des matières pre-

______

(1) Voyez M. de Lang, Bruchstücke einer baierischen Handelsgeschichte vom Jahr 1253 bis 1294; Munich, in-4°.

mières, savoir des laines et de la pelleterie[1]. Les étrangers lui apportaient le grand nombre d'objets qui lui manquaient, et prenaient en retour ces deux articles. Des marchands florentins venaient traiter avec les abbayes pour l'achat de toutes leurs tontes, pendant une ou plusieurs années[2]. On expédiait des cergaisons considérables de ces laines sur la Guienne et le Languedoc, d'où elles passaient en Italie, comme je l'ai dit plus haut.

Les Anglais exportèrent eux-mêmes la laine pour la Flandre, lorsque les marchés de ce pays eurent attiré les peuples du midi et du nord de l'Europe. Il y avait chez eux des fabriques de draps ; mais elles ne fournirent pendant long-temps que de la grosse draperie, tandis que les serges d'Irlande trouvaient déjà un débouché en Italie[3]. Cependant les communes d'Angleterre, animées de l'esprit si rétréci des corporations, voyaient avec jalousie les étrangers apporter des marchandises, et être accueillis avec faveur par le roi, qui tirait de gros bénéfices des douanes, et était servi dans les momens critiques par la marine des peuples commerçans.

(1) Consultez Anderson, History and chronol. deduction of trade and commerce, &c.; Londres, 1801, vol. I et II.

(2) Voyez la lettre d'avis de la compagnie de Gherardi, de l'an 1284, charte n° 16 du tome II de Pagnini, Della Decima e delle altre gravezze.

(3) Transactions of the roy. Irish Academy; vol. I, pag. 20; vol. XV, p. 112.

I.22

Cette jalousie poursuivit long-temps même les fabri-cans étrangers qui venaient introduire des branches d'industrie pour lesquelles l'Angleterre était tributaire de l'Italie, telles que la fabrication des velours et des soieries [1].

Déjà le roi Jean, à la fin du douzième siècle, avait accordé un sauf-conduit à tous les marchands du dehors; en 1303, Édouard I permit à tous les étran-gers (il nomme dans sa charte ceux d'Allemagne, de France, d'Espagne, de Portugal, de Navarre, de Lombardie, de Toscane, de Provence, de Guienne, de Toulouse, de Cahors, de Flandre, de Brabant) de faire dans son royaume le commerce avec les indi-gènes et les étrangers, de vendre en détail de la mer-cerie et des épiceries, et d'exporter librement toutes les marchandises achetées en Angleterre, après avoir payé seulement les droits de douane [2]. Mais en même tems les marchands s'engagèrent à payer un nouvel im-pôt, surtout pour les laines et les cuirs, et pour l'im-portation de la cire, des draps d'écarlate, et d'autres articles : c'était une espèce de don gratuit, qui leur

(1) Bill concernant Jean Damico, sous le règne d'Édouard IV, extrait des Archives de la chancellerie, dans le tome I des Calenders of the proceedings in chancery; Londres, 1827.

(2) Eduardi I regis Angliæ privilegium insigne datum negotia-toribus quorumdam exterorum, &c., dans Haeberlin, Analecta medii ævi, no 4. — Hackluyt, Voyag., t. I, pag. 133. — Rymer, Fœdera, &c.; tome II, partie III.

valait les priviléges spécifiés dans la charte du roi. Dans le tarif, il est question aussi des draps de Tarse, de la soie et des soieries. Édouard III confirma ensuite cet acte, dont l'exécution fut fréquemment troublée par les pirates anglais, qui infestaient le détroit de la Manche.

Les marchands allemands avaient obtenu de bonne heure à Londres un établissement commercial, sous le nom de *guildhall;* dans la suite, la Ligue anséatique sut attirer à elle presque tout le commerce de l'Angleterre avec le Nord[1]. Cependant, vers le milieu du quatorzième siècle, une compagnie anglaise, qui avait pris le nom de *Thomas Beckett,* se chargea elle-même de l'exportation des draps anglais. Depuis qu'Édouard III avait appelé et protégé des tisserands de Flandre, la draperie anglaise avait été perfectionnée. Au lieu de vendre encore des laines brutes aux étrangers, et d'acheter d'eux des tissus fins apprêtés avec ces laines, les Anglais fabriquèrent eux-mêmes des draps fins, qui furent exportés par les marchands allemands, concurremment avec les draps de Flandre, jusqu'en Russie. Au quinzième siècle, on vit même la draperie anglaise dans les marchés d'Italie; Rome et la Toscane en recevaient; cependant Florence n'en permettait l'entrepôt que dans le port de Pise [2].

(1) Sartorius, Geschichte des Hanseatischen Bundes, vol. I et II.
(2) Uzzano, Prattica della Mercatura, chap. xxj.

Les communes de la Grande-Bretagne ne cessaient de provoquer des mesures prohibitives contre l'industrie du dehors : elles avaient obtenu la défense de l'importation des tissus étrangers; en 1381, elles firent défendre également les exportations et importations par navires étrangers. Henri VII s'engagea par un traité à envoyer au port de Pise, sur des bâtimens anglais, la laine demandée par les fabricans florentins, et à n'en fournir à aucune autre nation, Venise exceptée [1].

Depuis lors la marine anglaise commença de fréquenter la Méditerranée, après que les villes d'Italie qui commerçaient en denrées du Levant eurent trouvé pendant long-temps, en Angleterre, un marché avantageux pour le débit d'une partie de leurs cargaisons. Ce ne fut qu'au seizième siècle que les premiers bâtimens marchands de l'Angleterre déployèrent le pavillon de cette puissance sur les côtes et dans les îles de la Syrie, pour y échanger des tissus d'Europe contre les épices, les aromates, et d'autres denrées du Levant.

La Cornouaille fournissait au commerce du moyen âge son étain, qui aujourd'hui encore fait sa richesse. On l'envoyait brut dans l'île de Mayorque, en Pro-

______

(1) Traité de l'an 1490, dans le tome V de Rymer, Fœdera et Acta publ. Angl.; partie IV. — Pagnini, Della Decima &c.; t. II. charte 2e.

vence et à Venise, pour le fondre. Celui qu'on avait apprêté à Venise était le plus estimé dans le Levant[1].

Le goût du luxe, dans la Grande-Bretagne, n'avait pas attendu les progrès de l'industrie nationale pour se procurer des parures en soie, en perles et pierres précieuses. On cite un comte d'Arundel, qui possédait cinquante-deux habillemens de draps d'or, et une favorite du roi Édouard III dont la succession séquestrée procura au fisc un trésor de deux mille perles et environ dix-huit mille pierres précieuses. La soie et les bijoux étaient même devenus d'un usage général, malgré les lois somptuaires. Ce n'est pas le commerce seul qui les fournissait aux Anglais : par les guerres et le pillage ils en dépouillaient d'autres nations. Leurs invasions en France surtout firent passer dans leurs îles beaucoup d'objets précieux des pays du midi[2]. On n'était pas encore assez civilisé pour sentir que la paix et l'alliance des peuples les font mieux prospérer que la guerre et l'injustice.

(1) Balducci Pegoletti, Prattica della Mercatura, chap. XXIX.

(2) Walsingham, Hist. Angl. — et Archæologia or miscellaneous tracts of antiquity, vol. XX, pag. 101 et 102, Notes.

FIN DU TOME PREMIER.

TABLE
DES CHAPITRES
DU TOME PREMIER.

CHAPITRE PREMIER.
COMMERCE DE L'INDE, DE L'ARABIE ET DE LA PERSE.

CHAPITRE II.
COMMERCE DE L'ÉGYPTE, DE LA SYRIE, DE LA MER NOIRE, &c.

CHAPITRE V.

BARCELONE.

CHAPITRE VI.

FRANCE, PAYS-BAS ET ANGLETERRE.

www.ingramcontent.com/pod-product-compliance
Ingram Content Group UK Ltd.
Pitfield, Milton Keynes, MK11 3LW, UK
UKHW021009140726
13695UKWH00001B/160